中低速磁浮交通系统概述

中铁电气化局集团有限公司　著

中国铁道出版社有限公司

CHINA RAILWAY PUBLISHING HOUSE CO., LTD.

图书在版编目（CIP）数据

中低速磁浮交通系统概述/中铁电气化局集团有限公司著 . —北京：
中国铁道出版社有限公司,2021.10
ISBN 978-7-113-27989-9

Ⅰ.①中… Ⅱ.①中… Ⅲ.①磁浮铁路-交通系统 Ⅳ.①U237

中国版本图书馆 CIP 数据核字(2021)第 097898 号

书　　名：**中低速磁浮交通系统概述**
作　　者：中铁电气化局集团有限公司

策划编辑：刘建华
责任编辑：曾亚非　　　　　　　　编辑部电话：(010) 51873698
编辑助理：李少卿
封面设计：郑春鹏
责任校对：焦桂荣
责任印制：赵星辰

出版发行：中国铁道出版社有限公司（100054，北京市西城区右安门西街 8 号）
网　　址：http://www.tdpress.com
印　　刷：北京建宏印刷有限公司
版　　次：2021 年 10 月第 1 版　2021 年 10 月第 1 次印刷
开　　本：787 mm×1 092 mm　1/16　印张：13.5　字数：275 千
书　　号：ISBN 978-7-113-27989-9
定　　价：110.00 元

编 委 会

序

中低速磁浮交通具有振动噪声小、爬坡能力强、转弯半径小、安全性能优等特点，其速度、弯道和坡度三项综合技术指标目前其他单一制式轨道交通无法同时实现，在城市内中低运量轨道交通、市郊线、机场线和旅游专线等领域具有较强的竞争优势。20 世纪 60 年代以来，德、日、美、中、韩等国相继开展磁浮交通技术研究，磁浮交通领域均取得了长足进步。20 世纪 90 年代以来我国持续开展磁浮交通技术研究，在"八五"国家科技攻关计划中将磁浮列车关键技术作为高端轨道交通技术列入，在"十一五""十二五"国家科技攻关计划中将磁浮交通系统作为国家科技支撑计划之一，国家"十三五"重点研发计划《现代轨道交通专项》启动了时速 600 km 高速磁悬浮交通和时速 200 km 中速磁浮交通研发项目。中低速磁浮交通产业的发展，一方面体现了核心科技水平的提高，另一方面带动其上下游产业的形成和发展。我国正处在制造业结构转型升级的关键阶段，作为智能制造的重要组成部分，发展磁浮交通具有重要意义。

多年来，业内许多专家指出，磁浮交通是一种新的制式，前景十分广阔。中低速磁浮交通重点在以下领域广泛应用：首先，适用于老城区改造。由于转弯半径小，可以绕过既有建筑物，尤其是重点保护的文物。其次，连接城市和旅游景区，以及景区观光。磁浮列车爬坡能力强，乘坐舒适度好，且无接触网，不影响景观，适用于景区建设。与此同时，由于中低速磁浮列车的悬浮、导向及驱动是一个复杂的自动控制系统，是电子技术、计算机控制技术、新型材料、机械结构等许多基础技术的高度集成，由于某些技术还不够完善，所以中低速磁浮交通的发展和应用还面临一些难题：减重、提速是现有中低速磁浮交通面临的最主要问题，磁浮列车系统结构复杂，质量较大，影响载客量。因此，一方面需要探索采用质量更轻的新型材料，同时改进悬浮系统，提高悬浮能力；另一方面是直线电机的效率有待提高。现有的中低速磁浮列车采用短定子结构的直线电机，其长度短，端部效应突出，需要优化和改进牵引系统，从而提高牵引效率。未来，我国中低速磁浮交通的研究重点是在创新中优化并提速。

我国中低速磁浮交通经过磁浮人多年的奋斗，积累了大量的设计和工程化应用经验。现如今，中铁电气化局集团有限公司承建的北京市首条中低速磁浮交通示范线（S1 线）成功开通运营后，社会公众对中低速磁浮交通的认可度更高了，多地政府和企业都去实地考察和乘车体验，纷纷表示将大力支持推广中低速磁浮交通的应用。2025 年我国政府提出通过"三步走"实现制造强国的战略目标，磁浮技术作为先进科技，磁浮交通产业将成为核心装备制造产业，将形成巨大的社会和经济效益，拉动上下游产业的发展，包括复合材料、永磁性材料、电力设备、自动化控制、信号处理等。国家大力鼓励创新，有了更大的发展空间，新一代中速磁浮一旦研制成功，进入市场，我国中低速磁浮交通产业将全面达到世界领先水平，为中国科技增加一张更有实力的名片。

中低速磁浮车辆虽已实现商业运用，但在实际工程中仍暴露出一些需要优化解决的问题。为了更好地促进中低速磁浮交通的发展应用，经过一年的筹划、讨论、整理资料，最终编制成稿了这本《中低速磁浮交通系统概述》一书。本书结合具有共性技术特征的日本、韩国和中国中低速磁浮车辆的发展，剖析了中低速磁浮车辆的几大关键子系统技术特征，并结合典型工程项目介绍其技术现状，进一步总结中低速磁浮车辆存在的技术难题和挑战，为广大研究人员提供了研究思路和有益指导。

中国工程院院士

刘友梅

2021 年 8 月

前　言

本书以北京市中低速磁浮交通为例，全面、概要地介绍了中低速磁浮交通的构成、功能、特点，以及工程建设和运营维护管理。

全书共 17 章，包括绪论，车辆，线路，轨道，车站，车辆基地，供电，供电系统保护及接地系统，通信，信号，综合监控，通风、空调与采暖、给水排水，车站其他机电设备，接口管理，综合联调，中低速磁浮系统施工技术，行车组织和运营管理。先让读者了解中低速磁浮交通的全貌概述，然后全面介绍构成中低速磁浮交通的所有系统和专业，最后揭示了中低速磁浮交通是怎么样建成和如何运营的。

作为国内交通制式的一个后来者，中低速磁浮交通既继承了地铁等传统轨道交通的优点，又有自己鲜明的特点，其独特的噪声小、占地少、爬坡性能高、运量较大、安全可靠等特点，受到国内外专家学者的广泛认可。为此，在编写此书过程中，我们在兼顾全面介绍中低速磁浮交通全系统的基础上，特别将建设运营过程中有中低速磁浮交通特色的车辆、轨道桥梁、道岔、供电、信号等系统做了重点阐述，特别是结合中低速磁浮交通工程建设实际，对以上系统在工程建设中的重难点作了重点探讨，以利于相关读者在自己的实际工作中能够重点把控中低速磁浮交通工程建设质量，提高实际运营质量。

本书由中铁电气化局集团有限公司编写，京越地铁有限公司、中车株洲电力机车研究所有限公司、北京京投置业集团有限公司、中铁电气化局集团有限公司城铁公司参与审稿并提出宝贵意见。在此对他们表示衷心的感谢！

需要说明的是，由于中低速磁浮交通技术近年来在国内外受到越来越广泛的关注，新的车辆、轨道桥梁系统以及其他工程技术不断改进和创新，国内中低速磁浮交通也在陆续进行升级改造以适应城市轨道交通的发展，书中关于中低速磁浮交通的资料和数据，可能与最新数据有出入，请读者留意、谅解。

本书编成后，虽经过反复修改和校对，但由于编者水平有限、时间仓促，如有不足甚至错漏之处，真诚欢迎读者批评指正！

编委会

2021 年 5 月

目　　录

第1章 绪 论

1.1 中低速磁浮系统简介

中低速磁浮技术是中国拥有完全自主产权的新型轨道交通技术,我国在该行业处于领先地位。中低速磁浮列车采用装在车身中的短定子异步直线电机作为动力来源,通过车上安装的受流器为磁浮列车提供电能,依靠悬浮电磁铁与悬浮轨之间的电磁力来实现磁浮列车的悬浮和导向,避免了类似于传统轮轨车辆需要依靠轮轨之间的机械接触实现牵引带来的很多弊端和问题。且相比于高速磁浮系统,中低速磁浮列车振动噪声小、建设成本低,更适合于近距离的城际间的交通运输。此外,中低速磁浮系统还具有安全性能高、爬坡能力强、节能环保、转弯半径小等优势,可作为替换轻轨、单轨、地铁的一种手段,是未来城市轨道交通的重要发展方向。

目前,磁浮列车技术的研究与开发主要集中在德国和日本,前者致力于开发高速电磁浮(Electromagnetic Suspension,EMS)列车,后者既着力开发高速电动悬浮(Electrodynamic Suspension,EDS)列车,也发展适合城市轨道交通的低速 EMS 型磁浮列车。在其他国家如英国、美国、加拿大、俄罗斯、瑞士、韩国等,磁浮列车技术也得到了发展。国内外磁浮技术研究主要针对高速和低速,其中掌握低速磁浮技术的国家包括中国、日本、韩国,分别有实际工程应用;掌握高速磁浮技术的国家包括德国和日本,中国的上海浦东机场至龙阳路磁浮列车采用了德国技术。

2005 年 3 月 6 日,日本建成名古屋市区通向爱知世博会会场的磁浮线路,全长约 9 km,全程无人驾驶,最高时速为 100 km。韩国磁浮的发展过程经历了独立研发(1985 年—1993 年)、对外合作(1994 年—1998 年)和商业化尝试(1999 年至今)3 个阶段。2014 年 7 月,韩国仁川国际机场至仁川龙游站磁浮线路投入运营,全长 6.1 km,列车由韩国自主研发,无人驾驶,最高时速可达 110 km。

我国从 20 世纪 80 年代开始进行中低速磁浮基础性研究,起步相对较晚,尤其是工程层面的工作,目前对磁浮铁路技术的研究还处于初级阶段。最初的研发单位包括西南交通大学、中国科学院电工研究所和国防科技大学,主要以日本的高速地面运输(High Speed Surface Transport,HSST)技术为参考,研制 EMS 型低速磁浮列车,并相继建成数条磁浮列车工程试验示范线。随着城市轨道交通的快速发展,"中低速磁浮交通技术及工程化应用研究"课题已被列入由原建设部组织实施的"十一五"国家科技支撑计划重点项目"新型轨道交通技术"中。低速磁浮技术工程陆续产业化，建设了北京 S1 线、长沙磁浮快线，进一步推动了自主知识产权的低速磁浮产业的发展。随着低速磁浮技术的发展与完善，为适应轨道交通越来越高的速度要求，中速磁浮的发展也提上日程。国家"十三五"重点研发计划《先进轨道交通重点专项》启动了时速 600 km 高速磁浮交通和时速 200 km 的中速磁浮交通研发项目。

1989 年 12 月，国防科技大学研制出我国第一台小型磁浮原理样车。1992 年 5 月，原国家科委正式将"中低速磁浮列车关键技术研究"列入"八五"国家科技攻关计划。1994 年 10 月，西南交通大学建成了首条磁浮铁路试验线，成功研制出中国第一辆载人常导低速磁浮列车并同时开展了载人试验。

1999 年，国防科技大学磁浮技术工程研究中心与北京控股有限公司合作，在长沙建设磁浮列车中试基地。2001 年 7 月，研制的中低速磁浮试验车 CMS-03 成功下线。2007 年，1.5 km 长的磁浮试验线路在唐山建成，CMS-03A 磁浮车在该线路上进行了一系列运行试验（图 1-1）。

图 1-1　唐山磁浮试验线

2001 年，国家磁浮交通工程技术研究中心成立。2016 年，湖南省磁浮技术研究中心成立，为加快磁浮技术的研究、工程应用奠定了基础。仅"十三五"期间湖南省就规划了 1 300 km 中速磁浮轨道交通线路，江苏、山东等省和广东清远、成都、乌鲁木齐等城市均规划了磁浮交通线路。

经过多年的努力，2014 年 5 月中旬，我国首条具有自主知识产权的中低速磁浮交通终于应用到实际线路——"长沙高铁战—长沙黄花机场"线，于 2015 年底建成并进行试运营，并于 2016 年 5 月运营。该线投资总额为 42.9 亿元，全长 18.6 km，设计速度为 100 km/h，从长沙高铁站到长沙黄花机场预计 10 min 左右就可以到达。长沙中低速磁浮快线如图 1-2 所示。

2017 年 6 月，由中车大连机车车辆有限公司和西南交通大学联合研制的新一代中低速磁浮试验车，完成了时速 120 km 的运行试验，打破了中低速磁浮列车速度的世界纪录，这也标志着我国已掌握新一代中低速磁浮系统集成等关键核心技术。

图 1-2　长沙中低速磁浮快线

　　中低速磁浮技术在未来是一种非常重要的点对点、大容量的运输技术,可以作为城际交通网系统有益的补充来解决点对点的大容量运输,亦可作为市郊线的骨干。作为未来轨道交通的主要模式之一,磁浮交通建设在我国方兴未艾,市场前景十分广阔。因此,中速磁浮交通系统的研究是适应市场的建设需求,具有重要的社会效益和经济效益。

1.2　适 用 范 围

　　中低速磁浮交通适用范围:
　　(1)适于中等运量城市中客流不太大的线路;
　　(2)建筑物拥挤、线路布置困难的大中城市的交通缓辅助线路;
　　(3)地形地貌复杂的城市交通线路;
　　(4)大城市中心区与郊外大住宅区之间的交通连接线,或是大型购物、娱乐场所、大型机场、大学内部的客运交通线;
　　(5)作为城区通往机场、码头、铁路干线等对外交通枢纽中心的客运交通线;
　　(6)作为城市风景观光游览线的交通线。

1.3　特　　点

　　城市轨道交通(Rail Transit,RT)具有运量大、速度快、安全、准点、保护环境、节约能源和用地等特点。世界各国普遍认识到:解决城市交通问题的根本出路在于优先发展以轨道交通为骨干的城市公共交通系统。其中中低速磁浮列车具有以下优点:
　　(1)成本低:中低速磁浮交通每公里造价可降至 2 亿元左右,建设投资为地铁的 40% ～50%,成本优势明显。

（2）占地少。

（3）爬坡性能高，转弯半径小（适应性强）。

（4）运量较大，速度较快：中低速磁浮运能在1万～3万人/h，最高设计车速可达140 km/h。

（5）安全可靠：车、轨一体化结构化特征，车辆环抱铁轨，运行更加安全可靠。无有轨列车的蛇形失控、无有轨列车的严重擦伤失控、无有轨列车的蠕滑状态失控等脱轨、颠覆风险。

（6）低噪声：相比于地铁列车，磁浮列车噪声污染小。时速80 km的磁浮列车车内噪声值约为66 dB，车外7.5 m处噪声值约为73 dB。

（7）电磁辐射低：电磁辐射强度低于世界卫生组织推荐的国际非电离辐射防护委员会公布的国际标准（≤100 μT），直流磁场强度小于正常看电视对人体的影响；交流磁场强度小于使用电动剃须刀对人体的影响。

（8）无集中载荷，轨道受力均匀，土建投入低。

（9）维修简单，运行无轮轨接触，无摩擦与冲击，维护过程得以简化。

（10）对外界环境适应好，无黏着要求，雨雪天轻松出行。

（11）具有我国完全自主知识产权，国产化率100%。

同时中低速磁浮系统也存在一些缺陷：

（1）起步晚。中低速磁浮系统虽然在日本已投入商业运行，但在国内还处于研发、试验阶段，系统的可靠度、成熟度有待时间检验。

（2）牵引能耗大。牵引能耗较B型车高约16%，但较直线电机车小。由于牵引能耗只占系统总能耗约50%，中低速磁浮主要采用高架铺设，综合能耗并不比地铁高。

（3）工程精度控制标准高。中低速磁浮系统对运行轨道精度要求非常高，轨道及下部支撑结构的制造、施工精度在一段时间里制约中低速磁浮系统的发展。

总之，与传统的地铁A、B型车、跨座式单轨比较，中低速磁浮的安全优势、环保优势和经济优势非常显著。而这些优势正是对"环境友好、资源节约"型轨道交通的科学诠释。

1.4　应 用 前 景

我国大、中城市发展存在诸多问题，其中交通堵塞问题是制约其发展的主要阻碍之一，要彻底解决这个问题，必须要提倡多制式，发展各种轨道交通。中低速磁浮交通作为一种新型的轨道交通制式，融入了绿色交通、科技交通等理念，能够满足城际交通的连接需求。

国内外中低速磁浮技术研发及应用已有30多年历史，由于是全新轨道交通系统，其实际应用还比较缓慢，在国内既受到各方面大力支持，又遭受各种质疑。目前我国中低速磁浮交通处于起步阶段，尚未开通投入商业运营的中低速磁浮交通线路。不过，近年我国通过研发已成功解决了制约中低速磁浮交通系统发展的诸多技术问题，完全具备了向工程化应用转变的条件。中低速磁浮交通作为一种崭新的符合时代发展的交通运输方式，适用于中、低运量城市和旅游景区,具有运能较大、节能环保、节约土地等道路交通无可比拟的优势,在适应地形、节能环保、节省工程投资等方面与其他轨道交通制式相比具有极强的竞争力,发展前景广阔。

1.5 常用术语

1. 中低速磁浮交通(Medium and Low Speed Maglev Transit)

采用直线异步电机驱动,定子设在车辆上的常导磁浮轨道交通。

2. 中低速磁浮车辆(Medium and Low Speed Maglev Vehicle)

采用常导电磁悬浮技术实现悬浮导向,通过直线感应电机实现牵引和电制动的轨道交通车辆。

3. 设计使用年限(Designed Lifetime)

构筑物在设计规定的一般维护条件下不需大修仍可按其预定目的使用的时期。

4. 运行交路(Operation Routing)

设定列车在折返点之间往返运行的线路区段。

5. 旅行速度(Traveling Speed)

列车从起点站发车至终点站运行(包括停站时间)的平均运行速度。

6. 单向客运能力(Monotonous Passenger Transport Capacity)

单位时间内单方向通过线路断面的客位数上限,即列车额定载客量与行车频率上限值的乘积。

7. 限界(Gauge)

保障城市轨道交通安全运行、限制车辆断面尺寸、限制沿线设备安装尺寸、确定建筑结构有效净尺寸的图形及相应定位坐标参数称为限界。分为车辆限界、设备限界和建筑限界三类。

8. 车辆轮廓线(Vehicle Profile)

设定车辆所有横断面的包络线。

9. 车辆限界(Vehicle Gauge)

车辆在平直线上正常运行状态下所形成的最大动态包络线,用以控制车辆制造,以及制定站台和站台门的定位尺寸。

10. 设备限界(Equipment Gauge)

车辆在故障运行状态下所形成的最大动态包络线,用以限制行车区的设备安装。

11. 建筑限界(Structure Gauge)

在设备限界基础上,满足设备和管线安装尺寸后的最小断面。

12. 轨道结构(Track Structure)

轨道设备或设施中用于车辆支撑和导向并将列车载荷传向下部结构的组合体。

13. 低置结构(At-Ground Structure)

中低速磁浮交通低置结构是指设于地面的路基结构工程。

14. F 型导轨(F Type Rail)

一种承受磁浮车辆悬浮力、导向力及牵引力的基础构件,由 F 型钢和感应板组成。与悬浮电磁铁两磁极板对应的 F 型钢内腿和 F 型钢外腿分别称为 F 型导轨的内磁极和外磁极。内磁极和外磁极的两个端面称为磁极面。F 型钢腹板下表面称为悬浮检测面。

15. 感应板(Reaction Plate)

车辆牵引用直线感应电机次级的组成部分,是非磁性导电材料,安装在 F 型钢上。

16. 基准(Reference)

基准是控制车辆各部件尺寸和车辆与轨道相对位置关系的测量参考点。理论上应取车辆与 F 型导轨之间的悬浮界面。实际工作中,均将基点几何转换到其他便于测量的位置,如 F 型导轨的支撑面或轨枕顶面。基准面的中点为基准点。

17. 轨距(Track Gauge)

轨道梁两侧 F 型导轨磁极中心线之间的距离。

18. 轨排(Transport Rail)

构成中低速磁浮线路的基本单元,具有支撑磁浮车辆、承受车辆的悬浮力和导向力及牵引力的功能。轨排由 F 型导轨、轨枕及紧固件等组成。可包括:

(1)直线轨排,中线为直线的轨排;

(2)圆曲线轨排,中线为圆曲线的轨排;

(3)缓和曲线轨排,中线为缓和曲线的轨排。

注:轨排长度指轨排的中线长度;轨排中线指轨排的两侧 F 型导轨对称中心线。

19. 横坡(Cross Slope)

为消除或减少中低速磁浮列车在曲线区段运行时产生的自由侧向加速度,需对轨面设置的横向坡度。以轨面与线路横向水平线的夹角角度表示。

20. 中低速磁浮道岔(Medium and Low Speed Maglev Turn-Out)

中低速磁浮线路的换线设备,由主体结构、驱动、锁定、控制、信号等部分组成。按照结构组成和转辙后的线路状态,可分为单开道岔、三开道岔、对开道岔、单渡线道岔和交叉渡线道岔。

21. 接触轨(Contact Rail)

设在轨道梁侧面,通过受流器向中低速磁浮列车供给电能的导电轨。

22. 测速定位系统(Location and Speed Measuring System)

列车所处位置、运行方向和速度的检测系统。

23. 框架控制网(Frame Control Network,CP0)

采用卫星定位测量方法建立的空间直角坐标控制网,作为全线(段)的坐标起算基准。

24. 基础平面控制网(Basic Horizontal Control Network,CPI)

在框架控制网(CP 0)的基础上,沿线路走向布设,按卫星定位系统静态相对定位原理建立,为线路平面控制网(CPⅡ)提供坐标基准。

25. 线路平面控制网(Route Horizontal Control Network,CPⅡ)

在基础平面控制网(CPⅠ)基础上,沿线路附近布设,为施工和轨排控制网(CPⅢ)测量提供坐标基准。

26. 轨排控制网(Track Control Network,CPⅢ)

沿线路布设的平面、高程三维控制网,为轨排及其附属设施施工、运营维护提供控制基准。

27. 承轨梁(Track Supporting Beam)

设置在隧道、路基或桥梁上,用于支承轨道结构,安装接触轨,实现中低速磁浮车辆抱轨运行的结构物。

28. 轨枕(Sleeper)

用来连接 F 型导轨,使 F 型导轨保持相对位置固定并传递荷载的基础构件。

29. 轨枕间距(Sleeper Spacing)

沿线路方向上相邻两根轨枕中心线之间的距离。

30. 轨排接头(Track Panel Joint)

相邻轨排之间的伸缩、限位连接装置。

31. 承轨台(Support Rail Bed)

支承和固定轨排,并将列车荷载传向承轨结构的一种现浇钢筋混凝土结构,是轨道结构的组成部分。

32. 道岔平台(Support Platform for Turnout)

承载道岔整体结构的稳定基础,是道岔安装、检测、维修作业的重要结构。

33. 道岔桥(Bridge for Turnout)

用于支承道岔的桥梁结构。

34. 路基(Subgrade)

经开挖或填筑而形成的,用于支撑承轨梁及轨道结构的土工结构物。

35. 沉降评估(Settlement Evaluation)

根据沉降观测数据,结合地质条件、地基处理措施,综合分析评价路基、桥涵、隧道等建(构)筑物沉降是否满足要求的过程。

36. 道岔基线(Baseline of Turnout)

道岔直向位置线路中心线。

37. 垛梁(Buttress Girder)

在混凝土梁和道岔梁之间起过渡连接作用的固定钢梁。

38. 移车台(Moving Vehicle Unit)

用于将各种专用车辆(工作车、限界检查车、悬臂吊拖车、牵引车等)自一条轨道移至另一条轨道的装置。

39. 车辆基地(Depot)

中低速磁浮交通系统中提供车辆运用、检修和设备、设施的维修、保养以及材料、物资供应和技术培训等服务的综合性基地。主要设施、设备包括车辆段、综合维修中心、物资总库、培训中心和办公、生活设施等。

40. 自动售检票系统(Automatic Fare Collection System,AFC)

基于计算机、通信、网络、自动控制等技术,实现轨道交通售票、检票、计费、收费、统计、清算等全过程的自动化系统。

41. 安全门(Platform Safety Gate)

沿站台边缘设置的围护结构,对应列车车门设有自动开启的门体,为在没有列车停靠情况下,防止站台人员或物体坠落轨道区的安全设施。

42. 转辙电机(Switchover Motor)

道岔驱动减速机配套的主电机,自带电磁制动装置。根据道岔型式,一组道岔有一台或多台转辙电机。

43. 检修通道(Examine and Repair Channels)

沿轨道线路铺设于区间盖梁或车站结构物上,作为供电、通信等电缆安装和通道的支承架,并作为运营设施、设备维护的检修平台,当列车发生火灾时作为乘客逃生与救援的通道。

44. 中低速磁浮交通系统缩写对照见表 1-1。

表 1-1 中低速磁浮交通系统缩写对照

编号	缩略语	英文	中文
1	PMS	Permanent Magnet Suspension	永磁悬浮
2	EMS	Electromagnetic Suspension	电磁悬浮
3	EDS	Electrodynamic Suspension	电动悬浮
4	HTS	High Temperature Superconductor	高温超导悬浮
5	ATP	Automatic Train Protection	列车自动保护系统
6	ATS	Automatic Train Supervision	列车自动监控系统
7	ATC	Automatic Train Control	列车自动控制系统
8	ATO	Automatic Train Operation	列车自动驾驶系统
9	CI	Computer Interlocking	计算机联锁
10	CPU	Central Processing Unit	中央处理器
11	DI	Digital Input	数字输入
12	DO	Digital Output	数字输出
13	ESB	Emergency Stop Button	紧急停车按钮
14	FAS	File Alarm System	火灾报警系统
15	GW	Gateway	网关
16	IF	Interface	接口
17	IO(I/O)	Input/Output	输入/输出
18	SCADA	Supervisory Controland and Data Acquisition	电力监控系统
19	ISDN	Integrated Service Digital Network	综合业务数字网络
20	GPS	Global Positioning System	全球卫星定位系统
21	ISCS	Integrated Supervisory Control System	综合监控系统
22	BAS	Building Automation System	环境与设备监控系统
23	PLC	Programmable Logic Controller	可编程序逻辑控制器
24	UPS	Uninterruptible Power Supply	不停电电源设备
25	DCU	Digital Control Unit	门控单元
26	AFC	Automatic Fare Collection System	自动售检票系统
27	ACC	Automatic Fare Collection Clearing Center	轨道交通清分中心
28	LCCS	Line Center Computer System	线路中央计算机系统
29	SC	Station Computer System	车站计算机系统
30	TVM	Ticket Vendor Machine	自动售票机
31	TCMS	Train Control and Management System	列车控制管理系统
32	PIS	Passenger Information System	乘客信息系统

编号	缩略语	英文	中文
33	SIG	Signal System	信号系统
34	IBP	Integrated Backup Panel	综合后备盘
35	CLK	Clock System	时钟系统
36	PSD	Platform Screen Door	站台屏蔽门
37	CSC	Contactless Smart Card	非接触智能卡

第2章 车　　辆

2.1　概　　述

2.1.1　车辆类型

中低速磁浮列车作为一种现代高科技交通工具,其车辆组成包括:悬浮系统、牵引系统、车门系统、照明动力系统、走行系统等,如图 2-1 所示。

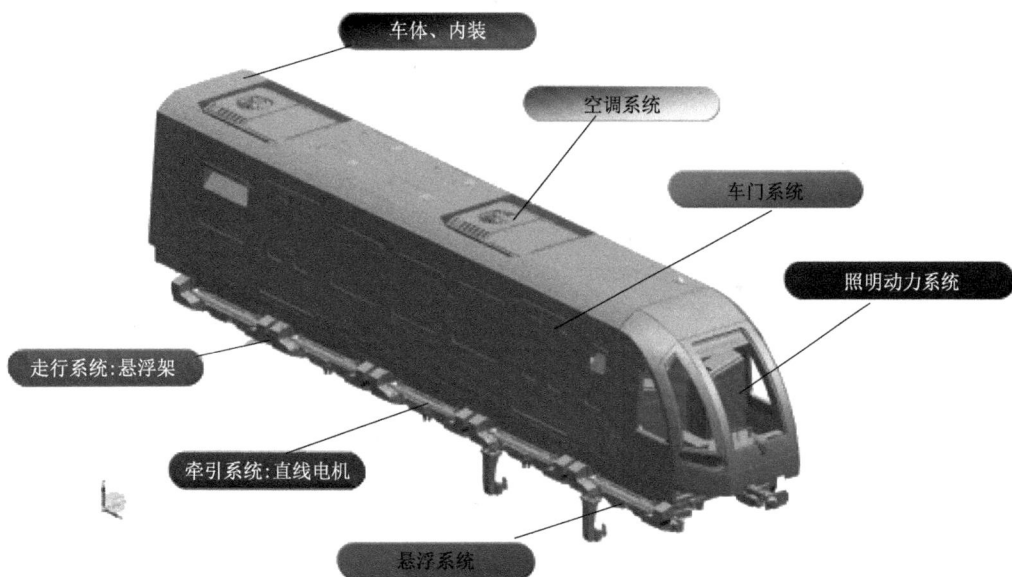

图 2-1　车辆组成示意图

磁浮列车的车辆基本型式分类如下。

(1) 按磁浮材料分。

①常导磁浮列车:磁铁采用普通导体制成线圈通电励磁。

②超导磁浮列车:磁铁采用低温超导线圈通以大电流励磁。

(2) 按驱动方式分。

①轨道驱动磁浮列车:直线电机安装在轨道上。

②车辆驱动磁浮列车:直线电机安装在车辆上。

(3) 按驱动电机分。

①同步驱动磁浮列车:列车由安装在轨道上的长定子同步直线电机驱动。

②异步驱动磁浮列车:列车由安装在列车上的短定子异步直线电机驱动。

(4) 按运行速度分。

①高速磁浮列车:运行速度为 400～600 km/h,用于城际交通运输。

②低速磁浮列车:运行速度为 60～160 km/h,用于市内或者市郊运输。

(5) 按车辆功能分。

①带有驾驶台的控制车动车(Mc 车)或控制拖车(Tc 车);

②无驾驶台的中间动车(M 车)或中间拖车(T 车)。

2.1.2 车辆主要技术规格

中低速磁浮交通车辆主要技术规格参照现行中华人民共和国城镇建设行业标准《中低速磁浮交通车辆通用技术条件》(CJ/T 375—2011)的内容:

(1)供电电压:直流电(Direct Current,DC)1 500 V(波动范围为 1 000 V～1 800 V)。

(2)车体结构材料:铝合金加复合材料。

(3)受流方式:接触轨—受流器受电。主要技术规格见表 2-1。

表 2-1 中低速磁浮交通车辆主要技术规格

序号	名　称	车辆型式	
		端　车	中　车
1	车辆基本长度(mm)①	15 600	14 600
2	车体基本长度(mm)	15 000	14 000
3	车体基本宽度(mm)	3 000	
4	车辆最大高度(mm)	≤3 700	
5	车内净高(mm)	≥2 100	
6	地板面高度(mm)	≤950	
7	座席占用总面积(m²)	10.8	12.3
8	站席占用总面积(m²)	20.4	21.8
9	车内有效面积(m²)②	31.2	34.1
10	座席人数(人/车)	24	28
11	定员人数(人/车)	146	159
12	超员人数(人/车)	208	224

续上表

序号	名　　称	车辆型式	
		端　车	中　车
13	车辆整备状态重量(t)	22.5	21.5
14	每辆车每侧客室门数(对)	2～3	
15	车辆最大载客重量(t)	12.5	13.5
16	车辆最大总重量(t)	35	35

注:①车辆基本长度是指两车钩连接面之间的距离;

②车内有效面积＝座席占用总面积＋站席占用面积;

③主要技术规格参考《中低速磁浮交通车辆通用技术条件》(CJ/T 375—2011)。

2.2　车辆悬浮系统

2.2.1　磁浮列车悬浮形式

磁浮列车从电磁力产生方式的悬浮机理上可分为以下五种悬浮形式:永磁悬浮、电磁悬浮、电动悬浮、高温超导悬浮、混合电磁悬浮。

1. 永磁悬浮(PMS)

通过安装在列车车体与轨道之间的永久磁铁产生相吸力或者相斥力,使列车完全脱离轨道而悬浮行驶。永磁悬浮原理如图 2-2 所示。

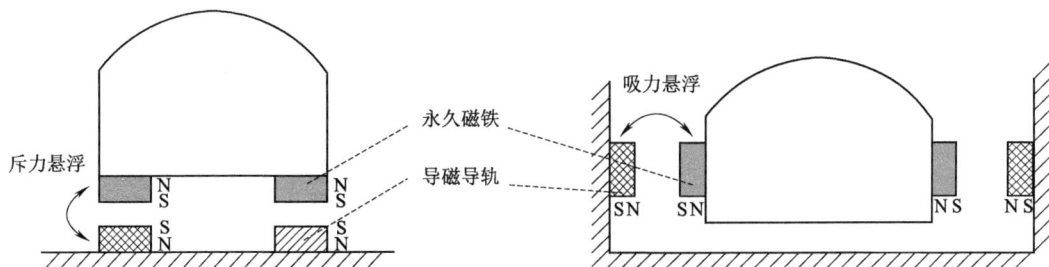

图 2-2　永磁悬浮原理图

2. 电磁悬浮(EMS)

一般采用 T 型导轨,车辆环铁轨运行。电磁悬浮原理如图 2-3 所示。对车载的、置于导轨下方的悬浮电磁铁通电励磁而产生磁场,磁铁与轨道上的铁磁构件相互吸引,将列车向上吸起悬浮于轨道上,在车辆下部的导向电磁铁与轨道磁铁的反作用下,使车轮与轨道保持一定的侧向距离,实现轮轨在水平方向和垂直方向的无接触支撑和无接触导向。磁铁和铁磁轨道之间的悬浮间隙一般约为 8～12 mm。列车通过控制悬浮磁铁的励磁电流来保证稳定的悬浮间隙,通过直线电机来牵引列车运行。此外由于悬浮和导向实际上与列车运行速度无关,所以即使在停车状态下列车仍然可以进入悬浮状态。这种悬浮方式由于采用磁铁异性相吸的原理,磁铁在直线电机的初级、次级线圈之间基本可以形成闭合回路,磁场向外扩散较少,电磁污染程度较低,磁场对人的影响可以忽略不计。

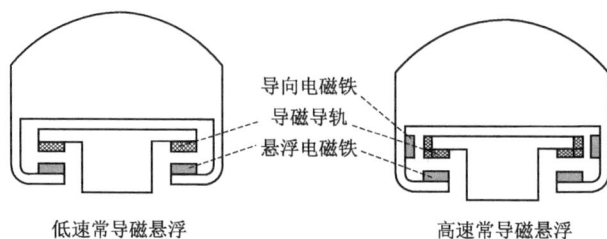

图 2-3　电磁悬浮原理图

3. 电动悬浮(EDS)

电动悬浮原理如图 2-4 所示,当列车运动时,车载磁铁(一般为低温超导线圈或永久磁铁)的运动磁场在安装于线路上的悬浮线圈中产生感应电流,两者相互作用,产生一个向上的磁力将列车悬浮于轨道面一定高度,悬浮间隙一般为 100～150 mm,列车运行也是由直线电机提供牵引力。与电磁悬浮相比,电动悬浮系统在静止时不能悬浮,而且机车在速度低于大约 40 km/h 时无法保证可靠悬浮。电动式悬浮系统在应用速度下,悬浮间隙较大,不需要进行主动控制。电动悬浮由于采用磁铁同性相斥的原理,初、次级线圈所产生的磁场在直线电机内部不能闭合,故其电磁污染比电磁悬浮型要大许多。

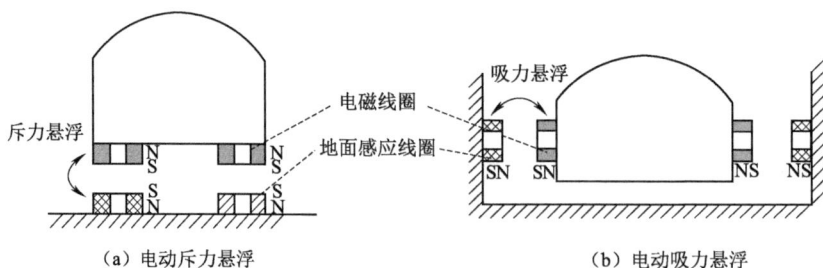

图 2-4　电动悬浮原理图

4. 高温超导磁悬浮(HTS)

从图 2-5 可以看出,高温超导磁悬浮包括高温超导块材以及高温超导线圈两种,高温超导块材采用高温超导块和永磁导轨作为悬浮结构,而高温超导线圈则使用超导线圈和地面线圈。高温超导磁浮列车的导向原理利用了高温超导体的钉扎效应,电流流经超导材料时不产生热损耗,在高温超导线圈中形成强度很大的电流,从而实现磁悬浮。

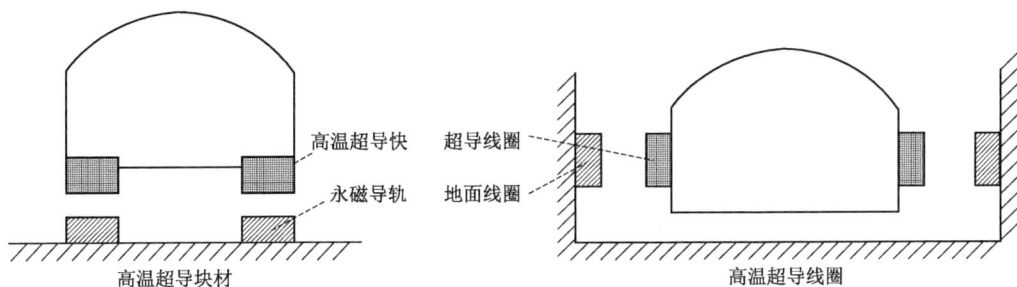

图 2-5 高温超导磁悬浮原理图

5. 混合电磁悬浮

以上四种基本悬浮方式的组合,如永磁悬浮与电磁悬浮的组合。

磁浮列车最常用的悬浮形式是电磁(吸力)悬浮和电动(斥力)悬浮。

2.2.2 电磁悬浮系统

中低速磁悬浮列车依靠悬浮电磁铁通电后与轨道间产生的吸引力实现悬浮,即采用了电磁吸力悬浮的形式,每组悬浮电磁铁由对应的独立悬浮控制器控制其悬浮和下落。

磁浮列车的悬浮系统主要包括悬浮架、悬浮电磁铁和悬浮控制系统,悬浮控制系统通过控制悬浮电磁铁电流的大小实现对悬浮气隙的调节和控制,悬浮系统如图 2-6 所示。

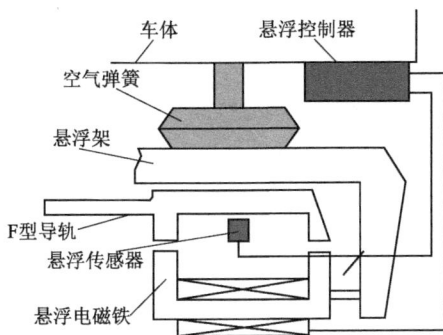

图 2-6 列车悬浮系统示意图

1. 悬浮架

悬浮架位于车厢与轨道之间,主要用于承载车体重量和传递驱动、制动、悬浮及导向等载荷,并可适应轨道的几何扭曲与不平顺,对列车的运行安全性、可靠性和舒适性具有重要影响,是磁浮列车的关键部件之一。悬浮架应具有足够的安全可靠性及悬浮稳定性、优良的运行平稳性,同时还要具有良好的曲线通过性能。

悬浮架由左、右两个悬浮模块组成,每个模块主要由纵梁、托臂及其上安装的直线电机、电磁铁等组成,左右模块通过防侧滚梁装置连接。悬浮模块也是支撑车体的空气弹簧安装基础。悬浮架采用铝合金结构,部件间通过螺栓等方式连接,便于检修和制造。车辆悬浮架示意图如图 2-7 所示。

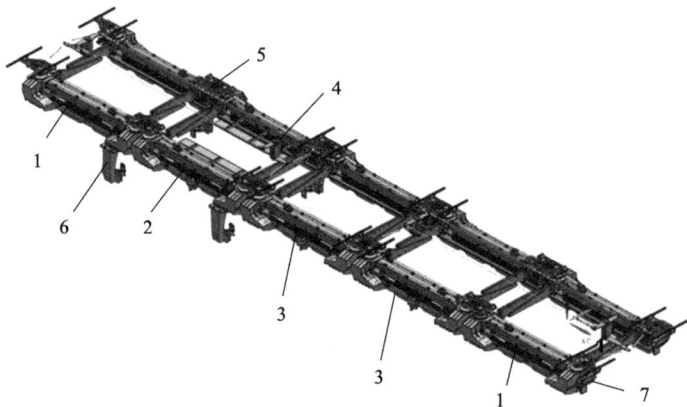

图 2-7 车辆悬浮架示意图

1—悬浮架单元;2—悬浮架单元;3—悬浮架单元;4—迫导向机构;5—滑台装置;6—第三轨受流器;7—扫石器

悬浮架模块的设计、焊接、热处理、探伤和检查验收等按制造厂有关技术文件和规范执行,应对重量进行严格的控制,采用科学的重量管理方法,系统地对悬浮架各部件进行轻量化设计和管理。在优化部件外形、减重孔设计、集成化技术、新材料应用、制造工艺改进及重量设计管理等方面均进行考虑,使悬浮架实现轻量化的同时依然具备优良的可靠性和耐久性,保证能够满足长时间、大负荷的运用要求。

2. 悬浮控制系统

悬浮控制系统的功能是实现车辆的稳定悬浮与导向,其性能直接关系到车辆的运行品质和安全。其基本工作原理为:悬浮传感器实时检测悬浮电磁铁与轨道之间的悬浮间隙和电磁铁的垂向加速度,并将间隙和加速度信号反馈给悬浮控制器;悬浮控制器根据反馈信号,进行运算和处理后输出电流到悬浮电磁铁线圈,使悬浮电磁铁产生电磁吸引力;通过调节输出电流的大小,即可调节电磁吸力的大小,从而实现悬浮电磁的稳定悬浮;当悬浮电磁铁相对轨道发生横向偏移时,悬浮电磁铁产生的电磁吸力会产生一定的横向分力(即导向力),使悬浮电磁铁恢复到平衡位置。悬浮架的悬浮控制系统结构示意图如图 2-8 所示。

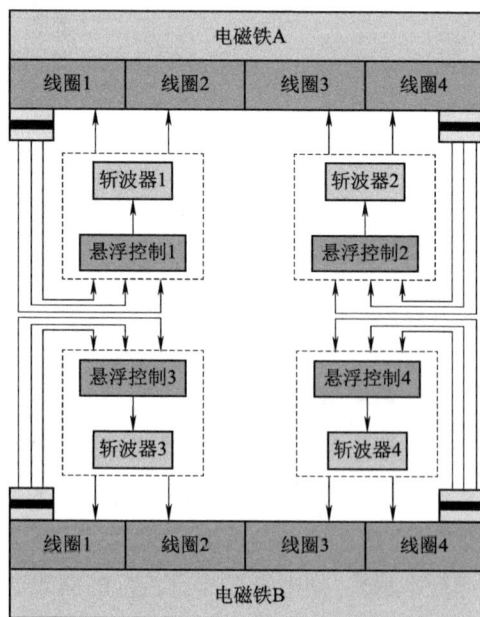

图 2-8 单转向架悬浮控制系统结构示意图

悬浮控制系统主要包括悬浮传感器、悬浮控制电路和悬浮控制主电路(斩波器)三个部分,悬浮控制电路和悬浮控制主电路都安装在悬浮控制箱内,悬浮传感器安装在悬浮电磁铁上。

悬浮传感器用于检测悬浮电磁铁与 F 型轨道间的气隙和悬浮电磁铁垂向运动加速度,检测信号通过电缆送到悬浮控制电路。悬浮控制电路主要实现车辆的悬浮控制算法,传感器传送上来的信号通过变换得到相应的电信号,通过 DSP 进行算法处理,计算出悬浮电磁铁需要的电流,根据实际反馈的电流输出 PWM 脉冲给悬浮控制主电路,用于主电路开关管的开通和关断。悬浮控制主电路控制主电源的开通、关断和保护,通过斩波器,控制开关管的开通和关断,实现对悬浮电磁铁电流的控制。单点悬浮控制系统组成如图 2-9 所示。此外,悬浮控制电路还负责实现车载诊断控制接口、主电路的控制保护等功能。

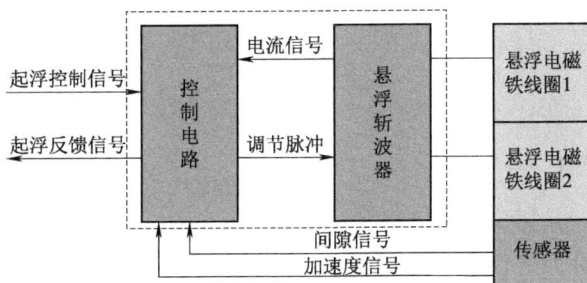

图 2-9　单点悬浮控制系统组成示意图

2.3　车辆牵引系统

磁浮列车的驱动主要由输入输出变压器、三电平大功率变流器、同步电机、牵引控制系统以及相应的轨旁设备等组成。一般中低速磁浮列车采用短定子线性感应电机驱动,高速磁浮列车采用长定子线性同步电机驱动,运用同步直线电动机的原理,通过馈电电缆向定子绕组供电。车辆下部支撑电磁铁线圈的作用就像是同步直线电动机的励磁线圈,地面轨道内侧的三相移动磁场驱动绕组起到电枢的作用,它就像同步直线电动机的长定子绕组。

如图 2-10 所示,磁浮列车牵引系统的主电路由牵引变流器、高压分线箱、高压电器柜、电抗器、牵引逆变器、直线电机等设备组成。每节车均配置 1 台牵引逆变器,给本车 10 台直线感应电机供电。从电动机的工作原理可以知道,当作为定子的电枢线圈有电时,由于电磁感应而推动电机的转子转动,直线电机产生推力,驱动列车前进。运行时,供电系统回流路径如下:牵引变电所正极—正极轨—受流器正极靴—车辆负载—受流器负极靴—负极轨—地下回流线—牵引变电所负极。牵引逆变器外壳与列车车体相连,直线电机铁芯与悬浮架相连,悬浮架通过接地线与车体相连,而车体经过接地电阻 R(一般小于 50 mΩ)连接到直流

1 500 V 的负极轨,推进系统接地示意图如图 2-11 所示。同样,当沿线布置的变电所向轨道内侧的驱动绕组提供三相调频调幅电力时,由于电磁感应作用,承载系统连同列车一起就像电机的"转子"一样被推动做直线运动,从而在悬浮状态下,列车可以完全实现非接触的牵引和制动。

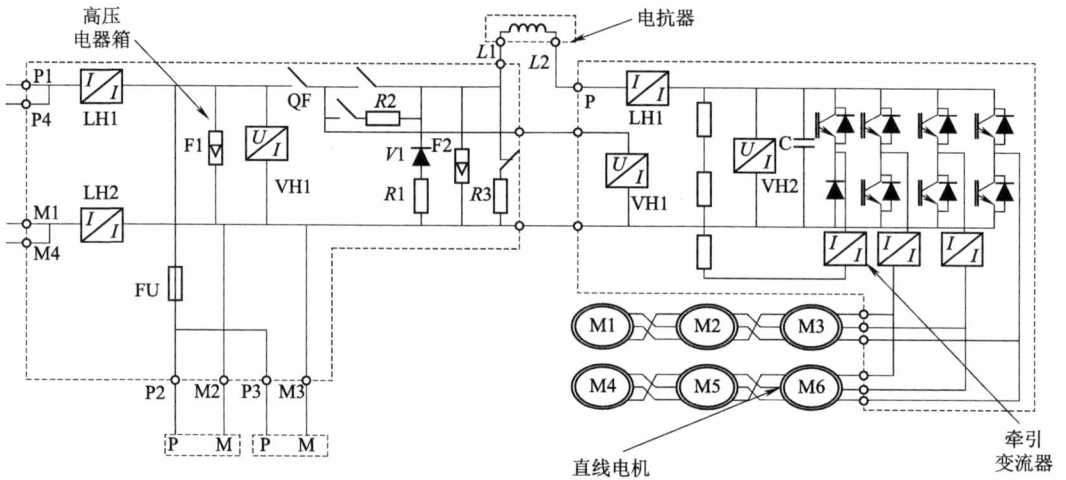

图 2-10 牵引系统组成示意图

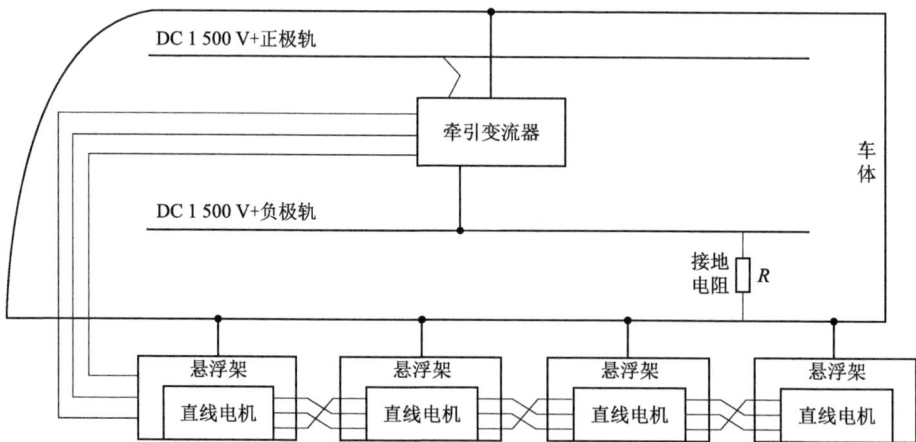

图 2-11 推进系统接地示意图

2.4 车辆导向系统

导向系统是提供测向力来保证悬浮的机车能够沿着导轨的方向运动。在机车底板上的同一块电磁铁可以同时为导向系统和悬浮系统提供动力,也可以采用独立的导向系统电磁铁,通过磁浮控制器使磁浮列车具备稳定悬浮和导向功能,适应车辆各种运行工况。悬浮传感器具有间隙测量、垂向加速度测量功能,在−30 ℃~70 ℃温度下,传感器量程内最大线性误差不超过1%,悬浮传感器都进行了冗余设置,保证单个传感器故障时不会影响磁浮系统性能。

　　中低速磁浮列车主要依靠悬浮力的自复位能力进行导向,辅助导向有迫导向机构和横向止档装置。中低速磁浮列车的运行速度较低,由于轨道不平顺及过弯道时引起的横向动态附加力较小,需要的导向力也较小。为简化结构、减轻重量,中低速磁浮列车没有采用独立的导向电磁铁,其导向主要是由悬浮力的自复位能力来实现。

　　如图 2-12 所示,在列车出现偏航或在弯道运行时,由于离心力的作用车辆横向移动,上下两极面发生错位,气隙内的磁场线受到扭曲会形成横向的电磁分力,这个分力就是导向力。由于导向力是垂向悬浮力的横向分力,所以该力不会太大。

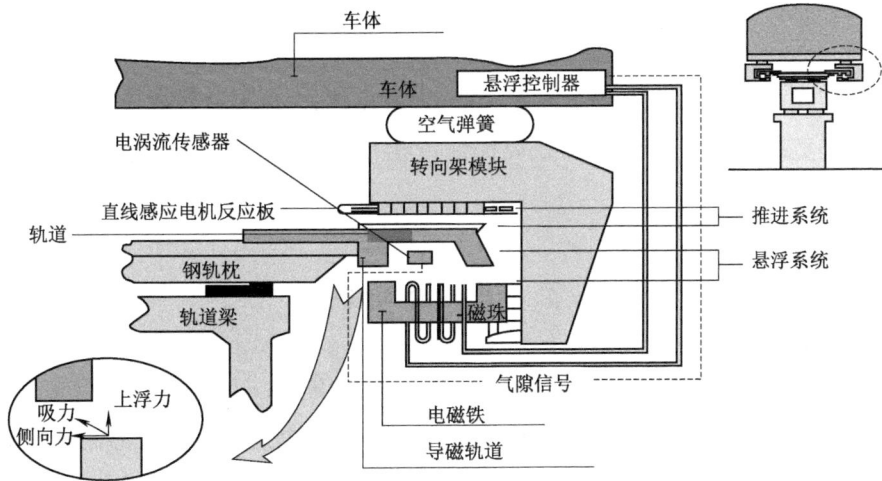

图 2-12　导向力形成示意图

　　电磁铁是中低速磁浮列车悬浮和导向的核心元件,图 2-13 为中低速磁浮列车的 U 型电磁铁结构图。若线圈电流为 I,线圈匝数为 N,则通过二维分析可得到垂向电磁力,即悬浮力:

$$F_z = F_m \times \left[1 + \frac{2z}{\pi W_m} \arctan\left(\frac{z}{\Delta}\right) \right] \tag{2-1}$$

横向电磁力,即导向力为:

$$F_y = F_m \times \frac{2z}{\pi W_m} \arctan\left(\frac{\Delta}{z}\right) \tag{2-2}$$

式(2-1)、式(2-2)中:

$$F_m = \frac{\mu_0 A (NI)^2}{4z^2}, A = W_m \times l_m$$

式中，W_m 是磁场宽度；l_m 是磁极长度；z 为悬浮气隙；N 是电磁铁线圈匝数；Δ 为电磁铁横向位移量。

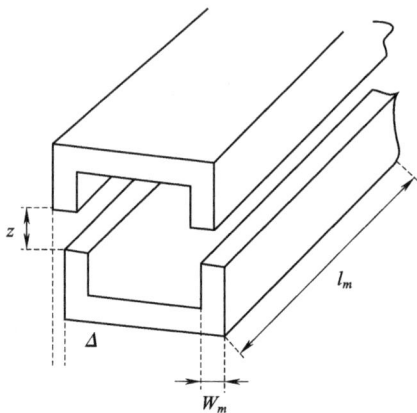

图 2-13　低速磁浮列车的 U 型电磁铁结构图

从上面三式可以看出，磁场宽度越窄，导向力占比越大；电磁铁横向位移量越大，导向力就越大。磁场宽度的选取十分关键，既要保证足够的悬浮力，也要保证导向力，提高列车曲线通过能力。

2.5　车辆制动系统

低速磁浮列车的制动方式有电制动、空气制动、液压制动三种。空气制动或者液压制动具备相对独立的制动能力，保证在列车牵引供电中断或者电制动出现故障的情况下能够发生作用，使列车安全停车。制动系统具备常规制动和紧急制动两种制动功能，并能够根据列车车载负荷调整制动力的大小，使列车在平直道上实施紧急制动时，在规定距离内停车。

如图 2-14 所示，制动及供风系统采用微机控制。空气制动就是利用空气压缩机提供风源，通过电磁阀控制空气压力使制动夹钳动作，产生动力。空气—液压制动是由空气制动回路产生目标压力，通过增压缸将气压能转换为液压能，控制液压夹钳动作产生制动力。而全液压制动系统通过油泵、溢流阀、比例电磁阀产生目标油压力，推动液压夹钳动作，提供制动力。

列车的电制动和空气或液压制动在正常运行时协调配合，常用制动能够充分利用电制动功能并具有冲动限制。电制动时优先采用再生制动，电制动和空气制动或者液压制动能够实现平滑切换，在电制动的制动力不足时，空气制动或者液压制动可以按总制动力的要求补充不足的制动力。在列车停靠时，即使在线路最大坡度、列车最大荷载状况下，施加停放制动的列车都不会发生溜逸，此时的制动力仅通过机械方式产生并传递。

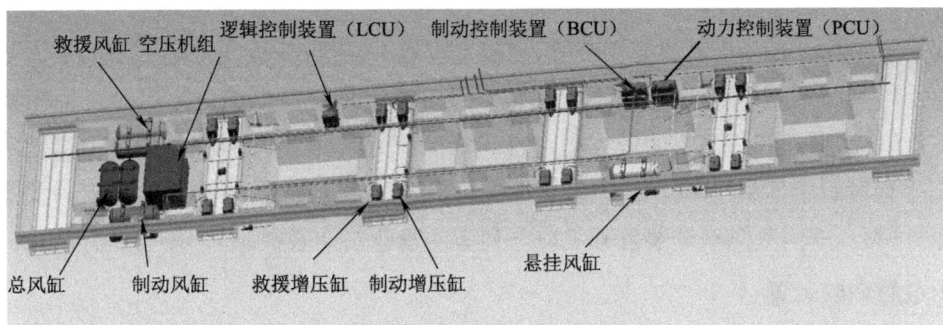

图 2-14 制动系统示意图

2.6 车门系统

中低速磁浮列车的车门系统由机械部分以及控制部分组成。机械部分包括驱动系统、锁闭装置、门扇、下部导向装置、车内紧急解锁装置、密封框架、故障切除装置;控制部分包括电子门控单元、车门控制屏、信号指示、限位开关。按照车门的安装位置可分为客室侧门和司机室侧门,在设计联络中确定是否设置司机室侧门。

车门系统实现的功能主要有:集中开关门功能(包括车门开、关状态显示);障碍物探测功能(重开门功能);车门故障切除功能(车门内部及外部)紧急解锁功能;车门旁路功能;乘务员钥匙开关功能;故障指示和诊断功能,并提供足够的数据存储容量(1 MB);重开关门功能——在发出关门指令后,发现安全互锁回路信号没有给出,可通过激活重开关门列车线,没有关闭到位的车门打开一次然后重新关闭,已关闭到位的车门不动作。

车门系统的各组成部分如下。

1. 驱动系统

主要由驱动电机组件、传动机构和塞紧机构组成,由电机通过联轴节驱动传动机构。每个门分两扇车门使用一套驱动装置,使左、右门扇成相向运动,实现车门的开与关。传动机构采用螺杆/螺母传动或更优机构。螺杆/螺母经过特殊处理,使得螺母具有自润滑功能。驱动装置采用模块式或更优组件,采用电机及相关传动装置与电气连接件预装成一个组件,整个装置预调后可直接安装在车门上方。驱动装置设有门扇的高度及平行度调整功能,能保证每一门扇、相关门扇之间以及门与车体之间的正确位置及间隙。

2. 闭锁装置

锁闭装置设在门上方,设有检测装置,以检测门机构锁闭状态。锁闭装置可以实现关门自动锁闭、开门前自动解锁、手动紧急解锁。车门锁闭直接采用机械方法,车门解锁采用电动操作。如果供电故障,车门也将维持锁闭位置。

3. 紧急解锁装置

每个车门都设有一个紧急解锁装置,该装置应能手动操作,操作手柄所需的最大作用力不超过 150 N,且能在司机室显示屏显示哪个门的解锁装置被启动。使用时可采用机械方法将车门解锁,手动开门需要的最大作用力(作用在每扇门页上)为:开始的横向运动不超过 150 N,平移过程中不超过 75 N。该装置设有防护罩以防止滥用,防护罩的开启与关闭应操作简单、可靠。车内紧急解锁装置开关应与列车的紧急制动联锁。

4. 故障切除装置

故障切除装置为机械式操作并能切除电子门控单元,车内部的故障切除装置设在靠近门的适当位置,具体位置在设计阶段确定,能够通过手动切除故障。当车门出现故障,切除该故障车门,并脱离控制系统,不影响其他车门的正常使用,切除装置由限位开关监视。

在对客室侧门进行设计时,可参考以下内容:

(1)每辆车每侧设置两套双开式电动塞拉门,选择经运营验证的技术成熟可靠的产品;

(2)为电机驱动、微处理器控制,具有总线接口,具有自诊断和故障记录功能;

(3)在车门上方设置一体化驱动机构,车门关闭后与车体表面齐平,当车内气压达到 30~50 Pa 时,车门也能正常可靠关闭;

(4)车门设置可靠的机械锁闭机构、故障隔离装置、紧急解锁、重开门等安全设施;

(5)车门的开关功能不会因车辆挠度和乘客载荷的变化而受影响;

(6)车门密封良好,车门关闭时能有效地起到隔热、隔声作用,车门运动时振动小;

(7)车门设计必须保证高度可靠,并考虑门机构应尽可能在车内进行维修,所有部件易于接近,便于维护、调整;

(8)列车乘客疏散采用侧式平台疏散方式,具体疏散时车门开门方式和数量在设计联络会上确定。

2.7 照 明 系 统

车辆的照明系统包括车辆内部照明、车辆外部照明、司机室和司机台照明三个部分。

1. 车辆内部照明

客室照明应采用节能环保照明灯具,优先采用高亮度、长寿命的 LED 作为光源,如图 2-15 所示。对灯具的性能要求可参考以下内容。

(1)客室内照明采用高亮度发光二极管作为光源元件,工作寿命应不小于 50 000 h。

(2)照度要求:距离地板面 800 mm 处测得的照明强度≥300 lx,紧急照明时距离地板面 800 mm 处测得的照明强度≥100 lx。

(3)照明灯具的质保期至少 3 年,在质保期结束时可以通过调整驱动电源保证灯具的相关照明强度不低于该的数值的 75%。

(4)灯具光线均匀,不能有妨碍视觉的眩光或闪烁。

(5)灯具发光色温:(6 500±250)K,显色指数大于 70%。

(6)照明灯具应能在输入电压为 DC 77 V~137.5 V 之间正常工作。

(7)灯具、驱动电源、接线盒、线管等均有接地线引至的外壳可靠接地,非金属外壳除外。

(8)声音要求:在额定电压下,距灯具 0.3 m 处,噪声不超过 48 dB。

(9)表面特性:所有表面采取正确的防腐蚀措施。

图 2-15　车辆内部照明

每节车分四条照明电路,紧急照明时,每条电路的灯具照度自动降低。如果一条电路故障,贯穿全车厢的其他电路的照明应是均匀分布的,照明电路应有独立的小型断路器保护。

2. 车辆外部照明

车辆外部照明由前照灯、标志灯、显示灯组成。

设计前照灯时,可参考以下内容:

(1)设在司机室前端墙下方,两侧对称布置。

(2)设有"强光"和"弱光"两种照度。

(3)前照头灯分别装在带有嵌装玻璃可调的灯具中,该灯具允许进行水平和垂直方向的适当调节。

(4)照度要求:晴天,在正常工作时,距离列车前端 215 m 处的照度不小于 2 lx(无其他光源)。

(5)头灯由 DC 110 V 供电。

(6)前照灯电源线应做好屏蔽,避免灯泡起辉时对其他电子设备产生干扰。

车辆外部照明的标志灯应由 DC 110 V 供电,其具体安装位置在设计联络时确定。

设计车辆外部照明的显示灯,可参考以下内容:

(1)司机控制器手柄动作,且方向手柄在"向前"位时,以下所列灯应点亮。

①列车前端的前照灯点亮。

②列车后端的红色标志灯点亮。

(2)司机控制器手柄动作,且方向手柄在"向后"位时,以下所列灯应点亮。

①列车后端的前照灯点亮。

②列车前端红色标志灯点亮。

(3)当列车停车待命(DC 110 V 低压电源仍工作)时,即司机控制手柄不动作,列车两端的红色标志灯点亮。

3. 司机室和司机台指示灯

司机室应装顶篷灯,且应提供发光二极管显示并使用同样的插座和同样型号的发光二极管,由 110 V 直流或蓄电池供电。

2.8　共　性　技　术

磁浮列车产业中个性技术主要由悬浮系统、推进系统和制动系统三大部分组成,尽管可以使用与磁力无关的推进系统,但在绝大部分设计中,这三部分的功能均由磁力来完成。图 2-16 显示了磁浮列车的个性技术与共性技术。共性技术指的是多个行业或领域广泛应用的技术,其包括:轻量化的车体、内装、车门、空调、网络、照面等,包含着机械、材料、计算机等多方面学科的技术。

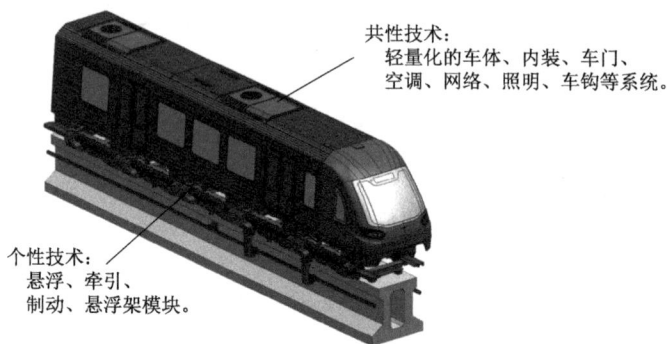

共性技术:
轻量化的车体、内装、车门、空调、网络、照明、车钩等系统。

个性技术:
悬浮、牵引、制动、悬浮架模块。

图 2-16　磁浮列车个性技术与共性技术

第3章 线 路

3.1 线 路 类 型

中低速磁浮线路的类别主要根据其在运营中的地位和作用来划分。中低速磁浮交通线路分为正线、辅助线和车场线。正线为载客运营的线路,行车速度高、密度大,且要保证行车安全和舒适,因此线路标准较高;辅助线是为保证正线运营而配置的线路,一般不行驶载客车辆,速度要求较低,所以线路标准也较低;车场线是场区作业的线路,行车速度低,线路标准只要满足场区作业即可。

3.2 线 路 参 数

1.线路平面参数

(1)平曲线半径。

平曲线半径即圆曲线半径,当道路由一段直线转到另一段直线上去时,其转角的连接部分均采用圆弧形曲线,这种圆弧的半径称为平曲线半径。线路最小平曲线半径与线路类别、车辆性能、行车速度、地形地物等条件有关,是中低速磁浮交通工程的主要技术标准之一。其选定是否合理,不仅对工程的可实施性、工程与运营的经济性有很大影响,也对中低速磁浮交通的工程造价、运行速度、养护维修产生很大的影响。

线路平曲线半径的理论分析计算需考虑以下几个方面的影响因素:

①考虑乘客舒适度要求。中低速磁浮列车在曲段运行时会产生未被平衡的侧向离心加速度 a_y,按照国际指标,当 a_y 不超过允许的最大值 $0.1g$ 时,能够满足绝大多数乘客乘车的舒适性。满足舒适要求的平曲线最小半径理论计算公式为:

$$R_{Hmin} = \left| \frac{(v/3.6)^2 \times \cos\alpha \times \cos^2\beta}{a_y + \left[g \times \cos\beta + \frac{(v/3.6)^2}{-R_v} \right] \times \sin\alpha} \right| \tag{3-1}$$

式中　R_{Hmin}——满足舒适度要求的最小平曲线半径(m);

　　　v——运行速度(km/h);

　　　a_y——未被平衡离心加速度(m/s²),中低速磁浮交通工程未被平衡离心加速度取值为 1.0 m/s²;

α——横坡角(°);

β——纵坡角(°);

R_v——竖曲线半径(m)。

②考虑磁浮车辆自身条件要求。当中低速磁浮车辆的悬浮磁极和导轨极面发生偏移时,在铁磁极表面会产生一个车辆导向力,产生的导向力用来补偿中低速磁浮车辆未被平衡的离心加速度,该导向力的变化量正比于磁铁相对磁轨的偏移量。由于偏移量和平曲线半径成反比,因此在车辆通过弯道时,为了维持磁浮车辆的正常运行,要限制最小平曲线半径 R_{Hmin} 的大小。

③考虑道路规划设计要求。轨道交通平曲线半径应当尽可能满足城市道路的设计要求,较小的平曲线半径能够令列车更好地适应城市的地形,减小城市拆迁费用,降低工程造价。

中低速磁浮交通系统从构造上采取了避免列车脱轨和倾覆的措施。列车环抱线路,而电磁力会随着间隙的减小而呈几何级数增大,几乎排除了列车脱轨和倾覆的可能性。因此,城轨磁浮交通的平面最小曲线半径主要由舒适条件确定的。中低速磁浮线路平面的曲线半径应不小于表 3-1 的规定:

表 3-1　最小平面曲线半径

单位:m

线路	一般情况	困难情况
正线	150	100
出入线、联络线	100(最大总重量状态)	75(整备状态重量)
车场线	75	50

(2)横坡。

横坡为线路沿短截面的坡度,对于中低速磁浮交通来说,横坡值对线路方案、工程规模及难度、工程造价、运营条件都有较大的影响。因此,合理地确定横坡的值具有很重要的意义。

在曲线路段应当根据列车通过的速度以及曲线半径的大小来设置横坡值,并参照以下内容:

①横坡值可按式(3-2)计算得到:

$$\alpha = \frac{0.445v^2}{R} \tag{3-2}$$

式中　v——列车通过速度(km/h);

　　　R——曲线半径(m);

　　　α——横坡值(°)。

②线路最大横坡角不应大于 6°。

③最大允许欠超高时的横坡角不应大于 2.3°。

④道岔区处不应设置横坡。

⑤横坡应在缓和曲线内渐变,横坡扭转率不宜大于 0.12°/m,困难情况下不宜大于 0.15°/m。

（3）线路平面设计。

中低速磁浮交通的线路平面由直线和曲线组成。曲线可分为圆曲线和缓和曲线两种,圆曲线为道路走向改变时所设的连接相邻两直线段的圆弧形曲线,缓和曲线指的是直线与圆曲线或圆曲线与圆曲线之间设置的曲率连续变化的曲线。

列车在曲线线路运行时会产生附加阻力,所以列车通过曲线时会有速度限制。线路平面设计的主要技术要素有圆曲线半径、圆曲线长度、缓和曲线线型和长度、夹直线长度等。

中低速磁浮交通线路正线宜采用架空、全封闭敷设方式。线路的平面位置和敷设方式应根据城市现状与规划的道路、地面建筑物、管线和其他构筑物、文物古迹保护要求、环境与景观、地形与地貌、工程地质与水文地质条件、采用的结构类型与施工方法,以及运营要求等因素,经技术经济综合比较后确定。

中低速磁浮交通线路应采用双线,并按右侧行车,上下行独立运行。正线上除道岔区外,线路平面圆曲线与直线之间根据曲线半径的值可采用三次抛物线型的缓和曲线连接,缓和曲线长度 L 可根据曲线半径 R、最高行车速度或曲线限速 v 以及工程条件,按不小于表 3-2 中规定值选用。

表 3-2 缓和曲线长度 L(m)

R(m)	v(km/h) 100		95		90		85		80		75		70		65		60		55		50		45		40		35		30	
	一般	困难	一般	困难	一般	困难	一般	困难	一般	困难	一般	困难	一般	困难	一般	困难	一般	困难	一般	困难	一般	困难	一般	困难	一般	困难	一般	困难	一般	困难
3 000	30	18	24	18	24	18	18	18	18	18	18	18	18	18	18	18	18	18	18	18	18	18	18	18	18	18	18	18	18	18
2 500	36	18	30	18	24	18	24	18	18	18	18	18	18	18	18	18	18	18	18	18	18	18	18	18	18	18	18	18	18	18
2 000	42	18	36	18	30	18	24	18	24	18	18	18	18	18	18	18	18	18	18	18	18	18	18	18	18	18	18	18	18	18
1 500	54	18	48	18	42	18	36	18	30	18	24	18	18	18	18	18	18	18	18	18	18	18	18	18	18	18	18	18	18	18
1 200	72	30	60	18	54	18	42	18	36	18	30	18	24	18	18	18	18	18	18	18	18	18	18	18	18	18	18	18	18	18
1 000	84	42	72	30	60	24	54	18	42	18	36	18	30	18	24	18	18	18	18	18	18	18	18	18	18	18	18	18	18	18
800	108	60	90	48	78	36	66	30	54	18	42	30	36	18	30	18	24	18	18	18	18	18	18	18	18	18	18	18	18	18
700	114	78	102	60	90	48	72	36	60	30	54	18	42	18	36	30	30	18	18	18	18	18	18	18	18	18	18	18	18	18
650	114	84	108	72	96	54	78	42	66	30	54	24	42	18	36	18	30	18	18	18	18	18	18	18	18	18	18	18	18	18
600	114	108	108	78	84	48	72	36	72	36	60	30	48	18	42	18	36	18	18	18	18	18	18	18	18	18	18	18	18	18
550	114	108	108	90	102	72	96	60	78	42	60	30	54	18	36	18	36	18	18	18	18	18	18	18	18	18	18	18	18	18
500	—	—	108	102	102	82	96	66	84	54	72	36	60	30	48	30	42	18	36	18	24	18	18	18	18	18	18	18	18	18
450	—	—	—	—	102	96	96	78	90	60	78	48	66	36	54	24	42	18	36	18	24	18	18	18	18	18	18	18	18	18

续上表

R (m)	v(km/h)																									
	100		95		90		85		80		75		70		65		60		55		50		45		40		35		30	
	一般	困难	一般	困难	一般	困难	一般	困难	一般	困难	一般	困难	一般	困难	一般	困难	一般	困难	一般	困难	一般	困难	一般	困难	一般	困难	一般	困难	一般	困难
400	—	—	—	—	—	—	96	90	90	72	84	54	72	42	60	30	48	24	42	18	24	18	24	18	18		18		18	
350	—	—	—	—	—	—	—	—	90	90	84	72	78	54	66	36	54	30	42	18	30	18	24	18	18		18		18	
300	—	—	—	—	—	—	—	—	—	—	—	—	78	66	72	48	66	36	54	30	36	18	30	18	24	18	18		18	
250	—	—	—	—	—	—	—	—	—	—	—	—	—	—	72	66	72	48	66	36	42	24	36	18	30	18	24	18	18	
200	—	—	—	—	—	—	—	—	—	—	—	—	—	—	—	—	72	72	72	54	48	30	42	24	36	18	24	18	18	
150	—	—	—	—	—	—	—	—	—	—	—	—	—	—	—	—	—	—	—	—	54	48	54	36	42	24	36	18	24	18
100	—	—	—	—	—	—	—	—	—	—	—	—	—	—	—	—	—	—	—	—	—	—	—	—	54	42	48	30	36	18

(4)车站设置。

车站站台计算长度段的线路宜设在直线上，设于曲线上时，其平曲线半径不得小于 600 m。道岔宜在靠近车站处设置，道岔垛梁端部距离站台计算长度端部的距离不应小于一辆车长，困难时考虑到消减站台宽度不应小于 5 m。

2. 线路纵断面参数

中低速磁浮交通系统的线路纵断面由平道、坡道以及连接相邻坡道的竖曲线组成。线路纵断面组成示意图如 3-1 所示。

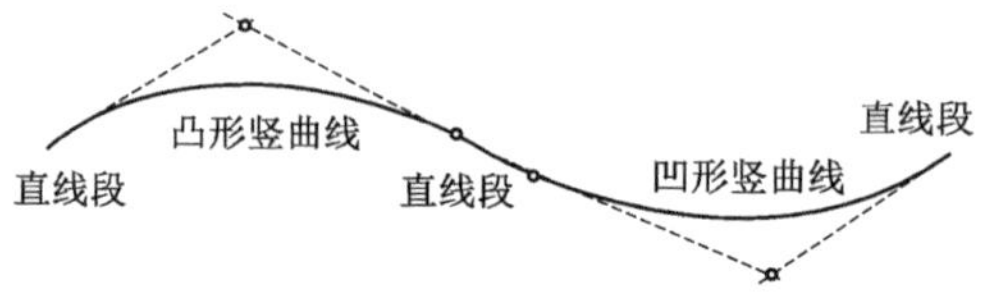
凸形竖曲线
直线段
直线段
凹形竖曲线
直线段

图 3-1　线路纵断面示意图

通常利用坡度来表示坡道的陡与缓，坡度指的是两个变坡点高差与坡段长度的比值，如图 3-2 所示，其大小通常用千分数表示。

$$i=\frac{h}{L}=\tan\alpha$$

式中　i——坡度值；

α——坡道段线路中心线与水平线夹角(°)；

h——相邻两边坡点最高点(m)；

L——坡段长度(m)。

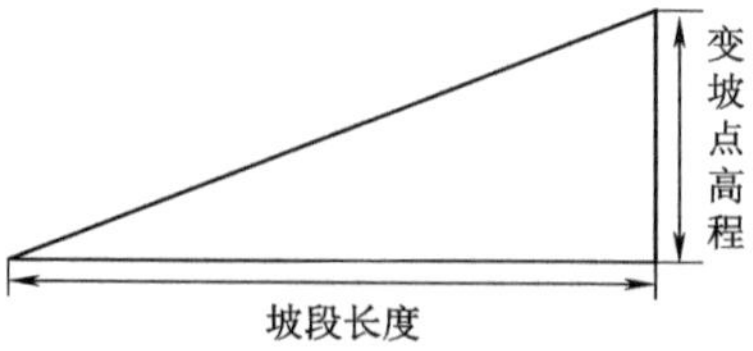
变坡点高程
坡段长度

图 3-2　线段长度与坡度的关系示意图

(1)车站坡度设置要求

车站站台计算长度线路宜设置在一个坡道上，有条件时车站宜布置在纵断面的凸形部位上。地面和高架站站台宜设在平坡上，若需要设置在坡道上，其坡度不应大于 3‰。地下车站站台计算长度线路坡度宜采用2‰。

（2）竖曲线设置要求

为了缓和纵向变坡处行车动量变化产生的冲击作用以及满足视距的需要，在边坡处设置竖曲线。竖曲线将平曲线适当地组合起来利于路面排水，改善行车的视线诱导。

当两相邻坡段的坡度代数差大于或等于2‰的时候，宜设置圆曲线形的竖曲线连接，竖曲线的设置不宜与平面缓和曲线重叠。竖曲线半径的取值不得不应小于表3-3的规定。

表3-3　最小竖曲线半径　　　　　　　　　　　　　　　　单位：m

线别		一般情况	困难情况
正线	区间	5 000	2 000
	车站端部	3 000	1 500
联络线、出入线		1 500	
车场线		1 000	

车站站台计算长度和道岔范围内不得设置竖曲线，竖曲线离开道岔端部的距离不小于5 m。

3.3　辅助线、车场线

1. 辅助线设置的内容

中低速磁浮交通线路中的辅助线包括折返线、渡线、联络线、停车线、存车线以及出入场线。

设计联络线时可参考以下内容：

（1）正线之间的联络线应根据线网规划、车辆基地分布位置和承担任务范围设置；

（2）凡设置在相邻线路之间的联络线，承担车辆临时调度，运送大修、架修车辆，以及工程维修车辆等运行的线路，应设置单线；

（3）相邻两线路初期临时贯通且正式载客运行的联络线，应设置双线；

（4）联络线与正线的接轨点宜靠近车站；

（5）在两线同站台平行换乘站，宜设置渡线；

（6）联络线的最大坡度不宜大于70‰（不计入各种坡度折减）。

出入场线是车辆基地与正线的连接线，出入线形式如图3-3所示，设计车辆基地出入线时可参考以下内容：

（1）出入线宜在车站端部接轨，特殊困难情况下，可在区间接轨；出入线应具备一度停车再启动的条件。

（2）出入线应按双向双线运行设计，并应避免与正线平面交叉。规模较小的停车场或出入较少的车辆基地，其工程实施确因条件限制，在不影响功能前提下，可采用单线双向设计。

贯通式车辆基地应在两端分别接入正线,主要方向端应为双线,另一端可为单线。

(3)当出入线兼顾列车折返功能时,应对出入线与正线间的配线进行多方案比选,应满足正线、折返线、出入线的运行功能要求。

(4)出入线的最大坡度不宜大于70‰(不计入各种坡度折减)。

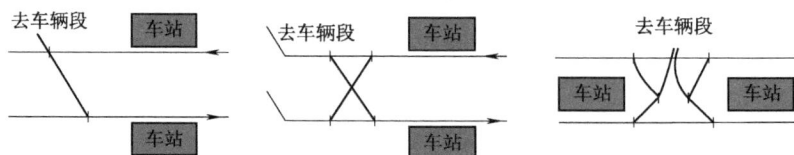

图 3-3　出入线示意图

全线客流分布不均匀时,可组织区段运行,即在尽头端站与中间站或者中间站与中间站之间进行列车折返调头,在这些地方需要为列车设置折返线。停车线一般设置在端点站,专门用于停车,也可以进行少量检修作业。设计折返线与停车线时可参考以下内容:

(1)折返线应根据行车组织交路设计确定,起点终点和中间折返站应设置列车折返线。

(2)折返线布置应结合车站站台形式确定,可采用站前折返或者站后折返形式,并应满足列车折返能力要求。

(3)正线应每隔5～6座车站或15～16 km设置停车线,其间每相隔2～3站或者6～9 km应加设渡线。

(4)停车线应具备故障车待避和临时折返功能。停车线设在中间折返站时,应与折返线分开设置,在正常运营时段,不宜兼用。停车线尾端应设置单渡线与正线贯通。

(5)远离车辆段或停车场的尽端式车站配线,除应满足折返功能外,还应满足故障列车停车、夜间存车和工程维修车辆折返等功能要求。

(6)在靠近隧道洞口以内或临近江河岸边车站,应根据非正常运营模式和行车组织要求,研究和确定车站配线形式。

(7)折返线、停车线宜布置在平坡道上,困难情况时可设置在面向车挡不大于10‰的坡道上。

(8)折返线、故障列车停车线有效长度不应小于表3-4规定:

表 3-4　折返线、故障列车停车线有效长度　　　　　　　　单位:m

配线名称	有效长度+安全距离(不含车挡长度)
尽端式折返线、停车线	远期列车长度+40
贯通式折返线、停车线	远期列车长度+50

渡线指上下行正线之间设置的连接线,通过一组联动道岔达到转线的目的,渡线有单渡线和交叉渡线之分。渡线应按照下列原则设置:

(1)单渡线应设在车站端部,一般中间站的单渡线道岔,宜按逆岔方向布置;

(2)单渡线与其他配线的道岔组合布置时,根据功能需要可按顺向布置。

安全距离与安全线应按照下列原则设置:

(1)支线与干线接轨额车站应设置平行进路;在出战方向接轨点道岔处的警冲标至站台端部距离不应小于 50 m,小于 50 m 时应设安全线。

(2)在车站接轨点前,车辆基地出入线不具备一度停车条件,且停车信号至警冲标之间 50 m 时,应设安全线。采用八字形布置在区间与正线接轨时,应设置安全线。

(3)列车折返线与停车线末端均应设置安全线。

(4)安全线自道岔前端垛梁端部(含道岔)至车挡前长度应为 50 m,安全线末端宜设置缓冲式车挡。

2. 车场线设置的内容

车场线包括出停车列检线、检修线、洗车线、牵出线、特种车辆存放检修线等。

洗车线用于列车的外部车体定期洗刷;牵出线用于基地内调车作业;特种车辆存放检修线承担轨道巡检车、特种车辆、轨道维护车施工特种车等的存放检修工作。

停车列检线和检修线的功能是承担列车的停放、列车的计划内维修和临修。停车列检线和检修线的数量由列车配属数和检修程计算得出。轨道交通车辆段由于配属列车多,停车列检及各级检修程对线路的设计要求都不一样,一般都分区布置。磁浮车辆基地由于列车的配属车数较少,列检和检修的线路一般配置基本相同,仅对线路的两侧空间要求稍有区别。因此,在实际设计时应进行适当合并设计,以实现线路的优化配置。洗车线、牵出线、特种车辆存放检修线等设计,需根据其各线的技术要求,以减少列车的迂回走行和交叉干扰为原则,进行基地内的线路设计,满足各项功能需求。

3. 正线、联络线、车场基地出入线、车场线长度

对于正线、联络线、车辆基地线来说,其圆曲线最小长度不宜小于 18 m,困难情况下,不宜小于 14.4 m;对于车场线,其圆曲线最小长度不宜小于 3.6 m;正线、联络线以及车辆基地出入场线上,两相邻曲线间夹直线最小长度可参考表 3-5。

表 3-5　夹直线最小长度　　　　　　单位:m

正线、联络线、出入线	一般情况($v \geq 36$ km/h)	$0.5v$
	困难时最小长度	18
车场线	同向曲线	3.6
	反向曲线	14.4

第4章 轨 道

4.1 轨道梁桥

4.1.1 概 述

磁浮轨道交通的核心在于列车的悬浮技术,轨道梁作为磁浮列车的承载体,对磁浮技术提供安全保障,其内力和变位情况直接影响磁浮列车的安全性和舒适性。磁浮轨道梁承受列车荷载并将其传至地基的同时还引导磁浮列车的前进方向。磁浮线路多采用封闭式高架桥梁,线路成本占总成本的 $60\%\sim70\%$。轨道梁是主要的承重和传力结构,是磁浮铁路设计当中最重要部分之一。

中低速磁浮轨道梁有以下特点:

(1)中低速磁浮轨道梁结构形式有别于轮轨交通桥梁和公路交通桥梁,为独特的抱轨运行模式。

(2)中低速磁浮列车采用 U 型电磁铁和 F 型导轨取代轮轨列车的车轮和轨道。

(3)磁浮轨道型式采用钢枕型式的中低速磁浮轨道结构,轨道结构自上而下主要由感应板、F 型钢、钢轨枕、伸缩接头、连接件、扣件系统、承轨台道床等部件组成,如图 4-1 和图 2-13 所示。

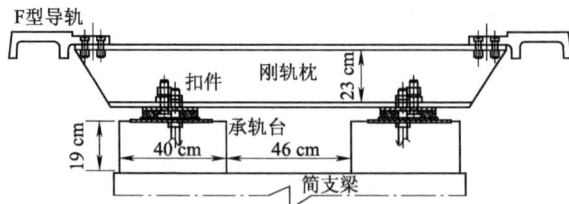

图 4-1 磁浮轨道结构图

列车和轨道梁形成一对相连系统,轨道梁不仅是承受列车荷载的承重结构,也是车辆走行的轨道,同时又是供电、信号、通信等缆线的载体,其梁跨、截面形式等是在普通铁路、公路桥梁研究的基础上,满足特殊构造要求以及运营安全舒适性来确定的。中低速磁浮交通系统对轨道结构各项指标要求较为严格,对轨道梁刚度有高精度的要求,因此需要对轨道梁进行荷载校验。

4.1.2 荷 载

1. 中低速磁浮交通轨道支撑梁桥结构设计

可按表 4-1 列出的荷载,根据可能出现的最不利组合情况进行计算。

表 4-1 轨道梁桥荷载分类表

荷载分类		荷载名称
主 力	恒载	结构自重
		附属设备和附属建筑自重
		预加应力
		混凝土收缩及徐变影响
		基础变位的影响
		土压力
		静水压力及浮力
	活载	列车竖向静活载
		列车竖向动力作用
		列车离心力
		列车侧向导向力
		小半径约束力
		列车活载产生的土压力
		人群荷载
附加力		列车制动力或牵引力
		风力
		温度影响力
		流水压力
特殊荷载		紧急制动力
		船只或汽车的撞击力
		地震力
		施工临时荷载

注:

①如杆件的主要用途为承受某种附加力,则在计算此杆件时,该附加力可按主力计;

②列车侧向导向力不与离心力、风力组合;

③流水压力不与制动力或牵引力组合;

④地震力与其他荷载的组合可按现行国家标准《铁路工程抗震设计规范》的内容执行;

⑤计算中要求考虑的其他荷载,可根据其性质,分别列入上述相应类别的荷载中。

桥梁设计时,只需考虑主力与一个方向的附加力相结合。根据不同的荷载组合,应将材料基本容许应力和地基容许承载力乘以不同的提高系数。对预应力混凝土结构中的强度和抗裂性计算,可采用不同的安全系数。计算结构自重时,一般材料重度可按现行中华人民共和国行业标准《铁路桥涵设计规范》(TB 10002—2017)规定取用;对于附属设备和附属建筑的自重或材料重度,可按所属专业的现行规范或标准取用。

2. 列车竖向静活载确定可参照下列内容

(1)列车竖向静活载图式按本线列车的自重、最大载重及近、远期中最长列车编组确定。

(2)轨道梁桥下部结构设计,单线、双线、多于两线的情况,按列车作用于每一条线路考虑,荷载不做折减。

(3)影响线加载时,活载图式不可任意截取。

3. 曲线上离心力计算

位于曲线上的轨道梁桥的列车产生的离心力等于列车静活载乘以离心力率C,离心力应按水平向外作用于车辆重心处。

C值按下式计算:

$$C = v^2/(127R)$$

式中　v——本线设计最高列车速度(km/h);

　　　R——曲线半径(m)。

4. 侧向导向力计算

列车的侧向导向力与离心力作用位置相同,其值计算方式如下:

(1)列车的最大侧向导向力宜按静荷载的20%计算;

(2)列车的动态侧向导向力宜按下式计算:

$$P_d = \pm(1 + v/500)$$

式中　P_d——动态侧向力(kN/m);

　　　v——设计速度(km/h)。

5. 列车制动力计算

列车制动力或牵引力作用于车辆重心位置,其计算可参照如下内容:

(1)列车制动力或牵引力可按列车竖向静活载的15%计算,当与离心力同时计算时,可按照列车竖向静活载的10%计算。

(2)轨道梁桥下部结构设计时制动力或牵引力移至支座中心处,计算钢架结构时应移至横梁中线处,均不计移动作用点所产生的力矩。

(3)列车紧急制动力可按照竖向静活载的20%计算。

(4)双线时可采用二线的制动力或牵引力;三线或三线以上时按照最不利情况考虑,不做折减。

（5）区间双线桥可采用二线的制动力或牵引力；三线或三线以上时按照最不利情况考虑，不做折减。

（6）轨道梁桥风荷载强度按现行《铁路桥涵设计规范》的内容取值。梁上有车时，轨道梁风荷载按照 80% 计算，设计按单线计算轨道梁和列车风荷载。

（7）结构构件截面的不同侧面或内外面存在温差时，应当计及温度梯度产生的内部应力；混凝土收缩的影响可按照降低温度的方法计算。

（8）轨道梁桥桥墩承受船只撞击力时，设防撞保护设施。当无法设置防撞保护设施时，船只撞击力可按现行《铁路桥涵设计规范》的规定计算。

（9）轨道梁桥墩柱有可能受汽车撞击时，设防撞保护设施。当无法设置防撞保护设施时，轨道梁桥墩柱设计应当计及汽车对墩柱的撞击力。汽车撞击力顺汽车行驶方向时采用 1 000 kN，垂直于汽车行驶方向时，采用 500 kN，作用在路面以上 1.20 m 高度处。

（10）地震作用按现行《铁路工程抗震设计规范》的相关规定计算。

（11）轨道梁桥按不同施工阶段的施工荷载和运营养护检修荷载加以检算。采用架桥机架设的轨道梁，按照架桥工况对轨道梁和桥墩分别进行检算。

中低速磁浮轨道图如图 4-2 所示。

图 4-2　中低速磁浮轨道图

4.1.3　构造及系统设备预留、预埋内容

轨道梁根据制造工艺的不同可分为预制梁和现浇梁两种类型。预制梁和现浇梁均采用标准截面尺寸，精度要求大体一致。预制梁通常采用预应力混凝土结构，而现浇梁则通常采用钢筋混凝土结构。

采用现浇钢筋混凝土结构不仅可以有效降低施工过程的费用,使得部分梁端部还可与基础或道岔安装平台固结。车辆基地内出入线、停车列检线及挖方路段等非高架地段,且曲线半径 $R<100$ m 的区段,这些线路的特点是小曲线半径、小跨度,加上道岔等特殊要求,一般不能采用活动模板进行预制,而采用现浇钢筋混凝土轨道梁,一般是小跨度现浇钢筋混凝土 RC 梁。

除车辆基地、停车场中现浇 RC 梁外,一般轨道梁制作是工厂预制,采用可调活动模板制梁,经过严格的养护和质量管理,以保证轨道梁外形尺寸、内在质量、制作精度的要求。轨道梁线形精度的控制在中低速磁浮交通系统中十分重要,是磁浮列车安全、平稳、快速运行的基本保证。轨道梁结构线形多为空间曲线并设有超高,轨道梁一经制作、架设完成形成轨道后,后期可调整的余量很小,因此轨道梁制作、安装精度必须满足运营的要求。

影响轨道梁梁体线形的主要因素为预加应力、混凝土的收缩及徐变等引起的变形。除通过控制混凝土骨料的级配、强度、水灰比及坍落度来保证混凝土的均匀性外,设计中可通过调整预应力配束改善应力分布,控制梁体混凝土收缩徐变的变形方向,有效地控制混凝土收缩徐变变形值,缩短轨道梁的储梁期。

对于中低速磁浮交通系统,轨道结构构造和精度要求尤为严格。轨道结构高度应根据轨道结构形式、车辆结构参数、道岔结构参数及限界,计算后确定。道床结构形式应满足以下要求:

(1)区间正线宜采用轨道梁形式,特殊地段可采用承轨梁形式;

(2)车场库外宜采用轨道梁形式;

(3)车场库内宜采用支墩承轨台形式。

轨道结构构造应符合下列规定:

(1)承轨梁应采用钢筋混凝土结构,混凝土强度等级宜为 C40;

(2)承轨台可采用钢筋混凝土结构,混凝土强度等级宜为 C40,也可采用钢结构;

(3)承轨台与路基支墩及桥面连接应采取加强措施;

(4)承轨台结构高度应满足支承块安装条件;

(5)轨道结构几何精度应符合表 4-2 的要求。

表 4-2　中低速磁浮交通轨道结构几何精度

项目	偏差值
轨距(两轨面中心距离)	±3 mm
轨排磁极面平面度	±1.5 mm/3 mm
前后高低(10 m 弦矢高)	±3 mm/10 m
轨向(10 m 弦矢高)	±3 mm/10 m
轨道接缝允许偏差(竖向/横向)	±1 mm/±1 mm

　　轨道梁桥桥墩和组合桥下部的梁式结构、道岔桥和道岔平台设置有排水系统,并具有预防洪涝灾害的预警能力。钢筋混凝土、预应力混凝土轨道预留有信号,供电环网电缆和接触轨等系统安装所需的预埋管道以及预埋件。预应力混凝土梁锚固端防护应符合现行中华人民共和国行业标准《铁路混凝土结构耐久性设计规范》(TB 10005—2010)的规定。

　　对连续布置的桥梁,当其固定支座间距大于 12 m 时,梁缝处的导轨连接处应采用轨排接头,轨排接头的伸缩预留量应满足桥梁温度跨度伸缩要求。设计时导轨接头轨缝宜按16 mm取值。轨排铺设时的预留轨缝值应根据轨排长度与钢轨温度计算确定。桥梁间接缝及桥梁与桥台接缝处应设置轨缝。

　　设于寒冷地区路面的桥墩受雨水侵蚀的混凝土部位、酸雨地区的高架结构可参考中华人民共和国国家标准《混凝土结构耐久性设计规范》(GB/T 50476—2019)的规定。

4.2　道　　岔

　　道岔系统是磁浮交通系统的一个重要组成部分,是使磁浮列车换线的关键设备,运输业务中的列车到发、会让、越行、车辆摘挂、车辆整修,都须依靠道岔实现。磁浮车辆运行原理决定了磁浮线路在线路出岔时,采用整根道岔钢梁强制弹性变形的方法换线。

　　磁浮快线道岔由电动机械驱动钢梁整体转辙,钢梁整体转辙后利用锁定装置精确地定位到要求的位置,使磁浮列车在缓和的近似圆曲线的折线上安全通过。其控制系统根据上位信号系统的指令执行,确保了道岔的转辙精度以及可靠性。

4.2.1　道岔的类型

中低速磁浮交通道岔按几何形状可分为下列类型:

(1)单式道岔:单开岔道,即主线为直线方向,侧线由主线向左侧或右侧岔出。

(2)复式道岔:三开道岔、对开道岔等型式。

(3)其他类型道岔:单渡线道岔、交叉渡线道岔等型式。

在我国轨道交通中使用最多的道岔形式为单开道岔,其数量占各类道岔总数的 90% 以上。

中低速磁浮交通单开道岔示意图如图 4-3 所示。

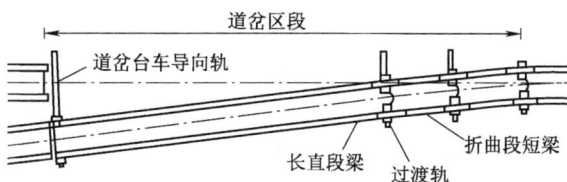

图 4-3　中低速磁浮交通单开道岔示意图

4.2.2 道岔的结构

道岔的主要结构体为道岔钢梁,总共有三段,每段钢梁都有台车支撑,且钢梁之间有十字销连接。道岔包含有驱动装置,安装于道岔主动钢梁的下方,推动着梁下的台车沿轨道移动,实现转线。

磁浮道岔设计为三段定心式,主要由活动端和固定端垛梁、三段钢梁(主动梁、第一和第二从动梁)、梁间的角平分装置及安装于梁上翼缘的轨排组成。主动梁、第一和第二从动梁都设置了一个固定在地面的转动中心,因此成为三段定心式。相邻梁段之间加装了角平分装置,其目的是减小梁段间折角从而提高列车的通过性能。

表 4-3 列出了道岔梁的主要技术指标。

表 4-3　道岔梁主要技术指标

技术指标	作间条件	容许值	计算值
主动梁竖向一阶固有频率(Hz)	无车状态	7.257	25.031
从动梁 1 竖向一阶固有频率(Hz)	无车状态	14.222	59.651
从动梁 2 竖向一阶固有频率(Hz)	无车状态	14.222	56.176
主动梁挠度(mm)	静活载作用下竖向挠度	1.917	0.715
	温度作用下竖向挠度	1.160	0.488
	横向挠度	8.910	5.386
从动梁 1 挠度(mm)	静活载作用下竖向挠度	0.980	0.285
	温度作用下竖向挠度	0.594	0.306
	横向挠度	2.256	0.564
从动梁 2 挠度(mm)	静活载作用下竖向挠度	0.980	0.316
	温度作用下竖向挠度	0.593	0.255
	横向挠度	2.252	0.314

道岔梁结构包括主动梁、从动梁、垛梁等部分,考虑到各梁段变形较小,道岔梁结构均采用 Q235-C 级钢材。道岔钢在进行结构设计时,应进行多种荷载组合情况下的强度校核。表 4-4 列出了校核时的主要荷载组合。

表 4-4　主要荷载组合

编号	位置	荷载组合
1	主动梁	恒载+列车竖向动力作用+风力+温度
2	从动梁	恒载+列车竖向动力作用+列车离心力+风力+温度
3	主动梁和从动梁	恒载+列车竖向动力作用+横向导向力+温度
4	主动梁	恒载+列车竖向动力作用+制动力或牵引力
5	从动梁	恒载+列车竖向动力作用+列车离心力+(制动力或牵引力)/1.5
6	主动梁和从动梁	恒载+列车竖向动力作用+横向导向力+制动力或牵引力

4.2.3 道岔的安装

道岔的准确、高效设置对于中低速磁浮系统而言至关重要,道岔的设置原则包括:

(1)应满足正线运营、乘客舒适度、折返时间以及列车出入停车场和场内调车的需要。

(2)应保障车辆运行平稳、安全可靠、技术先进,便于操作、检查维护。

(3)在满足生产、运营的前提下,尽量减少道岔数量。

(4)一般情况下,对运营能力及旅客舒适度无影响,运行速度要求不高于 15 km/h,应尽量选用关节型道岔。

中低速磁浮交通道岔的安装可参考如下内容:

(1)道岔应当设置在坚实稳定的基础上,道岔设备在高架线路段应安装在道岔桥上,低置线路和隧道内应当安装在道岔专用的平台上。

(2)道岔平台上不宜设置伸缩缝或者沉降缝。

(3)道岔桥以及道岔平台上的供电电缆、通信、信号电缆等,可按照电压等级在电缆槽内布置。

(4)道岔区应当设置电源设施,以供检修通道及维修使用。

(5)道岔区域宜设置视频监控设施。

对于道岔上设备需要符合下列规定:

(1)道岔系统控制电路应符合故障—安全原则。

(2)道岔控制系统及接口电路应符合现行中华人民共和国城镇建设行业标准《中低速磁浮交通道岔系统设备技术条件》(CJ/T 412—2012)的规定。

(3)金属构件表面应进行防锈蚀处理,在寒冷地区使用的道岔应配置防冻加热设施。

(4)道岔设备的结构形式应能便于操作,并具有较好的可维护性。

(5)道岔设备的供电应采用一级负荷。

(6)道岔设备接地电阻,当采用综合接地时,电阻值不应大于 1 Ω;当采用分散接地时不应大于 4 Ω;防雷接地电阻值不应大于 10 Ω。

(7)道岔应由信号系统进行控制。同时应具有集中控制、现场控制、手动控制方式,并具有系统检测、故障诊断保护和报警功能。

(8)道岔转辙时间不应大于 15 s。

(9)道岔处于侧向状态时应限速 25 km/h,道岔处于直向状态时应满足列车最高行驶速度的要求。

4.3 接 触 轨

接触轨,对于地铁而言,又称第三轨,就是在列车行走的两条轨旁再加一条可以供电的轨道。由于运行中的磁浮列车并不与走行排轨直接接触,因此还包括第四轨,为电流回流提供途径。

4.3.1 接触轨的分类

接触轨按照受流位置的不同,主要分为上部接触受流方式、下部接触受流方式、侧部受流方式:

(1)上部接触受流方式中接触轨的受流面朝上,集电靴通过下压力取流,这种受流方式下维修更加方便,但对接触轨的防护不够严密,安全性较差。

(2)下部接触受流方式的接触轨受流面朝下,集电靴通过上抬力取电,防护严密但不便维修。

(3)侧部受流方式的接触轨受流面和轨顶面垂直,集电靴通过侧压力取流,接触轨表面不容易附着杂物,但其缺点与上部接触受流方式一样。

若磁浮列车运行采用上部或者下部接触受流方式,列车从静止到悬浮的起降过程中,集电靴与接触轨间的接触压力会因位移而变化,对受流质量存在一定的影响。而侧接触式接触轨与集电靴间的横向位移比较固定,可保证系统长时间持续运营条件下的连接可靠,实现平滑受流。因此,从受流质量的角度来讲,侧接触式是最佳的受流方式。

侧部受流方式的另外一个优点在于不会因集电靴本身的结构故障对车辆起浮产生卡滞作用,影响车辆的正常起浮。此外,侧接触式接触轨不易在受流面上积攒粉尘、雨雪等杂物,可以在一定程度上减少由于外来杂物所带来的额外磨损及电弧烧蚀等。侧部接触受流方式接触轨如图 4-4 所示。

图 4-4 侧部接触受流方式接触轨

接触轨按照材料分类,主要分为低碳钢材质、钢铝复合材质。较早时期使用低碳钢接触轨,但因其重量大、电阻高,如今已经较少使用。钢铝复合接触轨的主要材料为铝材,具有重量较轻、电能损耗小、变电所数量减小等优势,在新建地铁线路中被广泛使用。中低速磁浮交通接触轨应具备耐磨、耐腐蚀、导流好的特性,钢铝复合接触轨所使用材料的性能应当符合中华人民共和国城镇建设行业标准《城市轨道交通钢铝复合导电轨技术要求》(CJ/T 414—2012)的规定。

钢铝接触轨按整体结构又可以分为工型轨和 C 型轨,工型轨的主要应用有两种,一种为钢带嵌入铝轨的复合接触轨,另一种为钢带包围铝轨的复合接触轨,如图 4-5 所示。

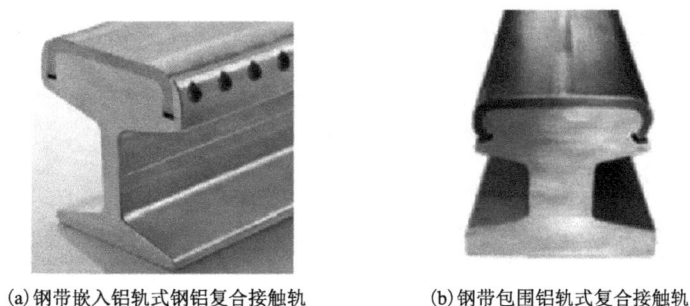

(a)钢带嵌入铝轨式钢铝复合接触轨　　　　(b)钢带包围铝轨式钢铝复合接触轨

图 4-5　钢铝复合接触轨

C 型接触轨主要通过夹持芯的方式实现 X 轴的仰俯角度以及 Y 向的线性调节,且其安装能够实现标准化、机械化作业。C 型接触轨刚度较小,在道岔处无须断轨,可连续布置。目前国内 C 型钢铝复合接触轨主要有两种形式,如图 4-6 所示。

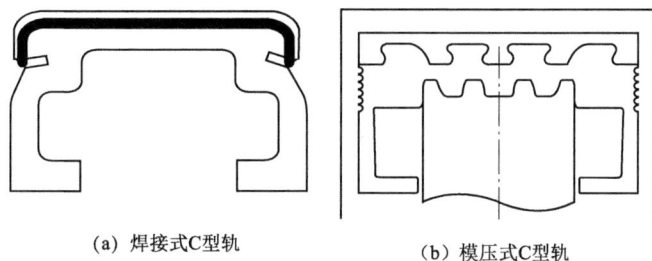

(a)　焊接式C型轨　　　　　　(b)　模压式C型轨

图 4-6　国内 C 型钢铝复合接触轨形式

图示第一种 C 型轨采用焊接形式,两边窄条钢带嵌入铝轨腰部沟槽,再与铝轨顶部倒扣的浅 U 型槽钢焊接。该种方式必须保证两侧钢带同时焊接,由于窄条钢带平直度不好控制,且与铝轨槽为紧配合,实际操作中预配麻烦,批量生产存在问题,并且焊接易影响到铝轨表面质量,焊接后焊缝不好处理,既影响质量又影响外观。

图示第二种 C 型轨采用模压方式,复合前,铝轨的装配部分弯曲,复合时通过上部加力使铝轨弯曲部分变直,并将填充部分压入不锈钢板条之间。垂向通过自身结构可保证结合力,顺长方向仅靠铝轨与不锈钢之间的摩擦,结合强度不能保证,在温度变化时,由于不锈钢与铝合金热胀系数的不同,容易出现纵向滑移错位;并且复合需靠铝轨塑性变形实现,易因压力等问题造成钢铝结合间隙较大,降低受流质量。

目前国内城市轨道交通大多使用工型钢铝复合接触轨,其具有高强度、耐腐蚀、持续载流能力强等优点,但其应用在磁浮工程的方案有待验证。

4.3.2 靴轨系统

集电靴与接触轨系统,即靴轨系统,属于最古老的电气列车供电方式之一,是轨道交通牵引供电系统的重要组成部分。磁浮列车的靴轨系统,由集电靴、接触轨组成,此处的接触轨包括第三轨与第四轨,如图 4-7 所示。靴轨系统与磁浮列车车体组成回路,由第三轨与集电靴接触,为磁浮列车提供电能,后通过第四轨回流。

接触轨的设计可参考以下内容:

(1)接触轨直线段应平直,曲线段应平滑,无硬弯;

(2)接触轨应无变形和锈蚀;表面应光洁,无缺陷;

(3)中间接头端面距离相邻的绝缘支撑的距离符合设计要求;

(4)防护罩无裂纹和变形,应将接触轨端部弯头罩住;

(5)电缆应排列整齐,美观牢固,无硬弯死弯,电缆标牌清晰,接地轨应无变形和锈蚀。

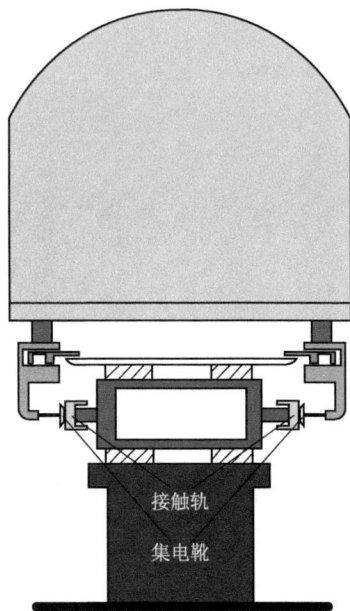

图 4-7 列车靴轨系统

4.4 检 修 通 道

磁浮列车的检修通道作为列车工程的检修专用道路,沿磁浮线路布置,该通道主要用于磁浮列车的日常维修、养护等。磁浮列车在库内进行检修作业时,需要到列车底部进行观察和检测。因此,借鉴地铁车辆段的轨道桥功能,并结合磁浮轨道结构的特殊性,设计磁浮列车的轨道桥形式如图 4-8 所示。

磁浮列车的轨道桥的 F 型导轨距离地面大约为 1.8 m,钢轨枕之间距离大约为 1.4 m,柱式支撑之间距离大约为 0.6 m,从而使检修人员能够在轨面以下通行。

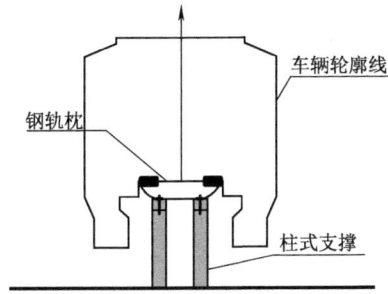

(a)轨道桥平视图

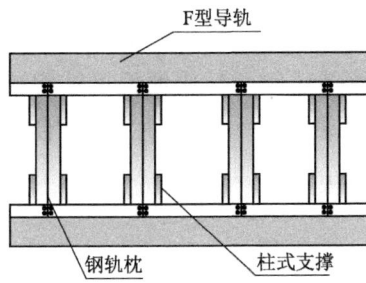

(b)轨道桥剖视图

图 4-8 轨道桥平剖视图

第 5 章 车 站

5.1 车站总体布置

中低速磁浮车站由出入口及通道、车站主体、通风道及风亭三部分组成,车站的组成结构如图 5-1 所示。车站按照设置的位置可分成地面车站和地下车站,地面车站又能分为框架式车站和高架车站。框架车站多在地面层设置上下平台,乘客通过台阶和残疾人坡道进出车站。地上出入口如图 5-2 所示。

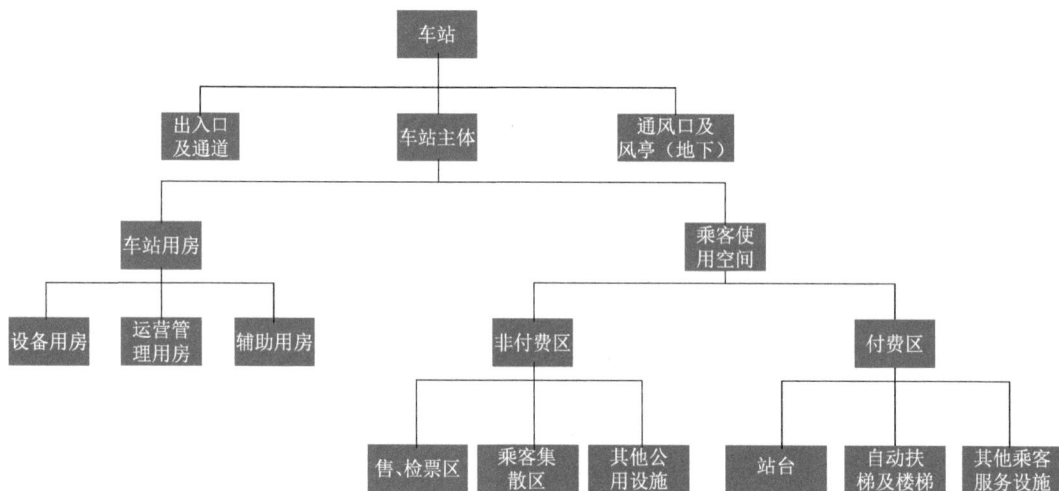

图 5-1 车站组成

车站的总体布局,不仅需要符合城市规划、城市交通规划、城市轨道交通线网规划、环境保护和城市景观的要求,还应该妥善处理好与地面建筑、城市道路、地下管线、地下构筑物及施工时交通组织之间的关系,减少房屋拆迁和管线改移。

对于中低速磁浮交通系统,车站建筑设计应简洁且能够充分利用地形结构和空间形态,地面站、高架站设计应因地制宜,减小体量和具有良好的通透性。车站设计可参考以下内容:

(1)车站设计应满足高峰小时客流量要求,保证乘客乘降安全、疏导迅速,车站布局紧凑、便于管理,并应具有良好的通风、照明、卫生、防灾等设施,为乘客提供安全、舒适的乘车环境。

图 5-2　地上出入口

（2）中低速磁浮交通各线路之间及与其他轨道交通线路交会处的换乘站,换乘设施的通过能力应满足预测的远期换乘客流量的要求。地下车站的土建工程宜一次建成,地面、高架车站及相关地面建筑可分期建设。

（3）车站的站厅、站台、出入口通道、楼扶梯、售检票口等部位的通过能力,应按远期超高峰客流量确定。超高峰设计客流量应为该站预测远期高峰小时客流量乘以 1.1～1.4 超高峰系数。

（4）车站出入口与风井的位置,应根据周边的环境及城市规划要求进行合理布置。出入口位置应有利于客流吸引和疏散;风井位置在满足功能要求的前提下,应满足规划、环保和景观的要求。

（5）车站设计应考虑出入口的空间要求,宜设置非机动车停车场。地处郊区及市郊结合地区的车站可设置停车换乘的"P＋R 停车场"。

（6）车站内的顶棚、墙面地坪的装饰应采用 A 级材料;当使用架空地板时,不应小于 B 级材料;车站公共区内的广告灯箱、休息椅、电话亭、售(检)票机等固定服务设施的材料应采用低烟、无卤的阻燃材料;地面材料应防滑耐磨;当使用玻璃材料时,应采用安全玻璃。

5.2　车 站 平 面

5.2.1　车站平面形式

车站平面形式应根据线路特征、营运要求、地面和地下环境及车站与区间采用的施工方法等条件,确定采用岛式、侧式或岛侧混合形式。

1. 岛式站台车站

站台位于上、下行行车线路之间，这种站台布置形式称为岛式站台。具有岛式站台的车站称为岛式站台车站（简称岛式车站），如图 5-3 所示。岛式车站是常用的一种车站形式，该类型站台由于站台面积利用率高，车站管理集中，车站站台空间宽敞，站台设备使用率高，乘客换乘方便等优点，所以一般常用于客流量较大的车站。

2. 侧式站台车站

站台分别位于上、下行行车线路的两侧，这种站台布置形式称为侧式站台。具有侧式站台的车站称为侧式站台车站（简称侧式车站），如图 5-4 所示。侧式车站也是常用的一种车站形式，其优点是列车进站时不用在正线和站线间放置曲线喇叭口，可避免侧式车站站台上下行乘客相互干扰，乘客不容易乘错方向，且列车进出站无曲线运行状态较好，站台造价低且改建便利。但缺点是站台面积利用率低，站台空间不及岛式宽阔，客流不可调剂，乘客中途改变乘车方向必须经过天桥或地道且车站管理分散。正是如此，侧式站台主要用于两个方向客流量较均匀（或流量不大）的车站及高架车站。

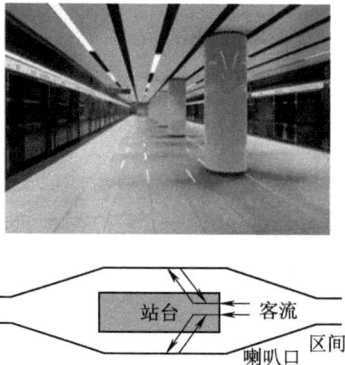

图 5-3 岛式站台车站

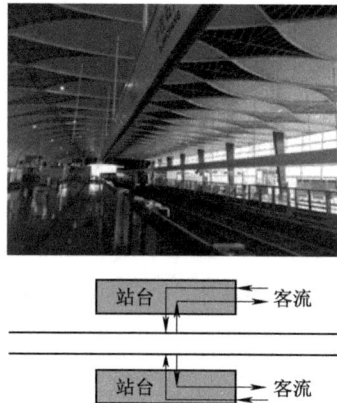

图 5-4 侧式站台车站

3. 混合式站台车站

岛、侧混合式站台是将岛式站台及侧式站台同设在一个车站内，具有这种站台形式的车站称为岛、侧混合式站台车站（简称岛、侧混合式车站），如图 5-5 所示。岛、侧混合式车站主要用于两侧站台换乘或列车折返。岛、侧混合式站台可布置成一岛一侧式或者一岛两侧式。

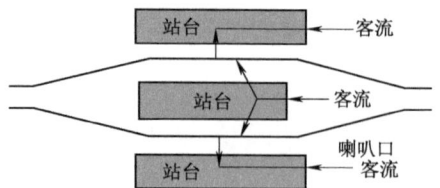

图 5-5 混合式站台车站

5.2.2　车站站台设计

列车站台作为供旅客换乘、候车的场所,应当保证旅客能够方便、安全、迅速地进出车站,并提供给旅客舒适、清洁的环境。中低速磁浮车站站台长度与宽度设计可参照以下内容。

1. 站台长度计算

宜采用列车最大编组数的有效长度与停车误差之和来计算站台长度。

(1)有效长度:无站台门设站台为首末两节车辆驾驶室门外侧之间的长度;有站台门设站台为首末两节车辆驾驶室门不包括在内的屏蔽门所围长度。

(2)停车误差:有站台门时停车误差不应大于±0.3 m;无站台门时不应大于1~2 m。

2. 站台宽度计算

站台宽度可由下列公式计算得到,并不小于表 5-1 所规定的数值。

岛式站台宽度:
$$B_d = 2b + n \cdot z + t \tag{5-1}$$

侧式站台宽度:
$$B_c = b + z + t \tag{5-2}$$

其中,
$$b = \frac{Q_s \cdot \rho}{L} + b_a \tag{5-3}$$

$$或\ b = \frac{Q_{sx} \cdot \rho}{L} + M \tag{5-4}$$

式中　b——侧站台宽度(m),取式(5-3)和式(5-4)中计算结果的较大值;

n——横向柱数;

z——横向柱宽(含装饰层厚度)(m);

t——每组人行梯与自动扶梯宽度之和(含与柱间所留空隙)(m);

Q_s——远期每列车高峰小时单侧上车设计客流量,换乘车站含换乘客流量(换算成高峰时段发车间隔内的设计客流量)(人);

Q_{sx}——远期每列车高峰小时单侧上、下车设计客流量,换乘车站含换乘客流量(换算成高峰时段发车间隔内的设计客流量)(人);

ρ——站台上人流密度 0.5(m²/人);

L——站台有效使用长度(m);

M——站台边缘至安全栏栅、安全门或屏蔽门的立柱内侧距离(m);

b_a——站台安全防护带宽度,取 0.4,采用站台门时用 M 替代 b_a 值(m)。

设置在岛式站台层两端的设备管理用房,可伸入站台计算长度内,但不宜超过一节车厢的长度,且不得侵入侧站台计算宽度,距最近梯口的距离不应小于 8 m,侵入处侧的站台的计算宽度应符合表 5-1 的规定。

3. 站台边缘和进站车辆车门处的安全间隙,参照如下内容设计

(1)在直线段宜为 70 mm(内藏门或外挂门)或 100 mm(塞拉门),在曲线段安全间隙不宜大于 150 mm。

(2)站台面不应高于空载车辆地板面。

(3)站台计算长度外的站台边缘距离线路中心线的距离宜按设备限界另加不小于 50 mm 的安全间隙。

(4)车站站台屏蔽门的安装尺寸宜使屏蔽门最外侧与车辆限界之间的安全距离不小于 25 mm。

表 5-1　车站各部位的最小宽度

名　称		最小宽度(m)
岛式站台		8.0
岛式站台的侧站台		2.5
侧式站台(长向范围内设梯)的侧站台		2.5
侧式站台(垂直于侧站台开通道口设梯)的侧站台		3.5
站台计算长度不超过 100 m 且楼、扶梯不伸入站台计算长度	岛式站台	6.0
	侧式站台	4.0
通道或天桥		2.4
单向公共区人行楼梯		1.8
双向公共区人行楼梯		2.4
与上、下均设自动扶梯并列设置的人行楼梯(困难情况下)		1.2
消防专用楼梯		1.2
站台至轨道区的工作梯(兼疏散梯)		1.1

5.2.3　总体布置

中低速磁浮列车的车站总体布置应当符合线路特征、城市交通规划、城市规划、环境保护以及城市景观的要求。站台可为岛式、侧式或岛侧混合式等形式。其总体布置可参考以下内容:

(1)高架车站站台层宜设置配电、值班、清扫以及空调候车室,其他设备管理用房不宜设在站台层。

(2)人行楼梯和自动扶梯的布置,除了满足上下乘客的要求外,还可按站台的事故疏散时间不大于 6 min 进行验算。消防专用梯和垂直电梯不计入事故疏散用设施。

(3)敞开式车站应参考本地气候条件,在站台上设置雨雪篷,同时参照以下内容:

①雨篷应有防止雨雪飘入站台措施；

②雨篷防水节点应满足列车振动、活塞风作用下的构造要求；

③屋面应设置方便维修和高空保洁措施。

（4）售票处距出入口通道口和进站检票处的距离不宜小于 5 m，与楼梯口的距离不宜小于 5 m，与自动扶梯基点的距离不宜小于 8 m。进站检票口与楼梯口的距离不宜小于 4 m，与自动扶梯基点的距离不宜小于 7 m。

（5）地下车站的设备与管理用房应当紧凑合理地进行布置，主要管理用房宜集中布置。消防泵房宜设于设备与管理用房有人区内的主要通道或设备区疏散出口通道旁。

（6）地下车站应按照工艺要求设置风亭与冷却塔，风亭与冷却塔的位置，根据周边环境及城市规划要求进行布置。根据功能要求配置风亭与冷却塔位置，并应满足规划、环保、消防和城市景观的要求。

（7）道岔区及自动扶梯的设置位置应避开结构诱导缝和变形缝。

5.3　车站出入口

车站出入口作为联系列车与城市功能空间的必经之路，其主要功能为吸引和疏散客流。车站出入口主要是依据设计人员的经验，结合各个车站所处位置的地面建筑与街道的具体情况，合理地进行规划，保证人口的有效流动。

按照车站出入口的布置方式，可将车站出入口分成三类："T"形、"一"形、"L"形，三种布置方式如图 5-6 所示。

图 5-6　出入口布置方式示意图

设置车站出入口时，可参照以下内容：

（1）车站建筑的疏散出口总宽度和各个出口的宽度应根据分向客流乘以 1.1～1.25 不均匀系数计算确定。特殊情况下，某个出入口疏散宽度不能满足要求时，可以通过调整其他出入口的方法来满足疏散出口总跨度的要求。

（2）车站出入口的方向应当与主客流的方向一致，且宜结合或联通过街天桥、过街地道、地下街、邻近公共建筑物，统一规划。

（3）当车站出入口兼有人行过街的功能时，在计算过街客流量时应将通道宽度和站厅相应部位计入，并应设置可用于夜间停运时的隔离设施。车站出入口兼做人行过街设施布置如图 5-7 所示。

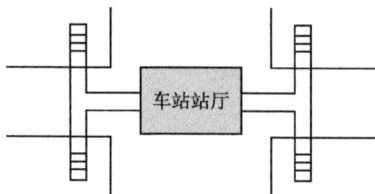

图 5-7 出入口兼做过街设施布置示意图

(4)出入口处的门不可采用开启门和弹簧门。设于道路两侧的出入口宜平行于或垂直于道路红线,与道路红线距离应满足当地规划部门的规定。当出入口开向城市主干道时,出入口前宜设集散场地。

(5)地下车站出入口通道宜短、直,需弯折的通道不宜超过 3 处,弯折夹角不宜小于 90°。地下出入口通道长度不宜超过 100 m,超过时宜设自动人行道,并采取能满足消防疏散要求的措施。

(6)地下车站出入口的地面标高宜高出该出入口室外地面 300～450 mm,并应当满足防淹要求。

(7)车站出入口附近,根据需要与可能,设置非机动车和机动车的停放场地。车站设置有公共厕所,管理人员厕所不宜与公共厕所合用。

(8)地下车站出入口通道的施工形式多为暗挖或明挖形式施工,以地下通道的形式连接道路和车站。出入口宜采用分离式的形式,即出入口与地面原有建筑分离,进出口一边为车站站厅层,一边为人行道口。

第6章 车辆基地

车辆基地一般为全线的后勤保障基地，其根据不同系统的技术装备来配置所需的检修设施。车辆基地的功能不仅有车辆的运用检修、综合维修、物资仓储、运营管理等，同时还负责人员培训、维修调度等任务。

6.1 功能、规模及平面布置

6.1.1 基地功能

车辆基地的主要功能为车辆的运用、维护保养以及检修，令运行车辆保持良好的技术状态，确保列车行车安全。根据功能以及规模的大小可以分为车辆段（停车场）、综合维修中心、物资总库、培训中心等部分。图6-1为车辆基地结构图。

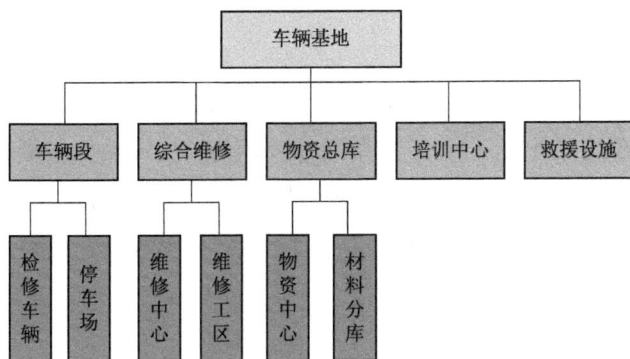

图6-1　车辆基地系统组成结构图

1.车辆段

车辆段为承担车辆的整备保养、运用管理、检查工作、承担较高级别车辆检修任务并具有配属车辆的基本生产单位，如图6-2所示。车辆段主要由三大部分组成：停车库、检修库以及办公生活设施。

车辆段作业范围设计宜参考下列内容：

（1）列车编组及管理工作；

(2)列车停放、清扫洗刷、定期灭菌及日常维修等日常维护保养；

(3)车辆的定期检修、月修、临修、架修、试车等作业；

(4)安置紧急救援抢修队及相关设备；

(5)车辆段检修设备、机具、牵引车和工作车等的维修及整备；

(6)必要时负责列车的乘务作业。

图 6-2 车辆段现场图

2. 停车场

停车场为承担车辆的整备保养、运用管理、检查工作并具有配属车辆的基本生产单位。停车场除了设有停车线之外，还设有运用车间、运转值班室、驾驶员待班室等驾驶员乘用房，以及列车车载信号检修用房。由于列车本身价值昂贵，在车辆运行中占据着重要地位，因此在停车库都设置自动防灾报警设备，并与整个列车消防系统联系在一起。

停车场作业范围设计可参考下列内容：

(1)承担包括停放、检查、洗刷、清扫在内的整备作业；

(2)列车的日常维修保养，根据需要承担月修及临修；

(3)根据需要负责列车的乘务作业。

车辆段、停车场按车场线路布置和作业需求设置牵出线，其数量根据作业量确定。牵出线的有效长度不应小于下列公式计算值。

$$L_q = L_{qc} + L_n + 10 \tag{6-1}$$

式中　L_q——牵出线有效长度(m)；

　　　L_{qc}——列车停车点至岔道的安全长度(m)；

　　　L_n——牵引车长度(m)。

3. 车辆段与停车场区别

尽管"车辆段"属外来语,但该名词在我国已沿用数十年,考虑到我国铁路系统也一直沿用、因此城市轨道交通采用"车辆段"作为泛指地铁车辆检修设施和运用整备设施的总称,并将车辆检修设施和运用整备设施分别称为检修车辆段(简称车辆段)、运用停车场(简称停车场)。

停车场往往只配备停放车辆的股道和一般的维修整备设备,仅能完成车辆的运用管理、清洁整备、列车安全检查和月检等日常维修保养工作。简单的停车场也可不担负月检任务,其月检设施可设于相关车辆段内,在设计中应根据实际情况灵活运用。

车辆段则必须配备相应修程的各种检修设备和设施,包括检修库和各种检修线路、各种辅助生产车间和设备,以及为车辆检修服务的各种设施,如试车线、轮线、给水设备、供电设备和污水处理设备等。为充分利用设备、便于管理、节约基建投资,通常将停车场和车辆段合并设置在一起,统称为车辆段。独立设置的停车场只是在线路太长成车辆段用地面积受限,或运营的特殊需要等情况下才设置。为便于运营管理,独立设置的停车场应隶属于相关车辆段。

6.1.2 规　　模

车辆基地设计规模应根据配属列车数量以及车辆检修制度、车辆基地的分布等资料,经过计算综合确定,车辆段的运用规模可以在初、近、远期运用车数的基础上,再计入一定比例的备用车计算得到。

6.1.3 平面布置

车辆基地的总平面布置应以车辆段或停车场为主体,并参考车辆运用、检修的作业内容和段(场)址的地形条件,综合维修中心、物资总库和培训中心等设施的布局及道路、管线、绿化、消防、环保的要求,结合当地气象条件合理布局。

车辆基地总平面设计时可参考以下内容:

(1)应以运用库以及检修库为核心布置生产房屋,并根据生产性质分区布置各辅助生产房屋,具有相似或相同使用功能性质的房屋宜合并设置。

(2)包括变配电所、锅炉房、给水间以及空气压缩机间在内的动力房屋宜设置在负荷中心附近。

(3)蓄电池间、空气压缩机间、锅炉房宜单独设计。

车辆基地的出入线可参考以下内容设计:

(1)出入线最小平曲面半径不应小于 100 m,困难时不应小于 75 m。最大坡度不宜大于 70‰。

（2）当相邻两坡段的坡度差大于或等于 2‰时,宜考虑用竖曲线连接且其半径不宜小于 1 500 m。设置竖曲线时应避免其与平曲线重叠。

（3）出入线宜在车站接轨。

车辆基地内线路的设计可参考以下内容:

（1）车辆基地内线路最小平曲面半径不应小于 75 m,困难时不应小于 50 m。最大坡度不超过 1.5‰。

（2）困难时车场上的夹直线长度顺向曲线不宜小于 3.6 m,反向曲线不宜小于列车车体长度。

（3）检修库线路布置时宜采用近端式。

（4）宜按照平坡、直线设计运用、检修库线路,且库前直线段不宜小于 1 节列车车体的长度。

（5）库内线间距设计时宜在 9.0～10.5 m 范围之间取值。

图 6-3 为长沙磁浮工程车辆基地总平面布置图,该布置方案较好地执行了上述原则,该段采用尽端式布置型式,即基地出入场线以一端连接的方式在车站接轨,总平面以综合库、综合楼和综合维修中心为主体来进行布置。

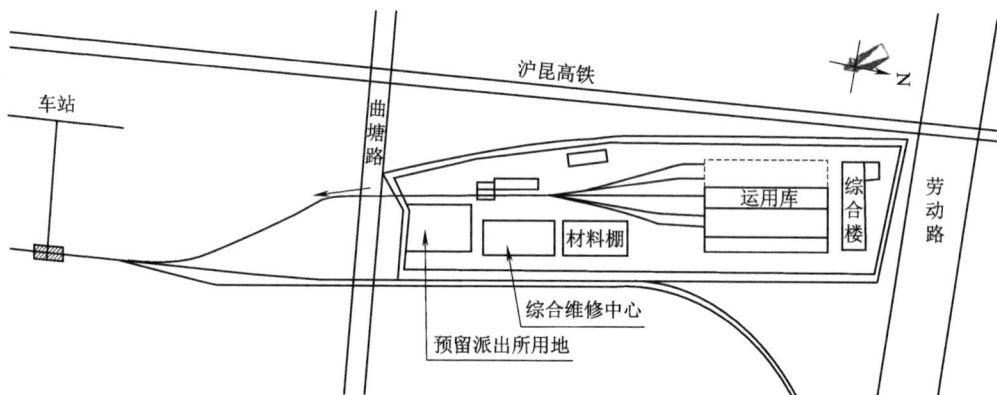

图 6-3　磁浮车辆基地总平面布置图

洗车机布置于出入段线上,入段后的列车的洗车作业可直接完成,洗车流程十分流畅。综合库布置在车辆基地的北侧,由停车库、检修库和辅助检修车间等组成。综合库房屋建筑在综合库西侧预留出了远期实施部分。

厂前区布置在车辆基地北侧出入口上,主要由综合楼与楼前景观场地组成。其中综合楼包括车辆基地办公、食堂、维修办公、控制中心、浴室及教育室等房屋。

综合维修中心、污水处理站、材料棚、污水处理站、牵引降压混合变电所等生产房屋设施布置于车辆基地出入段的东西两侧。

该磁浮车辆基地的出入口设置了两处,出入口都和市政道路直接连接,通路顺畅。磁浮车辆基地以环状的方式来布置内道路,符合了生产、生活和消防的需求。

6.2　车辆运用整备设施

车辆运用整备设施包括停车列检库(棚)、月检库和列车清洁洗刷设备及相应辅助线路等设施,并可根据生产需要配备办公、生活房屋。运用整备主要设施功能以及设计内容如下:

1. 停车列检库

停车列检库是轨道车辆的停放、日常整备、技术检查和一般性故障处理的重要场所,如图 6-4 所示。车辆基地宜按照检修工艺的要求设置列检库以及辅助生产房屋,并应按照检修作业量和检修时间确定列检库的规模。其设计规模以及形式可参考以下内容:

(1)停车列检库按照近期确定、预留远期的方式确定规模。当近期与远期规模变化不大或者产房扩建困难时,厂房宜按远期规模一次建成。

(2)停车列检库设计时应当考虑到当地气象条件以及运营要求。气候炎热多雨的地区设棚,气候寒冷或者风沙多的地区设库,若露天停车对运营作业并无影响,则列检库可按照露天设计。

(3)应当根据车库的形式确定列检库的列位设置。车库的形式为尽端式时,宜按照远期编组辆数两列位布置;车库的形式为贯通式时,宜按照远期编组辆数三列位布置。

(4)列检库可设电动桥式或梁式起重机和必要的搬运设备,起重机的起重量满足工艺和检修作业的内容。

(5)列检库内各线路轨道结构在每两节列车连接处均设置一处可拆卸轨道结构,该可拆卸轨道结构长度应按悬浮架长度综合确定。

图 6-4　停车列检库

停车列检库的长度与宽度可参照以下原则,并可结合厂房组合情况和建筑、结构设计内容做适当调整。

(1)列检库的高度宜符合车辆总装及更换大部件的要求。

(2)列检库长度可按式(6-2)计算确定:

$$L_{jk} = L_c + (N_b - 2) \times 1 + (N_d - 1) \times 6 + 18 \tag{6-2}$$

式中 L_{jk}——列检库计算长度(m);

N_b——检修列车编组数;

L_c——每列车长度(m);

N_d——检修列车单元数。

2. 月检库

月检库是轨道车辆段最重要的设施之一,是轨道车辆按月进行技术检查、故障处理的重要场所。月检库与列检库整体构成大致相同,不同的是月检库增设了三层作业平台,分别对轨道车辆整体(底部、中部、顶部)进行检查维修,如图 6-5 所示。

月检库长度可按式(6-3)计算:

$$L_{ly} = (L + 2) \times N_j + (N_j - 1) \times 6 + 18 \tag{6-3}$$

式中 L_{ly}——月检库计算长度(m);

N_j——每条线月检列位数。

图 6-5 月检库

3. 洗车设施

车辆基地内宜设承担列车清洗作业的机械洗车设施,机械洗车设施包括洗车机、洗车线

和生产房屋,其设计可按下列内容:

(1)洗车设施综合考虑地区气候、车辆基地平面布置等情况进行合理设置,如寒冷地区及风沙地区设洗车库,寒冷地区应同时设有相应的采暖设施,其他地区洗车机宜按露天设置,必要时可加棚。

(2)洗车机功能宜满足车辆两侧、顶部和端部(驾驶室)的清洗及化学洗涤剂的洗刷要求。

(3)洗车线宜采用贯通式布置在适当位置,当地形受限制时,洗车线可按尽端式布置。

(4)洗车设施宜按照洗车设备的洗车工艺要求进行设计。

(5)洗车线有效长度可按下列公式计算。

尽端式洗车线有效长度按式(6-4)计算:

$$L_{sj} = 2L_c + L_a + 10 \tag{6-4}$$

式中 L_{sj}——尽端式洗车线有效长度(m);

L_a——洗车机长度(包括连锁设备)(m);

$2L_c$——洗车机前后各一列车长度(m)。

贯通式洗车线有效长度按式(6-5)计算:

$$L_{st} = 2L + L_s + 12 \tag{6-5}$$

式中 L_{st}——贯通式洗车线有效长度(m);

L_a——洗车机长度(包括连锁设备)(m);

$2L_c$——洗车机前后各一列车长度(m)。

(6)洗车线根据洗车设备配备辅助生产房屋。

车辆段、停车场各种车库内的通道宽度和车库大门、有关部位的最小尺寸可参照表6-1:

表 6-1 车辆段、停车场各种车库内有关部位最小尺寸 单位:m

项目名称	车库种类				
	停车棚	日检月检库	检修库	油漆库	工作车库
车体之间通道宽度(无柱)	1.8	5.0	5.0	2.5	2.0
车体与侧墙之间的通道宽度	1.5	2.0	4.0	2.5	1.7
车体与柱边通道宽度	1.3	1.8	3.2	2.2	1.5
库内后部通道净宽	6.0	15.0	15.0	15.0	6.0
车体至库前大门距离	3.0	3.0	3.0	3.0	3.0
车库大门净宽	$B+0.6$	$B+0.6$	$B+0.6$	$B+0.6$	$B+0.6$
车库大门净高	$H_1+H_2+0.4$	$H_1+H_2+0.4$	$H_1+H_2+0.4$	$H_1+H_2+0.4$	$H_1+H_2+0.4$

注:①B—车辆限界的宽度;

②H_1—轨面高度;

③H_2—轨面上车体高度。

4. 试车线

车辆段可设试车线,试车线的设计可满足下列内容:

(1)试车线需为平直线路,困难条件下允许在线路端部设曲线。试车线有配套的信号和供电设备,试车线的其他技术标准与正线的技术标准一致。

(2)试车线的有效长度可根据车辆性能、技术参数及试车综合作业内容计算确定,试车线尽端可设车挡。

(3)可在试车线的适当位置设置试车设备房屋。

(4)地面试车线可有一段不小于一列车长度的便于维修人员作业的硬化地面。

6.3　车辆检修设施

车辆检修设施包括定修库、临修库、大架修库等生产办公房屋以及作业平台。

1. 车辆的检修方式、修程以及检修内容

(1)车辆的检修方式包括以下 3 种:

①部件互换修:

a. 可以大大缩短车辆的检修停运时间,提高车辆的使用率。

b. 合理组织生产,有效提高劳动生产率。

c. 能提高车辆的检修质量,增强车辆运行的安全性。

d. 形成车辆设备及零部件检修的专业化。

e. 列车运用投入率提高,减少城市轨道交通工程建设投资,降低运营成本。

②车辆零部件的专业化集中修理:

a. 设置车辆部件维修中心,兼作车辆的配件(部件物流)中心。

b. 在车辆段设置车辆设备及零部件维修基地,负责供给本车辆段或其他车辆段车辆互换件。

c. 设专门的车辆部件修理厂或车辆修理厂,进行车辆零部件的集中专业修理,或对线网车辆进行检修。

③车辆集中大修、架修,同类型车辆集中架修、大修,区域或同线车辆集中架修、大修。

(2)车辆修程及检修内容:

中低速磁浮交通车辆的检修修程可分为日检、周检、月检、定修、架修、大修。其中定修、架修、大修为定期检修,通常在车辆段实施;日检、周检、月检为日常维修,通常在停车场实施。

①日检、周检、月检

日检是在列车每日运行前后进行检查维护,维护的内容包括裙板、安全制动、受流器、电磁铁模块以及车厢内部的清洁。

周检主要检查车体外部的清洁以及对车门、车底夹层结构做仔细目检。

月检对悬浮/导向模块及其连接件、空气弹簧及其摇杆、空调等进行精细目检。

②定修

卸下受流器、牵引电机、控制装置、悬浮架、控制制动装置、蓄电池等部件,对其技术状态和作用进行检查和修理,并进行必要的试验;对计量仪器、仪表进行校验;对其余主要部件的技术状态和作用做相应的检查和修理;修竣车的静调和试车达到定修标准。

③架修

卸下受流器、牵引电机、控制装置、各种电气装置、悬浮架、传动装置、轮对、轴承、空气制动装置、车钩缓冲装置、车门、蓄电池等部件,对其进行分解、检查和修理,并进行必要的试验;对计量仪器、仪表进行校检;对车体及其余部件的技术状态和作用做相应的检查和修理;车体油漆标记;修竣车的静调和试车达到架修标准。

④大修

架车、车辆解体、对悬浮架构架和车体进行整形,对所有部件全部进行分解、检查和修理,完全恢复其性能;重新油漆标记;修竣车的静调和试车达到大修标准。

磁浮车辆各部件系统的维修以测试性质的检查、检测及故障部件的更换为主。参考国内外类似车辆的运用检修经验,车辆检修宜采用定期检修和日常维修相结合的预防性检修制度,并以换件修为主。修程和检修周期可根据车辆技术条件、制造质量、线路的技术条件及车辆制造商的建议制订,设计时车辆检修周期宜按表 6-2 的内容确定。

表 6-2 中低速磁浮车辆检修周期

类别	检修种类	检修周期		检修时间(天)
		走行里程(万 km)	时间间隔	
定期检修	厂修	120	10 年	35
	架修	60	5 年	20
	定修	12	1 年	6
日常维修	月修	1	1 月	1
	周检	0.25	7 天	0.25
	日检	—	每天	1/24

注:表中检修时间是按车辆的编组初、近、远期均采用 3 辆编组,并按部件换件修确定。

2. 主要检修车间功能以及设计内容

(1)大架修库。大架修库为对车辆进行大修以及架修的场所,库内主要配备设备包括起重机、工艺悬浮架、叉车搬运车、地下整体式架车机等。大架修库的设计可参考以下内容:

①大架修库应当按照整列车同时架落车条件设置架车机组。

②库内的悬浮架应当有满足一辆车通过的承载能力。

③大架修库内所有起重机应当设立检修爬梯,且在距离起重机轨面 1.2 m 处设置安全护栏。

④悬浮架检修工作台位应当设置便于拆装零部件的 1 t 悬臂。

(2)定修库。定修库为对车辆进行定修的场所,库内主要配备起重机、静调电源柜等。设置定修库时,可参考以下内容:

①定修库内应当设有一台用于吊运悬浮架、受流器等设备的 10 t 以及 2 t 的起重机。

②定修线两侧应当配备便于检修人员上下车辆的中间作业平台以及车顶作业平台。

③在条件允许的情况下,定修线应当配有便于运送悬浮架的悬浮架转盘。

(3)临修库。临修库为对车辆进行临修的场所,临修库内主要有起重机、移动式作业平台、架车机等设备。临修库的设计可参考以下内容。

①临修库内应当设置一台用于吊运悬浮架等设备的 10 t 起重机。

②临修线应当设置一列车长的固定式架车机,并设置有一定架车机检修空间的设备基坑。

(4)其他库。包括油漆库、吹扫库、辅助检修车间以及生产材料存放、备品间等办公配套房间等。

①蓄电池间:蓄电池间宜独立设置,蓄电池间的规模可满足车辆蓄电池检修和充电需要,并宜兼顾牵引车、工作车和蓄电池搬运车的检修和充电。蓄电池间可设有电源室、蓄电池检修室、充电室、蓄电池用品储存室和值班室。检修室和充电室有良好的通风、给排水设施;酸性蓄电池充电室可采用防酸地面,并与其他房屋隔断,同时采取防爆措施。

②油漆库:油漆库可根据需要按一辆车或一个列车单元设置,库内设有通风、给排水设施和压缩空气管路,并有环保措施。库内电气设备均符合防爆内容。油漆库的尺寸可根据工艺内容确定。

③吹扫库:吹扫库负责对车辆全面吹扫,吹扫库及其线路可根据作业需要设置,其设计可按下列内容:

a.吹扫线的有效长度满足列车所有车辆的吹扫作业需要。

b.吹扫库宜根据吹扫作业的内容选用成熟可靠产品,并宜设置通风排尘设施。

c.寒冷地区的吹扫库有供暖设施。吹扫库的长度、宽度和高度可根据吹扫作业内容确定。

④悬浮架间:悬浮架间宜在检修库内设置,也可毗邻检修库。悬浮架间规模和检修台位可根据悬浮架检修任务量、作业方式和检修时间计算确定。悬浮架间设有悬浮架检修及零部件的检修、清洗、试验及探伤设备和轮胎拆装、充气及存放设备。

⑤电机室:可根据作业需要配备电机检测、清扫设备,以及起重运输设备。

⑥电机室:电机室内邻近悬浮架间设置,间内可根据作业需要配备电机检测、清扫设备,以及起重运输设备。

6.4 车辆段设备维修和动力设施

1. 设备维修

车辆段设备车间包括设备维修间和相应管理部门,其作业范围包括下列内容:

(1)全段机电设备中、小修程的检修。

(2)全段各种生产工具的维修和管理。

(3)段内技术更新改造以及小型非标准设备的制作及检修。

生产设备采用统一管理、集中检修的原则。设备的大修宜对外委托或与有关单位协作进行。

车辆段设备维修间根据基地内机电设备和动力设施维护、检修的要求配备必要的电焊、气焊设备、金属切削、电器检测设备、管道维修设备和起重运输设备等。

2. 动力设施

压缩空气站的空压机宜选择节能型的低噪声产品,其压力和容量根据用风设备的内容确定,空压机数量不应少于两台。

乙炔用气采用瓶装乙炔气供气。

各种室外管线的设计要考虑到管线的性质和走向,同时要结合总平面的布置进行综合设计,力求安全、经济、合理和便于管理维修。

6.5 综合维修中心

综合维修中心的工作为对机电设备、通信、全线供电系统及防灾报警等设备进行日常保养以及定期检修,以及维修、养护全线线路轨道(含道岔)、隧道、路基、房屋建筑等设施。为了方便设备和设施等资源的共享,宜将综合维修设施与车辆段合设一处。

综合维修中心主要包括工建车间、机电车间、供电车间、通号车间、自动化车间、备品备件库、工程车队等部分。综合维修中心根据运营需要,进行生产房屋、仓库以及必要的办公、生活房屋的合理配备。房屋的布置应当根据作业性质结合具体情况合理布局。

综合维修中心内的抢修器材存放点以及工区的设置可参考以下内容:

(1)根据检修以及抢修的需要设置机电设备专业、信号、轨道、供电系统,在车站宜设置抢修器材存放点;

(2)宜令轨道(岔道)维护工区与设置岔道的车站、设置抢修器材存放点的车站合建;

(3)宜令牵引供电系统维护工区与牵引变电站合建；

(4)其他维护工区可在车辆基地内合建维修中心。

6.6 物 资 总 库

物资总库在中低速磁浮交通系统里承担着材料、机具、配件、设备、以及劳保用品等的采购、存放、发放和管理工作。各种材料棚、仓库、材料堆放场地以及必要的办公、生活房屋也设置在物资总库内，如图 6-6 所示。

图 6-6　物资总库现场图

根据材料、设备的不同性质将其存放在不同的物资总库区域内，宜单独设置存放易燃品的仓库，并符合现行国家相关规范要求。具体内容如下：

(1)宜根据所需存放材料、配件和设备的种类和数量来确定物资总库、物资分库的规模，根据需要可设自动化立体仓库。材料堆放场地采用硬化地面。

(2)宜将不同性质的材料、设备分库存放，其中宜单独设置存放易燃品的仓库，并参照现行中华人民共和国国家标准《建筑设计防火规范》(GB 50016—2014)的有关规定。

(3)物资总库配备材料、配件和设备的装卸起重设备以及汽车、蓄电池车等运输车辆。

(4)设在车辆基地内的物资总库包含了外来材料、设备、新车进入的运输通道，并有道路连接基地内主要道路或外界公路。

(5)物资总库应当考虑废旧物资的存放场所。

(6)应将仓储设施、车辆段与综合维修设施一起设置在一处。

(7)应当在物资总库内设置装卸搬运设备专门停放区以及满足设备充电的充电设施。

6.7　培训中心

培训中心的主要工作为职工教育培训和演练，是否应当设置培训中心需结合项目及线网情况进行综合考虑，一座城市的轨道交通培训设施应集中设置。当所在的城市既有轨道交通网络中已设置了培训中心或具有良好的社会教育资源时，培训中心宜共享资源。

培训中心内设置教室、试验室、图书室、阅览室和教职员工办公和生活用房，并配备教学设备和配套设施。

一般视情况将培训中心设在车辆基地范围里面的适当地点，必要时也可设置在车辆基地范围之外的地区。

6.8　救援设施

车辆基地内宜设救援办公室，并配备相应急救援设备。

救援办公室应设值班室，内配置电钟、无线通信设备、自动电话及直通控制中心的防灾调度电话。

宜利用车辆段和综合维修中心的车辆作为救援用的轨道车辆，并可根据救援需要设置地面工程车和指挥车。

6.9　其　　他

车辆基地的其他安设内容有：

(1)车辆基地的场坪高程可根据基地附近内涝水位和周边道路高程设计。沿海或江河附近地区车辆基地场坪高程按不低于 1/100 洪水频率设计。

(2)车辆基地宜设置专用的地面工作车和指挥车。

(3)车辆基地线路、道岔区的外侧均设安全防护栏栅，安全防护栏栅的高度不低于 1.2 m。

(4)各车库内和库前线路底下，根据作业和安全的需要，可设置横向地下人行通道。

(5)车辆基地的给水和排水设计参照国家标准的有关规定。

(6)车辆基地根据供电系统的要求、车辆基地的规模和布置及生产工艺需要等，设置牵引变电所和降压变电所及动力、照明设施。牵引供电系统可根据作业和安全内容实行分区供电。

(7)车辆基地供电系统和动力、照明系统的设计，可参照国家标准的有关规定。

(8)车辆基地生产、办公房屋的采暖、空调和通风设计，根据工艺要求和办公的需要，结合当地气候条件选择设备类型，并参考有关标准的内容。

(9)车辆基地根据生产、生活的需要设置完善的通信系统。

(10)车辆基地根据作业要求设置完善的信号系统。

(11)车辆基地根据有关规定,配套设置有关防灾报警设备和设施。

(12)车辆基地内可设置能够综合管理车辆运用、维护、检修、人员和设备等各种信息的计算机信息管理系统,并留有与控制中心的传输通道。

第7章 供 电

7.1 概 述

中低速磁浮交通的整个供电系统主要由电源系统、牵引供电系统、动力照明配电系统、电力监控系统(SCADA)和综合接地系统构成。其供电过程图如图 7-1 所示。在运营中,供电一旦中断,不仅会造成中低速磁浮交通运输的瘫痪,而且会危及乘客生命安全,造成财产损失。电源系统包括:外部电源、主变电所和中压供电网络;牵引供电系统由牵引变电所和牵引网构成;动力照明供电系统其组成部分为降压变电所以及动力照明配电系统。各部分的功能如下:

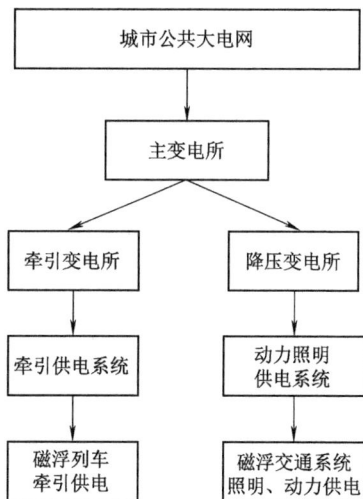

(1)主变电所:将 110 kV 大电网电压降压成 35 kV 电压;

(2)牵引变电所:将 35 kV 电压降压整流成磁浮列车所使用的 DC 1 500 V 或者 DC 750 V;

(3)降压变电所:将 35 kV 电压降压为 AC 380/220 V;

(4)动力照明配电系统:将 380/220 V 电压分配给磁浮交通系统中的动力和照明设备。

图 7-1 磁浮交通系统供电过程

(5)电力监控系统(SCADA):在车辆控制中心,通过调度系统、控制台、通信系统,对整个磁浮交通系统的供电设备进行实时有效的监视、遥控、遥测、遥信;

(6)综合接地系统:保护系统运行的供电系统电气设备受到沿线过电压的侵入而损坏。

1.中低速磁浮交通供电系统电源配置形式

为了满足中低速磁浮交通系统安全、可靠、经济的运行,供电系统配置的规模以及供电设施的容量宜参考远期运输高峰小时的用电负荷需求进行详细规划。磁浮轨道交通供电系统电源主要取自外部电力系统的城市供电网,通常有三种电源配置:集中供电、分散供电、混合式供电。

(1)集中供电。如图 7-2 所示,集中供电指的是由城市供电网的高压(110 kV)电网提供,经过沿轨道交通线路建设专用的主变电所降压,经主变电所降压成 35 kV 后通过中压环网分配给地铁各站。集中供电提高了城市轨道交通供电系统的电源电压和容量,专网专供,使城市轨道交通供电系统的可靠性进一步提高。

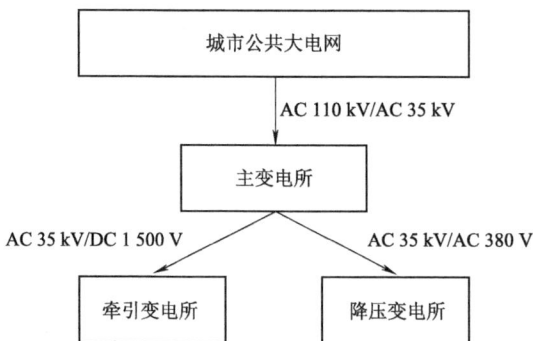

图 7-2　集中式供电系统示意图

(2)分散供电。如图 7-3 所示,分散供电指不设主变电所,直接从城市公共电网引入 10 kV(或 35 kV)电源,经开闭所配给地铁各站。其要求的电源点多,与电力部门接口较多。分散式供电应保证每座牵引变电所和降压变压所均能获得双路电源。

(3)混合式供电。如图 7-4 所示,混合式供电结合集中式供电和分散式供电两种方式,是主要以集中式供电为主,分散式供电为辅的一种供电方式。

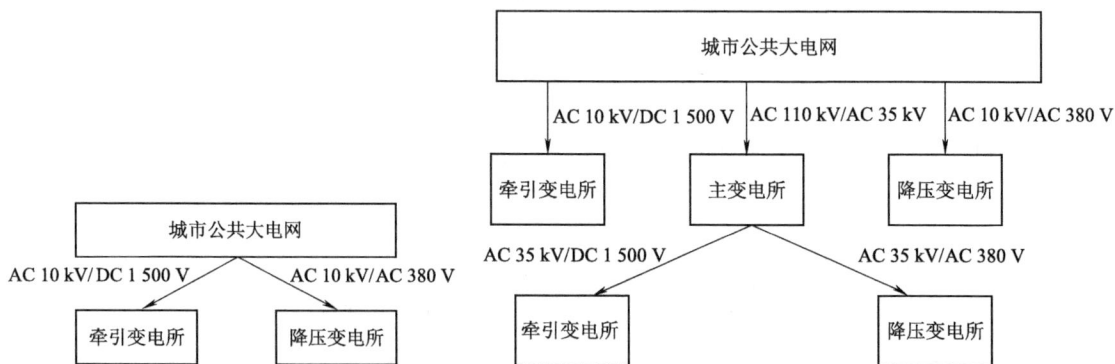

图 7-3　分散式供电系统示意图

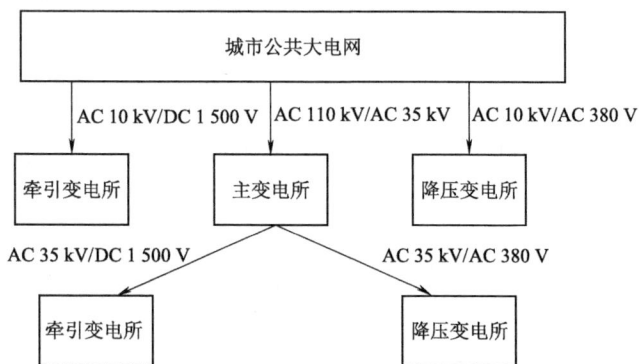

图 7-4　混合式供电系统示意图

根据外部电源供电方案结合轨道交通线网规划和城市电网规划的实际情况,目前中低速磁浮列车的供电系统电源主要以集中供电为主。

2. 供电负荷

根据用电设备对供电可靠性的要求不同,把供电负荷分为三级。一级负荷由两个以上的独立电源供电,当一个电源发生故障时,另一个电源应能及时、无缝切换对其继续供电。必要时对于一级负荷,还应增设应急电源,防止系统发生大规模电气瘫痪。应急电源可分为三类:

(1)独立于正常电源的发电机组;

(2)独立于正常电源的专用馈线网络;

(3)储能装置。

牵引负荷为一级负荷,动力照明负荷按照用电负荷的性质可分为一级负荷、二级负荷、三级负荷。每路的电源系统容量必须满足变电所所负担的全部一级、二级负荷的供电需求,在正常运行时,两路电源同时运行,互为备用。

7.2　主 变 电 所

变电所按照功能可以分为主变电所、牵引变电所、降压变电所。变电所设备按照电压等级和功能主要分成以下几类:

(1)GIS 开关设备(100 kV 及以上等级)。

(2)中压交流开关柜。主要负责 35 kV 进出线和负载开关。

(3)整流变压器。电压变换的作用,将交流 35 kV 变为 1 180 V。

(4)400 V 开关柜。负责 400 V 负荷开关。

(5)整流器柜。电压的交直流变换,交流 1 180 V 变为 1 500 V。

(6)综自设备。设备状态监控和报警通信。

(7)直流开关柜。直流开关,将直流母线接至接触轨开关。

主变电所除了为变电所内所有设备提供固定电源外,还承担着为全线变电所提供固定电源的任务,为了保证磁浮交通牵引负荷一级用电需要,需设置 2 座或 2 座以上主变电所。

中低速磁浮供电系统中主变电所的接线如图 7-5 所示,110 kV 主变电所通常为双回路,采用内(外)桥接线或线路变压器组为 110 kV 线路供电。中低速磁浮交通主所相当于两个独立的单回路单母线在各自独立供电运行,如果一个回路电源出现故障时,桥断路器才投入运行,两台变压器从一路进线供电;或一路出现故障,一台变压器退出运行时,35 kV 母线自动合闸,一台主变为两端 35 kV 母线供电。

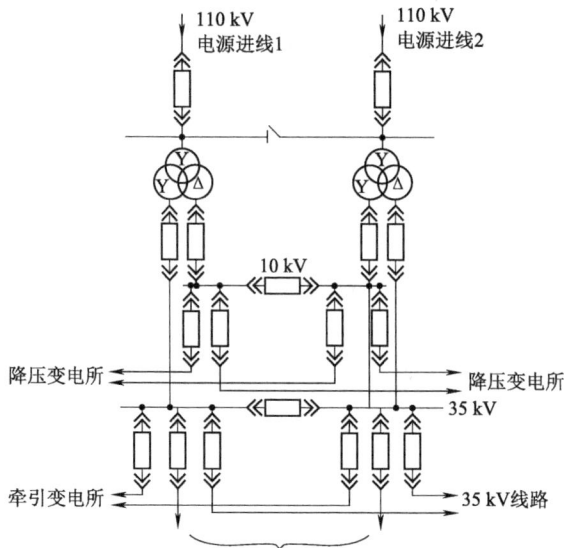

图 7-5　主变电所主接线图

7.3　牵引供电系统

牵引供电系统是磁浮铁路的核心技术之一,牵引供电系统把民用电力网的电能,经过降压—整流—逆变,转化为电压频率可控的输出电源,驱动直线电机定子段上的悬浮车辆,按运行控制系统设定的运行速度运动。牵引功率的能量转换,控制调节是通过地面固定设备来实现的,通过分段的电缆和开关,对沿线路两侧的直线电动机供电,将电能转换为动能。从狭义范围上来讲,整个牵引供电系统类似于一个直线电机驱动控制系统,它的最终控制目标为长定子直线同步电动机。

1. 牵引供电系统组成

牵引供电系统主要由牵引变电所和牵引网两大部分组成。

(1)牵引变电所。

牵引变电所的任务是将由区域变电所或主变电所获取的中压电压等级电能,经降压与整流变换为可供列车牵引用直流电(1 500 V 或 750 V),并以直流电的形式把电能经馈电线送至接触轨。

牵引变电所的容量与设置距离根据牵引供电计算结果,并作经济技术分析比较后确定。牵引变电所沿线路布置,每一个牵引变电所有一定供电范围,供电距离过长会使末端电压过低及电能损耗过大;供电距离过短又会使变电所数目太多而不经济。牵引变电所一般设置在车站和车辆段附近,相邻牵引变电所之间距离在 2～4 km。

牵引变电所向牵引网的供电方式主要依据牵引变电所的分布情况、供电臂的长短、线路状态的供电可靠性而定,通常有双边供电和单边供电。

(2)牵引网。

城市轨道交通牵引网大体能够分成架空接触网授流以及接触轨授流两大类。而中低速磁浮交通采用接触轨授流,由正极接触轨和负极接触轨组成,正极接触轨和负极接触轨分别通过上网电缆和回流电缆与牵引变电所直流母线连接。中低速磁浮交通采用接触轨授流的原因主要有两点:

第一,中低速磁浮列车运行速度一般不超过 120 km/h,接触轨授流可满足车辆连续取流的技术要求。

第二,磁浮列车基本为跨座式,高架桥面上无多余空间安装接触网支柱等附属设施。而接触轨可安装在轨道梁侧面,整体上较为紧凑、美观。

磁浮列车的回流轨与接触轨采用同样的侧部安装形式,对称布置于线路两侧,并通过回流电缆将电流引至牵引所负极柜。

牵引供电网络可以与动力照明供电网络共用同一个供电网络。牵引用电负荷为一级负荷,牵引变电所的受电电压有 35 kV、20 kV 和 10 kV 三种。牵引供电系统直流标称电压应采用 750 V 或 1 500 V,其波动范围应符合表 7-1 的规定。

表 7-1　牵引供电电压波动范围表　　　　　　　　　　　　单位:V

系统标称电压	系统最低电压	系统最高电压
750	500	900
1 500	1 000	1 800

设计中低速磁浮交通牵引网时,应考虑以下内容:

①牵引网应满足远期高峰小时车辆运行载流量及最低网压要求。

②接触轨应能持续地向车辆供电,并保证在规定的运行速度内,可靠地向车辆受流器馈电。

③对于采用回转线折返的中低速磁浮交通线路接触轨敷设应满足折返车辆供电极性转换要求。

④正极、负极接触轨的规格型号应保持一致。接触轨的受流方式和轨型应经技术经济比较论证后确定。

2. 中低速供电系统整体构架

牵引供电系统整体架构如图 7-6 所示。为了尽可能地降低损耗,提高电机效率,牵引供电系统采用直线电机的分段供电方式,即:沿线的直线电机的定子被分成很多区段,只有磁浮列车所在的那一段的定子绕组是通电的。分段供电要把牵引变电站的输出三相变频变压的交流电由开关站切换给特定的定子绕组供电,定子绕组段转换时要求牵引力的损失尽可能小。每一段长定子长度的确定,需要综合考虑列车的运行速度要求加速能力要求绕组阻抗压降,以及轨旁设备的配置,同时还需要考虑线路的坡度等外部条件。长定子直线同步电机的绕组分段供电方式主要有跳步法供电、变步法供电和三步法供电等三种形式,三种供电方式各有特点,可分别用于不同的分段。

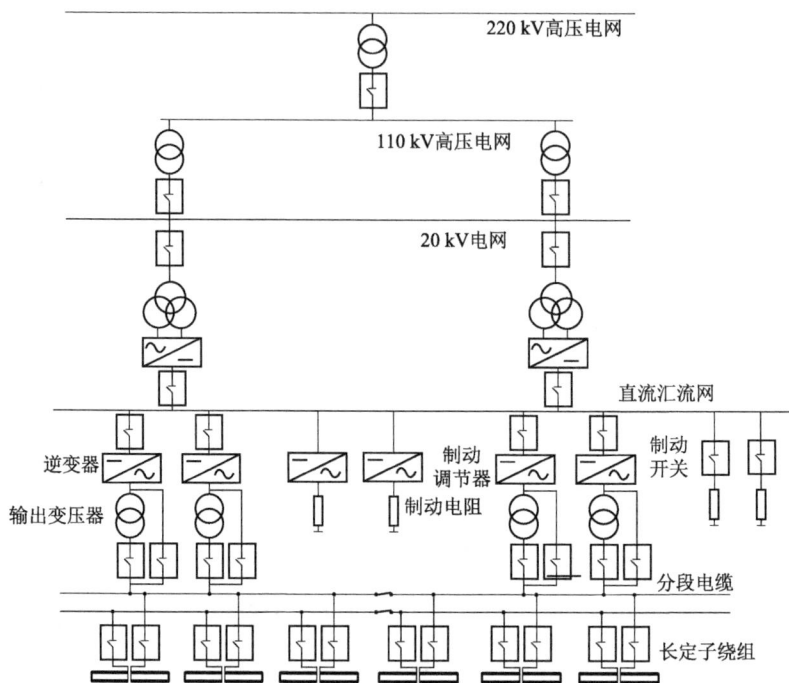

图 7-6 牵引供电系统的结构原理图

牵引供电系统除了电能的传输和转换以外,为实现各功能部件之间的控制信号的交换和传输,还包括许多操作系统及控制系统的内容,如整个牵引供电系统的操作控制平台、操作控制系统的软件类型、控制系统的信息传输网络、信息交换的方式和传输载体、各个功能单元(开关、整流逆变、调压等)的接口形式和与信息传输网络的数据格式的匹配等。

供电系统在选用先进高新技术产品以及设备时,首先应考虑其质量的可靠性,其次是设备对环境的影响,最后是具有少维修或者无维修的特性。对于牵引供电系统提出以下要求:

(1)牵引整流变压器宜采用干式变压器。

(2)牵引整流机组的冷却方式宜使用空气自然冷却式。

(3)设备的最大耐压不应小于牵引系统最高电压。

(4)直流快速断路器应能分断可能出现的最大短路电流和感性小电流。

(5)牵引变电所直流自用电系统,其蓄电池组容量应满足事故停电 1 h 的需要。

(6)牵引变电所直流负极母线与地网之间设置接地漏电保护。

7.4　动力照明供电系统

动力照明供电系统由降压变电所及动力照明组成。

1. 降压变电所

降压变电所将三相电源进线电压降为三相 380 V 交流电,一般每个车站均应设降压变电所。降压变电所的布局宜根据沿线动力照明负荷的需求来设计,地下车站负荷较大。降压变电所一般设于站台两端,若车站负荷较小时,可以几个车站设一个,也可以将降压变电所附设在某个牵引变电所之中,构成牵引与降压混合变电所(例如地下车站一端的降压变电所)。当一个供电区域内有多个集中负荷,可增设跟随式降压变电所。

2. 动力照明

动力照明系统包括动力和照明两部分,主要包括:车站、区间动力、照明配电;车站、区间照明及配电设备的安装;车站、区间低压电缆、管线的敷设。

(1)动力系统与照明系统。

①动力系统。动力系统的功能是向磁浮列车内的机电设备提供可靠的电力能源,这些能源用于磁浮交通系统的照明、通信信号设备、自动扶梯、出售厅等用电场所的供电。

②照明系统。照明系统的功能是向乘客及工作人员提供可靠、方便、舒适的照明。车站内照明按功能可划分为正常照明应急照明、值班照明、安全照明、标志照明、广告照明。其中正常照明应包括公共区一般照明和附属房间照明,应急照明应包括备用照明和疏散照明,安全照明应包括变电所电缆夹层照明、站台板下照明及扶梯下检修通道照明。照明配电箱宜集中设置车站照明应分组控制。

地下区间和道岔区可设置专用固定照明和维修用移动电器的电源设施。车站出入口、站厅、站台、车站控制室、值班室、公安用房、变电所、配电室、信号机械室、消防泵房、地下区间设应急照明。

车站的站厅、站台照明光源宜采用荧光灯;地上区间照明和高大隧道区间宜采用显色性较好的高光强气体放电灯。地下车站及区间隧道的照度标准,可参考现行中华人民共和国国家标准《地下铁道照明标准》(GB/T 16275—1996)中的内容。地面车站、高架车站、地面区间和高架区间的照度标准,可参照民用建筑设计规范执行。

(2)动力与照明负荷供电。

依照负荷的重要程度动力与照明负荷供电方式可参考下列内容:

①一级负荷由两回独立电源供电,两回电源在设备端进行切换。对于特别重要负荷可另外设置蓄电池作为第三电源。中低速磁浮交通动力照明用电设备的一级负荷包括应急照明、变电所操作电源、火灾自动报警系统设备、消防系统设备、消防电梯、地下站厅站台照明、

地下区间照明、排烟系统用风机及电动阀门、通信系统设备、信号系统设备、道岔系统设备、电力监控系统设备、环境与设备监控系统设备、自动售检票系统设备、兼作疏散用的自动扶梯、站台门、防护门、防淹门、排雨泵、地下车站及区间排水泵等,其中应急照明、变电所操作电源、火灾自动报警系统设备、专用通信系统设备、信号系统设备为特别重要负荷。

②二级负荷由两回独立电源供电,两回电源在 0.4 kV 母线处进行切换。中低速磁浮交通动力照明用电设备的二级负荷包括地上站厅站台照明、附属房间照明、乘客信息系统、变电所检修电源、普通风机、排污泵、电梯、自动扶梯等。

③三级负荷由一回电源供电。中低速磁浮交通动力照明用电设备的三级负荷包括空调制冷及水系统设备、附属房间电源插座、广告照明、清洁设备、电热设备、维修设备等。

对于大容量设备或负荷性质重要的用电设备宜采用放射式配电;中小容量设备,宜采用树干式配电;用电点集中且容量较小的次要用电设备可采用链式供电,链接的设备不超过 5 台,其总容量不应超过 10 kW。

动力与照明用电设备的无功补偿宜在变电所内集中设置,对于容量较大、负荷平稳且经常使用的用电设备宜单独就地补偿。根据供电系统无功功率的分布特点,设置于变电所内的无功补偿装置可以考虑位置预留,待需要时投入设备。

7.5　北京 S1 线中低速磁浮线路供电系统描述

1. S1 线供电系统概述

北京市中低速磁浮交通示范线(S1 线)工程西起门头沟区的石门营站,东至海淀区的慈寿寺站,与 M6 线及 M10 线在慈寿寺站相接,S1 线的线路示意图如图 7-7 所示。该线经过门头沟区、石景山区、海淀区等三个行政区,是北京西部地区的一条东西方向的轨道交通线,是门头沟区、石景山区与中心城区的快速联系通道,对于促进门头沟新城发展、改善城市西部交通状况、缓解地铁 M1 线的运营压力具有重要意义。

北京 S1 线西段工程供电系统采用 10 kV 开闭所供电方式,牵引网采用 DC 1 500 V 接触轨供电。

2. S1 线主变电所主接线描述

10 kV 系统采用分散供电方式,开闭所与车站、车辆段的牵引变电所合建。西段工程全线共设 3 座开闭所,分别设在石门营车辆段、上岸村和金安桥。

各变电所的 10 kV 接线均采用单母线分段接线,开闭所的两路 10 kV 进线电源分别引自与本线相近的城市电网变电站,两路进线电源分列运行。其他变电所从开闭所或相邻变电所两段 10 kV 母线以"环串接线"方式引入 2 回电源。

3. S1 线牵引供电系统描述

S1 段工程共设置牵引变电所 6 座,位置分别为石门营站、矿务局站、石龙路站、金安桥

图 7-7　北京 S1 线线路示意图

站、苹果园站和石门营车辆段。设置降压变电所 10 座,正线 8 座车站各设一座降压所,车辆段设一座降压所和一座跟随式降压所。相同处所的牵引所和降压所均合建为牵引降压混合变电所。

牵引变电所直流 1 500 V 牵引正母线为单母线接线方式,并设置备用母线,有备用断路器接于正母线与备用母线之间。整流机组阀侧正极与牵引正母线间用断路器和电动隔离开关连接,整流机组阀侧负极与牵引负母线间用电动隔离开关连接。车辆段变电所正母线上拟设置 10 回馈线,通过直流断路器向车辆段的出入段线和段线牵引网供电,并经过旁路电动隔离开关与备用母线相接。正线其他变电所正母线上设置 4 回馈线,通过断路器向正线牵引网供电,并经过旁路电动隔离开关与备用母线相接。

全线牵引网采用钢铝复合接触轨,侧部授流,接触轨经支座安装在桥梁台座上,个别处接触轨采用防护罩防护。

牵引变电所均设置电阻—逆变混合型再生能量吸收装置。

由于采用四轨回流系统,S1 线的杂散电流问题已基本解决,无须进行特殊防护,但将设置杂散电流监测系统。

4. S1 线动力照明供电系统描述

(1)系统构成。

S1 线西段工程全线设车站 8 座,各车站动力照明系统均采用 TN-S 三相四线制系统,电压采用 380/220 V,安全照明采用 24 V。

自降压变电所 400 V 开关柜下口采用电缆沿桥架敷设的方式敷设至站台层、站厅层各动力照明配电箱,为动力照明设备供电。其中一级负荷采用双电源供电,末端配电箱处自动切换的方式。由末端动力照明配电箱采用电缆或导线为车站照明和各机电系统供电。

车站应急照明采用应急电源系统统一供电;车站公共区照明(含应急照明)采用智能照明控制系统按运营要求自动控制。

(2)动力与照明负荷供电方式。

一级负荷正常情况下由主用电源供电,当主用电源失电时,自动切换到备用电源供电,当主用电源恢复供电,再自动切换回主用电源供电。应急照明在两路电源均失电的情况下由备用蓄电池供电,保证达到疏散和事故照明使用要求。

第8章 供电系统保护及接地系统

8.1 牵引供电系统接地保护

目前,我国城市轨道交通牵引供电系统一般采用直流供电模式,以走行轨为回流通路。由于运营环境、经济及其他方面的限制,走行轨不可能完全绝缘于道床结构,因此牵引回流电流不可避免地经走行轨向道床和其他结构泄漏产生杂散电流,如图 8-1 所示。杂散电流对土建结构钢筋、设备金属外壳及地下金属管线产生腐蚀,主要产生以下三个方面的危害:一是对轨道交通主体结构钢筋产生腐蚀,影响轨道交通结构的寿命及安全;二是对轨道交通金属管线产生腐蚀,影响轨道交通的安全运营及增加运营成本;三是对轨道交通沿线城市公用管线或结构钢筋产生"杂散电流污染",影响轨道交通以外沿线公共设施的安全及寿命。

中低速磁浮轨道交通采用直流 1 500 V 牵引供电制式,采用四轨系统,四轨系统单独设置第四轨,钢轨不作为回流轨。牵引网系统由正极接触轨和负极接触轨组成,正、负极接触轨分布在轨道两侧,与地绝缘,通过正极接触轨向车辆供电,负极接触轨回流。直流牵引四轨供电系统由于电流不经过走行轨回流,沿线不存在杂散电流,就没有必要像三轨系统那样设置措施和设施去消除杂散电流。

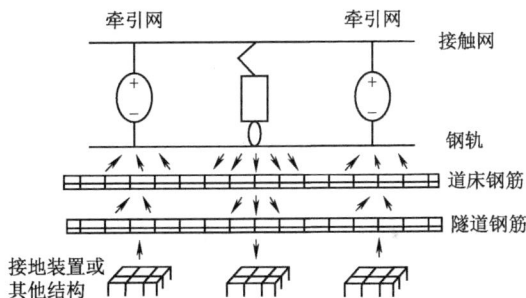

图 8-1 轨道交通杂散电流流通途径示意图

1. 中低速磁浮接地保护

为了确保四轨系统的安全性和可靠性,中低速磁浮交通设置接地保护非常必要。其故障接地保护结构与三轨系统存在很大差异。目前对四轨系统接地研究较少,需要进行系统性的研究。

中低速磁浮轨道交通正极接触轨和负极接触轨通过绝缘子安装固定在轨道梁两侧,绝缘子安装底座金属构件未与专用接地线连接。列车悬浮运行时,金属车辆本体与地绝缘,如图 8-2 所示。由于中低速磁浮轨道交通直流牵引供电系统的结构特点,正极直接对负极发生短路故障的可能性较小,而正极对地发生接地故障的可能性会因绝缘子的质量和老化等原因而增加。

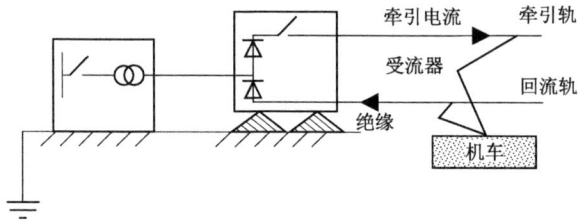

图 8-2 磁浮四轨系统示意图

接地故障的主要形式有牵引变电所内直流设备正极母线接地、列车正极回路与列车框架(地)短路、正极接触轨对桥梁短路等。当牵引变电所内直流设备正极母线接地时,由于直流设备设置了框架泄漏保护,框架保护的电流元件检测到短路电流时发出跳闸信号,启动交流断路器和直流馈线断路器跳闸;当列车线路断路器以下的正极回路与车辆框架(地)发生短路时,列车泄漏电流保护装置检测到短路电流,启动线路断路器跳闸,切断故障回路;当列车线路断路器以上的正极回路与车辆框架(地)发生短路时,短路电流最终通过列车框架接地刷流入大地,但大地与负极是绝缘的,没有回流通路。此时,磁浮交通应采用负极接地方式,并在负母线接地回路设置接地保护装置,比如电压继电器接地保护装置(简称 64D)。

下面详细介绍第四轨接地保护,包括直流设备框架保护、接地漏电保护、列车框架接地保护,如图 8-3 所示。

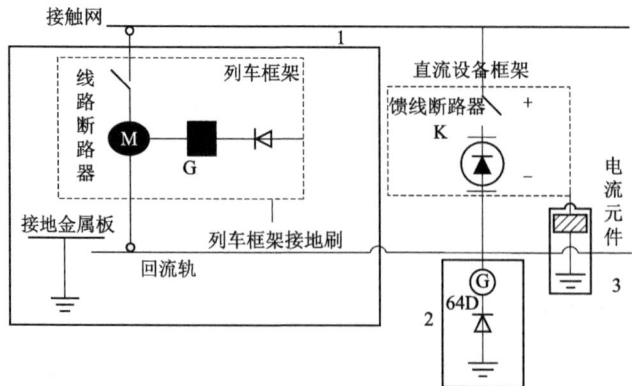

图 8-3 四轨系统接地结构图

1—列车框架接地保护;2—接地漏电保护;3—直流设备框架保护

(1)列车框架接地保护。

车辆在运行过程中与地绝缘,而机车运行时带有电压,需要在机车外壳安装框架接地刷,在车站安装接地金属板,保证车辆进站时使接地刷与接地金属板可靠连接。而且机车内部安装了常规过电压继电器,连接机车外壳,避免了车辆绝缘故障时,发生乘客触电事故。

(2)接地漏电保护。

对于磁浮与单轨系统,受流轨和回流轨对地过渡电阻很大,当出现短路故障时,可能导致直流馈线保护无法动作。因此为了能快速切出故障,并且保证设备正常工作和人员安全,需要设置接地漏电保护。接地漏电保护由 64D 接地过电压继电器串接一个反向二极管组成,二极管的反向连接是为了防止杂散电流的腐蚀。

(3)直流设备框架保护。

四轨系统的直流设备框架保护和三轨系统相比,正常运行时由于不存在钢轨电位问题且接地漏电保护接地能够对故障状态下钢轨电位进行保护,因此取消了电压元件,只需要设置电流元件保证正极对框架短路,便能够快速切除故障。

但与此同时,由于负极轨对地完全绝缘,当发生正极短路故障时,故障电路无法回到负极,没有形成电流通路;采用常规的直流保护难以切除接地故障,因此磁浮交通需要采用负极接地方式,并在负母线接地回路设置接地保护装置。

2. 保护装置安装及设置原则

牵引变电所直流馈线柜采用断路器柜,并设置了大电流短路断路器直接跳闸保护、过电流保护、电流变化率及其增量保护、双边联跳保护、直流设备框架泄漏保护等,对直流牵引馈线的短路故障及异常运行进行判断和保护。

对于牵引变电所中设备安装或者接地要求应满足如下几条:

(1)牵引变电所中的直流设备应绝缘安装。

(2)地下牵引变电所接地装置宜采用铜质材料。

(3)牵引变电所应敷设以水平接地极为主的人工接地网,此外宜采用自然接地体作为接地装置。自然接地体与人工接地网的接地电阻值应能分别测量。

(4)当人工接地网和自然接地体同时利用时,两者间应采用不少于两根导体在不同地点相联结。

(5)供电系统中电气装置与设施的外露可导电部分,除有特殊规定外均要接地,宜采用共用接地系统,其接地电阻不应大于接入设备要求的最小值。

牵引变电所的进线继电保护装置的设置和整定应符合电力部门的要求。各级保护整定应相互协调配合,优先采用规范化的保护方式、保护接线和自动装置。在满足磁浮系统继电保护前提下,装置接线应力求简单、可靠、灵活、维护简便,最后保证各种数字保护装置应具有与牵引变电所计算机监控系统进行数字通信的通信接口。

对于交流高压设备保护装置：

(1)交流高压设备保护装置的设置,按中华人民共和国国家标准《电力装置的继电保护和自动装置设计规范》(GB/T 50062—2008)的要求执行。

(2)进线交流高压断路器过电流保护整定值应大于各种运行方式下可能出现的最大工作电流。

(3)高压电器装置的过电压保护应按中华人民共和国国家标准《工业与民用电力装置的过电压保护设计规范》(GBJ —1983)执行。

牵引整流机组的保护包括:电流速断保护、过电流保护、牵引整流变压器温升保护、整流器温升保护及整流元件故障保护等。牵引整流机组的过负荷及短路故障,包括直流母线短路,由牵引整流变压器一次侧交流高压断路器实现保护。

(1)馈线继电保护应与车辆的主保护相互协调配合。

(2)应设框架泄漏保护装置。

(3)宜装设可供列车司机和行车调度员使用的紧急停电保护装置。

牵引系统下对于直流系统的过电压保护:整流器的设计应考虑到元件上可能出现的最大操作过电压及大气过电压,整流变压器应装有温升异常报警装置,整流器应装设元件损坏及温升异常报警装置。地面架空接触网(含架空馈线)应采取有效的大气过电压保护措施,当直流牵引供电系统利用走行轨作为回流网时,车站和车辆段检修库应设置钢轨电位限制装置。

直流牵引供电系统正负极接触轨和牵引变电所中的直流设备均应绝缘安装。

8.2　动力照明供电系统继电保护

动力照明供电系统采用综合自动化、分层、分布式的系统结构,继电保护装置应满足可靠性、选择性、灵敏性和速动性的要求。对于中压交流供电线路的相间短路和单相接地的故障或异常运行方式,应设置对应的保护装置。

对于干式变压器的下列故障或者异常运行方式时,应该设置相应保护:

(1)绕组及其引出线的相间短路和在中性点直接接地侧(或小电阻接地)的单相接地短路;

(2)绕组的匝间短路;

(3)外部相间短路引起的过电流;

(4)过负荷;

(5)变压器温度升高超过限值。

动力照明供电系统线路装设相间短路保护装置,宜符合下列要求:

(1)电流保护装置应接于两相电流互感器上,同一网络的保护装置应装在相同的两相上。

（2）后备保护应采用远后备方式。

（3）下列情况应快速切除故障：①当线路短路使发电厂厂用母线或重要用户母线电压低于额定电压的60%时；②线路导线截面过小，线路的热稳定不允许带时限切除短路时。

（4）当过电流保护的时限不大于0.5～0.7 s时，且为第（3）所列的情况，或无配合上的要求时，可不装设瞬动的电流速断保护。

（5）对单侧电源线路可装设两段电流保护，第一段应为不带时限的电流速断保护，第二段应为带时限的电流速断保护，两段保护均可采用定时限或反时限特性的继电器。对单侧电源带电抗器的线路，当其断路器不能切断电抗器前的短路时，不应装设电流速断保护，此时，应由母线保护或其他保护切除电抗器前的故障。

（6）对于双侧电源线路，可装设带方向或不带方向的电流速断和过电流保护。当采用带方向或不带方向的电流速断和过电流保护不能满足选择性、灵敏性或速动性的要求时，应采用光纤纵联差动保护作主保护，并应装设带方向或不带方向的电流保护作后备保护。

（7）对并列运行的平行线路可装设横联差动作主保护，并应以接于两回线路电流之和的电流保护作为两回线路同时运行的后备保护及一回线路断开后的主保护及后备保护。

对于经低电阻接地单侧电源线路，除应配置相间故障保护外，还应配置零序电流保护。零序电流保护应设二段，第一段应为零序电流速断保护，时限应与相间速断保护相同；第二段应为零序过电流保护，时限应与相间过电流保护相同。当零序电流速断保护不能满足选择性要求时，也可配置两套零序过电流保护。零序电流可取自三相电流互感器组成的零序电流滤过器，也可取自加装的独立零序电流互感器，应根据接地电阻阻值、接地电流和整定值大小确定。

第9章 通 信

通信系统为在正常情况下保证列车安全运行,异常情况下作为防灾救援以及事故处理的指挥管理系统。中低速磁浮通信系统应适应中低速磁浮运输效率、保证行车安全、提高现代化管理水平和传递语音、数据和图像等各类信息的需要,做到系统可靠、功能合理、设备成熟、技术先进、经济实用。通信系统由传输系统、公务电话系统、专用电话系统、无线通信系统、视频监控系统、广播系统、时钟系统等部分组成。

9.1 传 输 系 统

1. 系统构成

通信传输系统是一个基于光纤传输的宽带综合业务数字网络,根据中低速磁浮交通系统的要求,迅速、准确、可靠地传送信息,是通信系统的骨干。传输系统应能够满足如调度电话(含站间行车电话)、公务电话、无线通信、有限广播、闭路电视、时钟及同步系统等系统各种信息传输的要求。

2. 系统功能

专用通信传输系统是控制中心、车站、车辆段的有线网络连接通道。满足城市轨道交通运营管理所需要的各种语音、数据、图像等各种信息传输的需要。

(1)系统保护功能

传输系统应在控制中心、各车站、车辆段设置相应的网络节点,通过光缆线路进行邻站相连,构成具有容错的双向自愈环网。

(2)自愈功能

通信系统主要设备和模块应具有自愈功能,并采取适当的冗余,故障时可自动切换并报警,控制中心可监测和采集车站设备运行及检测的结果。

(3)扩容与组网

中低速磁浮通信系统不仅应满足新建线路运营和管理的要求,还应考虑与已建线路通信系统实现表的互联互通,并应为后期其他线路的接入预留条件。确定中低速磁浮通信总体方案及系统容量时,应与近期建设规模和远期发展规划相结合。

3. 主流传输技术

（1）MSTP

多业务传送平台（Multi-Service Transport Platform，MSTP）技术是基于同步数字系列（Synchronous Digital Hierarchy，SDH）技术，同时实现时分复用（Time Division Multiplexing，TDM）、异步转移模式（Asynchroncus Transfer Mode，ATM）、以太网等业务接入、处理和传送功能，并提供统一网管的网络。MSTP 技术和仅仅支持电路交换和接入的 SDH 技术相比，能够成功接入多种不同的协议，从而传送宽带频繁变化的分组业务。MSTP 中，端口状态分成三种，见表 9-1。

表 9-1　MSTP 端口状态

状态	系统最低电压（V）
Forwarding	在这种状态下，端口既转发用户流量又接收/发送网桥协议数据单元（Bridge Protocol Data Unit，BPDU）报文
Learning	这是一种过渡状态。在 Learning 下，交换机会根据收到的用户流量，构建介质访问控制（Media Access Control）地址表，但不转发用户流量，所以叫作学习"状态"。Learning 状态的端口接收/发送 BPDU 报文
Discarding	Discarding 状态的端口只接收 BPDU 报文

（2）分组传送网（Packet Transport Network，PTN）在底层光传输媒质和 IP 业务之间设置了一个层面，针对分组业务流量的突发性和统计复用传送的要求而设计。以分组业务为核心并支持多业务，提供具有更低的总体使用成本（Total Cost of Ownership，TCO），同时秉承光传输的传统优势，包括高可用性和可靠性的带宽管理机制和流量工程、便捷的操作维护管理（Operation Adminstration and Maintenance，OAM）、可扩展较高的安全性等。PTN 支持多种基于分组交换业务的双向点对点连接通道，其优点有以下三个方面：

①提供了更加适合于 IP 业务特性的传输管道，适合各种粗细颗粒业务；

②具备丰富的保护方式，遇到网络故障时，能够实现小于 50 ms 的电信级业务保护倒换；

③继承了 SDH 强大的网管功能，具有点对点连接的管理体系，保证网络具备保护切换、错误检测和通道监控能力。

MSTP 技术和 PTN 技术的比较见表 9-2。

表 9-2　MSTP 和 PTN 技术比较

传输技术	MSTP	PTN
交换平台	时分复用（加小容量分组交换）	分组
网络结构	环形	多种类型
接口类型	TDM、以太网接口	TDM、以太网接口

传输技术	MSTP	PTN
TDM 业务承载	直接传送	电路仿真进行传送
TDM 交换容量	大,为系统容量	无
以太网通道业务承载	采用通用成帧规程(Generic Framing Procedure,GFP)对以太网帧进行封装,然后映射到 SDH 虚容器中进行传送	直接传送
恢复机制	不支持	支持
以太网交换容量	以单板卡形式提供交换容量,容量小	大,为系统容量
带宽共享能力	弱,多业务的带宽共享加上对本地接口	强,针对整个网络业务进行共享
业务 OAM 能力	TDM 业务强,数据业务弱	强
适用场合	TDM 业务占主流,数据业务为辅	数据业务为主,少量 TDM 业务

4. 传输系统调试

传输系统调试包括对所有配线电缆的连通性、绝缘电阻、环线电阻、不平衡电阻进行测试。

电接口参数测试:输出口信号波形、输出数字信号比特率、阻抗特性、输出信号最大峰一峰抖动,输入口比特率及容差、阻抗及反射衰耗、容许抖动容限。

光接口参数测试:发送机的平均发送光功率、消光比、光谱特性,接收机灵敏度、动态范围反射系数。

光通道测试:S-R 点间最大衰减。

系统传输性能测试:误码、输入/输出抖动。

音频通路测试:电平、净衰减、衰减/频率失真、增益随输入电平变化测试、空闲信道噪声、串音衰耗。

9.2　电话系统

中低速磁浮交通电话系统包括公务电话系统和专用电话系统。

9.2.1　公务电话系统

1. 系统构成

公务电话系统用于中低速磁浮交通系统各个部门之间的业务联系与公务通话。它由程控电话交换机管理,程控交换机间通过数字中继线相连。

公务电话系统一般设在控制中心、车辆段,根据条件不同,有些地方可不建设公务电话系统,将业务纳入城市公用电话网。公务电话交换网与公用电话网本地电话局的连接方式宜采用全自动呼出、呼入中继方式,并可纳入本地公用电话网的统一编号。中继线的数量应根据话务量大小和相关规定确定。

2. 系统功能

公务电话系统为中低速磁浮交通管理部门、运营部门、维修部门的工作人员提供内部、外部用户之间的公务通信联络手段,除了大部分常规的语音业务,也能同时提供部分非话通信业务。

公务电话系统为中低速磁浮交通管理部门、运营部门、维修部门的工作人员提供内部、外部用户之间的公务通信联络手段,除了大部分常规的语音业务,同时也能提供部分非话通信业务。

9.2.2 专用电话系统

1. 系统构成

专用电话系统是为控制中心调度员、车站、车辆基地、停车场的值班员组织指挥行车、运营管理及确保行车安全而设置的专用电话系统设备。专用电话系统主要包括调度电话、站间行车电话、区间电话、车站和车辆基地及停车场内直通电话。由设在控制中心的调度主系统和设于各车站、车辆段、停车场的调度电话分系统、调度操作台、专用分机(含站内、站间电话及轨旁电话)等设备共同组成。

2. 系统功能

专用电话系统主要包括调度电话、站间行车电话、区间电话、车站和车辆基地及停车场内直通电话。

调度电话系统供控制中心调度员与各车站、车辆基地、停车场值班员以及与办理行车业务直接有关的工作人员进行调度通信之用。调度电话系统包括行车、电力、防灾、环境与设备监控系统等调度电话。调度电话系统由中心调度专用主控设备,车站、车辆基地、停车场专用主控设备,调度电话操作台,调度电话分机,多轨迹录音装置及维护终端等组成。调度电话操作台设置在控制中心和各调度台上。调度电话应满足如下要求:

(1)调度电话操作台具有选呼、组呼、全呼分机和电话会议功能,任何情况下均不能发生阻塞;

(2)调度电话分机可对调度电话操作台进行一般呼叫和紧急呼叫;

(3)控制中心各调度电话操作台之间应具备不同台间联络等功能;

(4)调度电话系统应具有录音功能,其性能应保证实时记录通话用户名、双方通话内容、时间,并具有检索和监听功能。

车站专用直通电话供行车值班室或站长与本站内运营业务有关人员进行通话联系之用。

站间行车电话是保证安全行车的专用电话设备,供相邻车站值班员间办理有关行车业务联系。站间行车电话应设在各车站行车值班室或车站综合控制室,在其回线上不得连接其他电话。

区间电话供列车司机和区间维修人员与邻站值班员及相关部门联系通话使用。

9.3　无线通信系统

1. 系统构成

无线通信系统包括行车调度无线通信、维修/防灾调度无线通信、车站站务无线通信和车辆段(维修基地)无线通信四个子系统。

系统网络组成:利用控制中心既有专用无线基站,并增设光直放站近端机,在车辆段和各车站设置光直放站远端机,通过传输系统提供的光纤,完成光直放站近端机与光直放站远端机之间的相互通信,实现专用无线信号的覆盖。系统结构如图 9-1 所示。

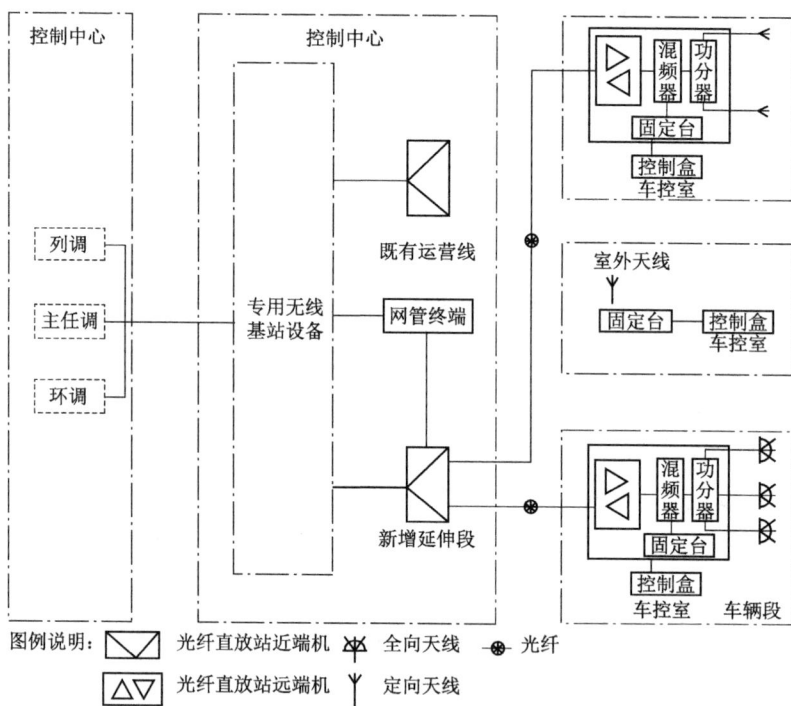

图 9-1　系统结构

无线通信系统与配套的传输系统、电源系统一起构成可靠的陆上集群无线电(Trans European Trunked Radio,TETRA)制式的数字集群无线通信系统,为固定用户(控制中心、车辆段调度员、车站值班员等)和移动用户(列车司机、防灾人员、维修人员)之间的语音和数据信息交换提供可靠的通信手段,为行车安全、提高运输效率和管理水平、改善服务质量提供了重要保障;同时,在本线出现异常情况和有线通信出现故障时,亦能迅速提供防灾救援和事故处理等指挥所需要的通信手段。

2. 系统功能

为了满足列车行车安全、应急抢险等要求,无线通信系统具有选呼、组呼、全呼、紧急呼叫、呼叫优先级权限等调度通信、存储以及监测功能。

无线通信系统根据磁浮交通系统需要配置有行车调度、防灾调度、综合维修、公安求助、车辆段调度等功能,除具备优先级权限下呼叫通信功能,还具备存储功能、监测功能、抗干扰功能等。

9.4 闭路监控系统

1. 系统构成

中低速磁浮交通系统中闭路监控能为控制中心的调度员、各车站值班员、列车司机提供有关列车运行、防灾、救灾及乘客紧急疏散的视频信息。闭路监控系统由中心控制设备、车站控制设备、图像摄取、图像录制、视频信息传输以及图像信息识别等部分组成,闭路监控系统结构如图 9-2 所示。

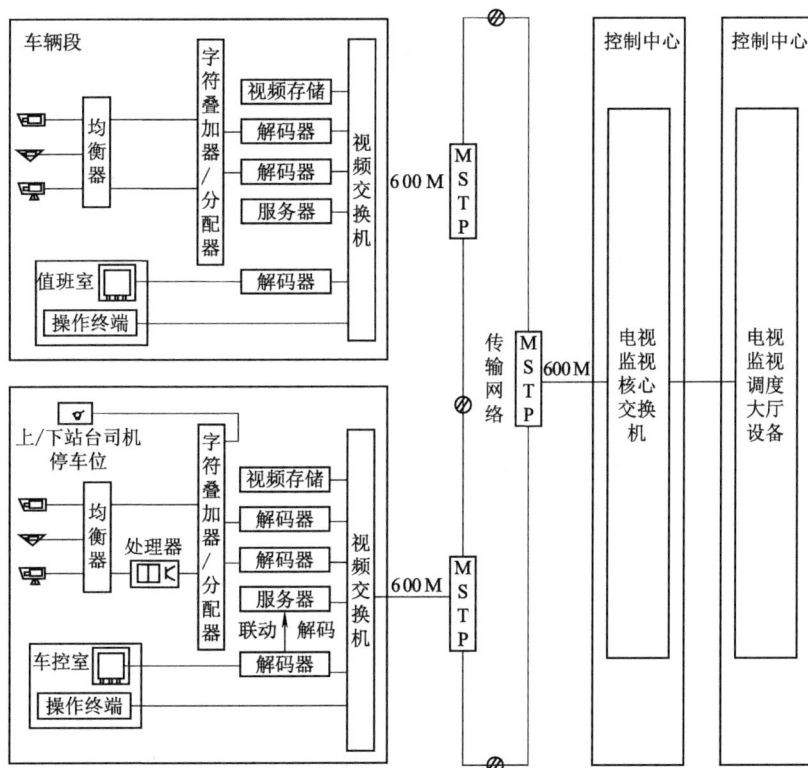

图 9-2 闭路监控系统

2. 系统功能

中低速磁浮交通闭路监控系统是列车运行、管理、调度的配套设备,使城轨中各工种的管理、调度人员能实时地看到现场情况,可以根据实际情况进行判断,下达调度指挥命令。发生灾害时,由防灾调度员或车站防灾值班员使用闭路监控系统随时监视灾害和乘客疏散情况。

通常在检票、售票大厅、乘客集散厅、上下行站台、自动扶梯、消防设备所在地、道岔设备所在地、变电设备所在地等场所设置监视摄像机。对于闭路监控系统的控制、监听装置,一般设置在中心行车调度员、防灾调度员、车站行车值班员、车站防灾值班员等管理磁浮交通系统人员所在的工作场所。

3. 系统调试

(1)功能调试

在值班室和副值班室通过按控制键盘各功能键选择图像,验证是否得到所需要的图像。通过键盘摇杆,选择可变焦图像的远近、清晰和模糊、预置状态等。若不能实现,根据现象反映情况,检查控制线接线,机柜视频线,软件设置状态,查明故障原因,逐一排除故障。

(2)电气性能调试

根据图 9-3 接线连接,在摄像机的电缆处用信号发生器发送一个专用测试信号(图像测试混合信号),通过控制键盘选择,使信号从视频矩阵某一端口输出,用视频测试仪进行测试。

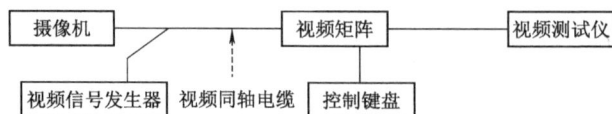

图 9-3 闭路监控系统接线图

主要测试指标如下:信噪比、微分相位、微分增益、亮色延迟、亮色增益、频率特性、同步信号幅度、色同步信号幅度、白条电平幅度、2T 正弦平方波失真(K-2T)、亮度非线性。

根据指标分映情况,重点检查线缆成端质量,线缆保护管接地等,排除干扰,达到优良图像效果。

9.5 广 播 系 统

1. 系统构成

中低速磁浮交通广播系统由控制中心设备和车站广播设备组成。控制中心和车站均应设置行车和防灾广播控制台。

2. 系统功能

广播系统由控制中心设备和车站广播设备组成。控制中心和车站均应设置行车和防灾广播控制台。控制中心广播控制台可以对全线选站、选路广播；车站广播控制台可对本站管区内选路广播，能够提供车辆基地内行车调度人员向行车直接有关生产人员发布作业的命令以及有关的安全信息。广播设备兼有自动和人工两种播音方式，应保证控制中心调度员和车站值班员向乘客通告列车运行以及安全、向导等服务信息，向工作人员发布作业命令和通知。

列车进站时，车站可自动广播乘客导乘信息，列车进站信息由控制中心系统提供。广播系统负荷区按站台层、站厅层、出入口通道、与行车直接有关的办公区域、区间等进行划分。车站公共区扬声器布置应采用小功率密布方式，声场强度不论室内、室外均应大于噪声级12 dB，负荷区各点的声场均匀度及混响指标应保证广播声音清晰、稳定。

3. 系统调试

（1）车站播音控制功能调试

设备运行后绿色电源指示灯显示，分别安排人员在机房、车控室、各广播区域对各区域在车控室或副值班室播音检查各按键功能，可通过对讲机进行联系并确认是否正确。车控室人员提示播音区域，广播区域人员确认在该区域是否听到播音及播音质量好坏、音量大小，机房人员观察机柜内各相关设备动作是否正确并监听音质好坏。当按键按下时该按键上红色指示灯显示并接通话筒，播音时人嘴距离话筒15 cm时音质较好。

优先权测试及相互监听：控制中心优先，车站控制室与副值班室权限相同。对于车站控制室与副值班室，先进入为优先，进入后分别安排人员到车控室、副值班室、机房内通过对讲机联系，先在车控室对某区域广播，同时在副值班室也对该区域广播，若副值班室控制面板上红色遇忙灯显示，副值班室不能对该区域播音，可以监听车控室播音，可以对别的区域播音。

（2）单站电气指标测试

单站电气指标测试主要包括：信噪比测试、失真度、频率响应度。

测试前要将前级放大器、后级放大器电平指标调定及音频通道测试，在使用音频信号发生器之前必须用电平表对信号发生器校对，保证输出为0 dB电平信号。

首先使用音频信号发生器在前级放大器输入端发出0 dB、1 000 kHz信号到前级放大器，调节前级放大器面板上旋钮，在处理器显示屏上检测到输入电平调为0 dB，也可用电平表调到1 000 kHz接到机柜内前级放大器输出端，调节旋钮观察电平表变化直到0 dB为止。前级放大器同时也输出信号到监听扬声器，另外信号经过交换矩阵后到后级放大器，经放大后到输出控制继电器，分路输出到广播电缆。保证扬声器网接入后级放大器时，用电平表在继电器后端测得信号电平值，可由此说明音频通道正常工作，但此电平值因厂家设备不同有所变化,做好记录。

失真度测试由音频信号发生器发出 0 dB 电平 100 Hz,1 kHz,10 kHz 测试信号经各级放大器后处理器在音频通道上测出失真度,显示在处理器音频测试信息中,各种频率下测到数据小于 1%。

频率响应度测试,用音频信号发生器从前级放大器分别发出 100 Hz,1 kHz,15 kHz 频率 0 dB 信号,用电平表在后级放大器输出端分别调到对应频率测到电平值,各频率测到的电平偏差在 ±3 dB 之内。

9.6 时 钟 系 统

1. 系统构成

中低速交通时钟系统由中心一级母钟、车站和车辆基地的二级母钟、时间显示单元的子钟组成。

(1)一级母钟:一级母钟是整个时钟系统的基础主时钟,通过接收标准时间信号进行时间的校准,并经由接口分配给车站及其车辆段的二级时钟或者其他需要标准时间的系统。

(2)二级母钟:通过时钟数据传输接口,接受来自一级母钟发出的标准时钟信号,用作校准自身的时钟信息,并输出时间驱动信号,向各个子钟传输时间信号。

(3)子钟:接收来自二级母钟的时钟数据,并以时、分、秒时间进行时间信息显示。

一级母钟设置在控制中心,二级母钟设置在各车站和车辆基地,子钟设置在中心调度室、车站行车值班室、变电所值班室、站厅、站台层及其他与行车直接有关的办公室等处所。当设有数字同步网设备时,一级母钟应能接收外部全球卫星定位系统(Global Positioning System,GPS)基准信号或者北斗卫星定位系统基准信号并对一级母钟进行校准。一级母钟定时向二级母钟、控制中心的子钟,及其他需提供统一时间信息的各系统发送时间编码信号用以校准;二级母钟产生时间信号提供给本站的子钟。

一级母钟自走时精度应在 10^{-7} 以上,二级母钟自走时精度应在 10^{-6} 以上。一级母钟、二级母钟配置有数字式及指针式多路输出接口,以便向其他各系统提供定时信号。

2. 系统功能

时钟系统为控制中心调度员、车站值班员、与行车相关的各部门工作人员及乘客提供统一的标准时间信息,同时它还为其他系统的中心定时设备提供统一的时间信号,使各系统定时设备与本系统同步。时钟系统的设置对保证中低速磁浮交通运行计时准确、提高运营效率起到了非常重要的作用。

3. 系统调试

(1)子钟精度测试

使用日差测试仪(准确度不低于 $5×10^{-7}$)在 23 ℃±1 ℃,相对湿度55％～70％,石英钟按正常使用位置连续运行 3 天,测量出 3 天的瞬时日差,并计算出平均瞬时日差,结果在 $-0.3～+0.7$ s/d 内。

(2)二级母钟测试

精度:使用日差测试仪分别测试母钟有 GPS 校时的精度和母钟的自身计时精度。

接口输出信号:使用便携仿真终端同母钟输出接口相连,检验母钟向其他系统提供的标准时钟信号格式及误码率。

自动倒换功能:在以下情况下:①停止主 GPS 工作;②停止主母钟,观察备用母钟是否接替母钟工作。

故障告警功能:将母钟某一线路板或功能模块设置人为故障,能观察到监控终微机的显示屏上,有故障指示,并伴有声光报警。

停电补偿功能:将正常工作母钟的交流供电切断,在标准规定的停电时间范围内母钟正常不间断工作。

9.7　乘客信息系统

1. 系统构成

乘客信息系统(Passenger Information System,PIS)是依托多媒体网络技术,以计算机系统为核心,以车站和车载显示终端为媒介向乘客提供信息的系统。乘客信息系统由控制中心子系统、车站子系统、车载子系统、网络子系统、广告子系统组成。

中心子系统配置有中心服务器、视频服务器、咨询服务器、操作员工作站、网管工作站、播出控制工作站、音视频切换矩阵、视频编码器、视频解码器、播出版式预览装置等装置。

车站子系统由数据服务器、操作员工作台以及各种终端显示设备构成。对于终端显示配置应符合以下几点要求:

(1)车站站台每侧都需配置终端显示设备;

(2)车站站厅配置不少于 4 块的终端显示器;

(3)出入口通道、换乘通道、车站进站口、车站出站口都需配置终端显示设备;

(4)车站站厅和站台设置需设置多媒体触摸查询设备。

车载子系统由车载控制器、车载无线客户端、图像储存设备、网络设备和客室终端显示屏构成,通过该系统乘客能够时时了解到磁浮列车的运行状况、外界的咨询信息等信息。

2. 系统功能

中低速磁浮列车信息系统网络控制结构如图 9-4 所示。乘客信息系统在正常情况下,提供乘车须知、服务时间、列车到发时间、列车时刻表、管理者公告、政府公告、出行参考、媒体新闻、赛事直播、广告等实时动态的多媒体信息；在火灾、阻塞及恐怖袭击等非正常情况下，提供动态紧急疏散提示。车载设备通过无线传输实时或预录接收信息，经处理后在列车客室 LCD 显示屏上进行音频视频播放，使乘客通过正确的服务信息引导，安全、便捷地乘坐。

该系统兼有列车客室乘客乘车情况的监视功能，通过摄像机采集的运营中列车客室内旅客乘车情况视频信息在司机室记录、显示，并能实时上传至控制中心，其上传信息可作为管理部门安全决策支持信息；还兼有对司机的监视功能，通过设置在司机室的摄像机对司机行车进行监视。

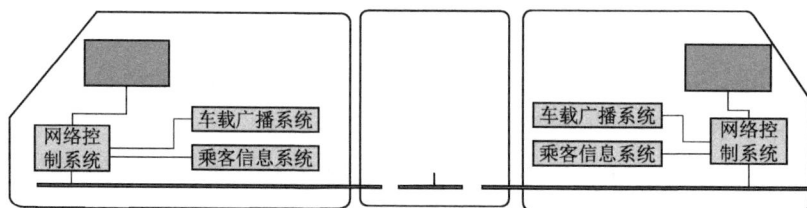

图 9-4　中低速磁浮列车信息系统网络控制结构图

3. 系统调试

乘客信息系统实验主要内容是：网络通信功能调试、系统功能指标调试等，具体指标见表 9-3。

（1）网络通信调试。

①设置所有设备的编号和 IP 地址。所有设备的 IP 地址均应按照标准填写正确。

②添加设备信息至数据库。中心录入所有车站的信息，包括车站编号、名称、所属线路、运行时间、服务器地址等。中心录入所有设备的信息，包括设备编号、名称、IP 地址、MAC 地址、方向、分组等。

③检查设备连接。逐一检查设备连接是否正确。可用 ping 程序检测网络连接；RS232 或 RS422 可以采用直连方式调试。

④检查设备运行是否正确。逐一检查设备运行情况。视音频设备需能够正确上载和播放视频信号；显示设备需能够显示缺省播表。

（2）车站子系统功能实验。

主要包括：车站局域网的性能测试；车站对现场设备的数据、指令的处理性能测试；车站显示设备的功能检查试验。

（3）中心子系统功能试验

对中心子系统的功能测试主要包括：

①中心局域网的性能测试；

②中心工作站对广告制作中心、有线电视接入中心及车站子系统的管理功能测试；

③中心与其他相关专业的接口性能测试；

④广告制作中心功能试验。

表 9-3 乘客系统关键指标调试

序号	指标名称	检验方法	合格判据	备注
关键指标调试				
1	紧急信息播出	车站、中心分别触发播出	车站可显示	
2	屏幕分割区域	目测	区域多于 15 个	
3	播出版式切换	目测	支持手动和自动切换	
4	视频缩放	目测	视频任意缩放	
5	视频分辨率	Tektronic SPG-300 Tektronic WMF-601E	大于 500 线	
6	视频信噪比	Tektronic SPG-300 Tektronic WMF-601E	大于 60 dB	
7	视频频率响应	Tektronic SPG-300 Tektronic WMF-601E	复合，$Y\pm0.2$ dB， $0\sim5.5$ MHz， Cb，Cr±0.1 dB， $0\sim2.75$ MHz	
8	K 系数	Tektronic SPG-300 Tektronic WMF-601E	小于 1%	
9	系统响应时间	计时	$0.2\sim0.5$ s	
10	远程开关屏幕	操作	可实现	
11	直播延时	计时	$0\sim10$ s 可调	
功能调试				
1	用户账号管理	软件操作	可管理	
2	设备管理	软件操作	可管理	
3	设备监控	软件操作	可实现	
4	日志管理	软件操作	可实现	
5	系统时间同步	软件操作	可实现	
6	中心版式制作	软件操作	可实现	
7	中心播表制作	软件操作	可实现	

9.8 电源及接地系统

1. 系统构成

电源及接地系统由切换及配电设备、不间断电源（Uninterruptable Power Supply，UPS）设备（含蓄电池）、电源监控设备三个部分组成。

市电通过自动投切装置后为 UPS 系统提供电源，自动投切装置中装有 C 级防雷装置。UPS 系统的两路输入电源由 220 V 直流和 380 V 交流两路电源供电，输出为 220 V 交流，输出接到交流配电柜中的交流配电单元。输出的 220 V，由交流配电单元分配给各用户负载。

区间配电箱交流输出分路提供告警干节点，接入交流配电柜分路检测板，交流配电柜将其视为序列分路进行监控。网上串口器将采集到的信息通过 10 M/100 M 通道对 UPS（含蓄电池）、交流配电柜、传输系统开关电源和区间配电箱空进行监控，将数据送到监控中心。

2. 系统功能

通信电源及接地系统设备设在车站、车辆段、停车场、控制中心、区间变电所通信设备室内，为各系统设备提供 220 V 单相三线制交流电源及可靠接地。保证对通信设备不间断、无瞬变地供电，并具有集中监控管理功能。

3. 接地系统测试

（1）试验项目和标准。

电气设备、电力线路及防雷设施接地装置的试验项目和标准应符合各自的设计规定。

（2）测量接地电阻的方法。

现场测量接地装置的接地电阻时，宜采用专用的接地电阻测试仪。其测量方法可按各类仪表的说明和要求方法进行操作。

（3）电极的布置：测量配电所接地体的接地电阻时，各测量电极间可成直线布置；测量大型接地体的接地电阻时，或要求消除引线互感对测量的干扰时，各测量电极间作三角形布置。

（4）测量接地电阻的注意事项。

雨后土壤潮湿时，不宜测量接地电阻。测量配电所接地体的接地电阻时，应将接地线直接引入构架的架空部分断开。

测量时，电压极与电流极插入土壤的位置，应远离地下金属管道、电缆线路以及铁路轨道等较大的金属体。

9.9 通信系统机房设备安装

1. 设备底座安装

首先设备底座按照施工图纸位置摆放在水泥地上,用卷尺测量底座的前边到参考墙面的距离,反复调整底座使每只底座的前边上的两端点距参考墙面的距离相同。如设备室内参考墙面不是直线时,可用尼龙线拉出一条直线,以该直线为参考,反复调整使各机柜底座摆放到设计位置。用金属垫块调整底座每个底座,用水平尺检验是否水平,直至每个底座水平后,用记号笔通过每个地面安装孔处在水泥地面上做记号。

用冲击电钻在每个记号处打孔,电钻钻头要和金属膨胀螺栓型号相匹配。调节冲击电钻的深度标尺,使打孔的深度和金属膨胀螺栓的外胀管长度相同,孔要垂直,用毛刷扫除灰尘。

用榔头将膨胀螺栓逐一敲入孔内,将螺栓适当旋紧,使外胀管略微胀开后,旋出螺帽和垫片,将所有金属膨胀螺栓安装完成后,把设备底座安放到每个螺栓上,套上平垫、弹簧垫片、螺帽。调整底座水平后旋紧螺帽,同时用水平尺检验。逐一完成每个底座的安装,用卷尺测量每个底座的前边在直线上的偏差不大于 5 mm 即可。

每个设备底座间用 16 mm² 地线跳接连通,最后一个机柜底座接到地线箱。地线两端用线鼻子压接,线鼻子固定在底座接地端子上,加上平垫、弹簧垫片和螺帽,连接可靠牢固,可用数字万用表检测其连接效果。

配合装饰单位进行设备安装完成后防静电地板的恢复工作,防静电地板与底座水平,接缝严密,地板安装牢固。

2. 车站室内设备安装

(1)电源及接地设备安装。

电源及接地设备安装包括:电源机柜安装。

将连接螺栓加上垫片后穿入安装孔,再带上垫片和螺帽,用水平尺和线坠检验电源设备的水平偏差和垂直偏差,只要四条边的垂直偏差小于其高度的 3‰,水平偏差不大于 2 mm 即可固定机柜。注意不得漏装平垫和弹簧垫片,螺帽需旋紧,安装牢固。电源配电盘和电源设备安装完成后各种开关均置于 OFF 状态。

(2)机房通信系统设备安装。

因通信机房内各系统设备较多,安装时从一侧机柜开始逐一安装。首先机柜就位,对准安装孔后,穿入连接螺栓并带上垫片、螺帽,用激光测量仪发射出一条标准、平行的直线或拉尼龙线。用橡皮锤轻敲设备底部边框使设备前边达到设计位置。用水平尺和线坠检测机柜的水平度和垂直度偏差,在机柜底部加上金属垫块调整,水平度和垂直度偏差符合要求后按照对角方式逐一旋紧固定螺栓,并固定牢固。用同样方法安装第二个机柜,在安装第二个机柜时用经纬仪和水平仪反复检测每个机柜和整列的水平、垂直偏差,并用塞尺检验柜间缝隙尺寸。

安装完成后每个机柜喷漆完好无损,每个连接螺栓平垫、弹簧垫片和螺帽齐全。尽量使用扳手,以免对连接螺栓表面损坏,导致螺栓锈蚀。

用水平仪和经纬仪检测单个机柜和整列机柜的水平、垂直偏差,整列机柜前端面在平行直线上偏差小于 5 mm,整列机柜垂直偏差小于 2 mm,每个机柜水平偏差小于 2 mm,柜间缝隙小于 1 mm。

安装完成后还需仔细检查设备模块是否松动,设备内部连接线是否松动、脱落,收集好设备内部随机资料和机柜钥匙等。

传输总配线架(Main Distribution Frame,MDF)和公务 MDF 均安装在机房的侧墙上,安装高度一般为 1.2 m,到地板下用铝合金槽保护。

所有设备机柜安装完成后使用彩条布覆盖防止灰尘进入,并锁好机柜门。

(3)车站控制室内设备安装。

本系统车站控制室内设备安装包括:无线固定台、站内电话值班台、电视监控后备控制盘、广播后备控制盘安装。电视后备控制盘、广播后备控制盘一般为镶嵌式安装,在控制台制作时需提供相应的开孔尺寸。值班台电话一般均放置到台面即可。

车站控制室内还需安装接地箱,安装方式同通信设备室内接地箱。

电视监控、广播后备控制盘安装:将该控制盘放到安装孔位置,调节好后用记号笔画出安装孔位,用手持式电钻钻出小孔,用沉头自攻螺丝固定。

无线固定台和站内值班台还需在柜体内安装电源转接插座盒,转接插座安装在侧板上,电钻打孔后使用自攻螺丝固定。

各种控制设备安装完成后用塑料布包好,防止灰尘进入和无关人员误操作。

第10章 信　号

10.1 概　述

信号系统作为中低速磁浮交通系统中十分关键的一环,它承担着指挥磁浮列车安全、稳定、可靠运行,提高运输效率的重要使命。对于现代化的磁浮交通系统,信号系统设备也需跟上时代先进水平,因为磁浮交通系统的安全、速度、运输能力和效率与信号系统密切相关,现代更是强调列车自动驾驶技术与信号技术结合,在趋于无人化指挥的新兴磁浮网络中信号系统发挥决定性作用。信号系统可以说是磁浮交通系统调度和运营管理的大脑神经,选取适合当前磁浮系统的信号设备和信号控制网络,可以为磁浮交通系统带来更好的经济效应和社会效益。

中低速磁浮交通系统对于信号系统有着十分严格的要求与规定:

(1)安全等级要求严格。磁浮列车绝大部分的行驶轨道都架空在城市之上,基本采用高架线路,道岔非接通位置是悬空的,故障后事故难以救援,故障检修难度大,甚至会危害城市其他交通网络的安全运行,损失将非常严重。所以对磁浮列车的信号系统提出更高等级的安全性要求,保证列车实时、准确、可靠的信号能够传输到控制中心,使之能够正确地做出决策。

(2)保证信号可靠显示。对于中低速磁浮列车交通系统,和地铁列车不同,其受天气、温度影响较为严重,雾霾、暴雨等自然因素可能会导致信号显示出现故障,致使调度员或者控制中心不能及时根据信号信息做出准确的判断。

(3)抗电磁干扰能力强。中低速磁浮列车靠磁力牵引,信号设备周围可能会存在较强的磁场干扰,因此要保证信号设备有着较强的抗电磁干扰的能力。

(4)可靠性高。由于磁浮列车相对于其他轨道交通来说需要移至专门的车辆基地进行检修,其检修的难度大、维修时间较长,且行车状态下不能对磁浮列车进行故障排除,所以要保证信号系统可靠性高,尽量做到对于信号设备少维修甚至不维修。

(5)自动化程度高。磁浮交通网络站间距离短,行车工作十分频繁,而且磁浮列车所处的环境受气候影响程度大,工作条件差,日常对于信号设备的监测有一定难度,所以对于信号设备自动化监测的需求十分迫切。采用先进的、自动化程度高的信号设备,对于信号设备的日常监测,由机器代替人工完成,以减少工作人员的劳动强度。

(6)苛刻限界下稳定运行。中低速磁铁交通系统的室外设备以及车载设备容易受到土建限界的限制,要求信号设备体积小,同时保证施工和维修的作业空间足够大。

中低速磁浮列车的交通信号系统虽然模仿地铁的制式,但是由于自身独有的特点,与铁路交通信号系统还是有一定差别的。中低速磁浮列车信号系统具有以下关键核心技术:

(1)在信号传输方面,如果将信号集成在通信传输线上,虽然可以大大降低投资费用,但是易发生通信高峰期时通信速度慢甚至无响应的风险,因此必须设置专用的传输网,采用 AP 天线、波导管和漏泄电缆等传输媒介,使车载信号设备与地面通信、控制设备之间实现可靠、实时的数据交互。

(2)磁浮交通系统信号传输可采用无线扩频和感应环线的传输方式。无线扩频的传输频段可使用 2.4 GHz 或者 5.8 GHz 频段,这种方式的技术相对成熟,误码率很低,只需将信号传输设备安装在轨旁的发射或者结束装置上即可。而感应环线的传输方式需要道床上配备感应电缆环线,这种方式抗干扰能力强,且安全可靠不易损坏。

10.2 信号安全技术

10.2.1 故障—安全计算机系统

1.概述

在信号设备计算机化的进程中,首先要解决的一个重要问题,就是如何构造一个故障—安全计算机系统。

(1)故障—安全计算机系统包括三大部分:

①故障—安全计算机:实现数据处理过程的故障—安全;

②输入/输出接口:实现数据采集和控制过程的故障—安全;

③信息传输:实现远距离数据传输过程的故障—安全。

(2)故障—安全计算机的构成方法:采用非对称性错误特性元件的构成方法;采用通用的对称性错误特性元件的构成方法;采用通用计算机或处理器的构成方法。上述方案中的前两种由于结构复杂,不能确保可靠性、经济性,未能推广应用。采用硬件和软件冗余技术和故障诊断技术,将通用计算机的处理结果进行相互比较,发现故障时使输出导向安全侧的方法,在信号设备计算机化的过程中得到推广,各国信号工作者研制了多种实施方案,大致可分为软件相异性和硬件相异性两大类。

软件的相异性就是在一台微型计算机上配置两套相异的软件,借此进行故障诊断和错误检测,从而实现故障—安全。这类方式包括以下三种实现形式:①双版本软件方式;②软件自校验方式;③数据的相异性方式。

硬件的相异性就是把相同的软件配置在两台微型计算机上,高频度地对数据(广义的)进行校验,在检出异常时,把输出保持在安全状态的一种方式。这类方式也包括以下三种实现形式:①紧密耦合的总线同步式;②时差同步式;③程序同步式。

2. 信号设备微型计算机化的主要特点

为了有效地解决信号设备微机化的故障—安全问题,应详细分析微机化的信号设备与现行信号设备之间的差异,从而充分认识微机化信号设备的主要特点。从使用的器件、使用的技术、设备的功能、设备的抗干扰能力四个方面来看,微机化的信号设备具有如下特点:采用了集成电路芯片和利用软件实现逻辑运算及故障检测、诊断,从而使设备具有高速率,高智能处理能力,并且具有更高的可靠性、容错性能和安全性。但是,由于设备自身的对称性错误特性和低抗干扰能力,使整个设备在抗干扰方面必须采用特殊的处理对策和加固技术,从而不仅能充分发挥高速化、高智能处理能力,而且能够保证设备的故障—安全。

10.2.2　硬件与软件安全性技术分类

1. 硬件安全性技术分类

在微机化的信号设备中,通过硬件实现故障—安全性能的技术主要有以下几类:

(1)多重化技术;

(2)高可靠技术;

(3)故障检测技术;

(4)电路构成技术。

2. 软件安全性技术分类

在微机化的信号设备中,通过软件实现故障—安全性能的技术主要有以下几类:

(1)高可靠技术;

(2)故障检测技术;

(3)故障屏蔽和恢复技术;

(4)人机技术。

10.2.3 容错技术

1. 概述

避错技术是采用正确的设计和质量控制方法,尽量避免把故障引进系统,试图构造一个不包含故障和错误的"完善"系统的技术手段。但要绝对构成一个不包含错误的系统是不可能的,只可能使系统中包含的错误少到一定程度,一旦系统出了故障,则必须通过故障检测和诊断确定故障部位,进而排除故障、修复系统,使系统恢复正常。

容错技术则是指采用外加资源的冗余技术,使系统出现某些硬件故障或软件错误时,仍能正确执行规定的程序或实现规定的功能。也可以说,容错技术可使过程不因系统中的故障而被中止或修改,并且执行的结果也不包含系统中故障引起的差错。容错的基本思想是在系统体系结构上精心设计,利用冗余的硬件资源或软件资源达到掩蔽故障的影响,从而自动地恢复系统或达到安全停机的目的,因而在信号应用微机领域得到广泛应用。

2. 实现容错技术的主要方法

容错技术是依靠外加资源的方法来换取可靠性的。外加资源的方法很多,主要有外加硬件、外加信息、外加时间和外加软件等方法,对这些方法往往要合理使用,才能达到提高可靠性的目的。主要方法包括:硬件冗余、时间冗余、信息冗余,以及各种冗余技术的综合应用。

10.3 系 统 组 成

中低速磁浮交通信号系统由列车自动控制(Automatic Train Control,ATC)系统和车辆段信号系统两大部分组成,如图 10-1 所示。列车自动控制系统又由计算机连锁(Computer Interlocking,CI)、列车自动防护系统(Automatic Train Protection,ATP)、列车自动运行系统(Automatic Train Operation,ATO)、列车自动监控系统(Automatic Train Supervision,ATS)组成,承担着对列车信号系统联锁、闭塞、超速防护、列车进路控制、列车间隔控制、乘客、列车信息管理、车辆调度、定位停车、列车速度控制、设备监测以及维护管理等任务;车辆段信号系统具有联锁、列车进路控制、维修管理以及车辆调度等功能。信号系统设置行车控制中心,沿线各个车站间设置为区域性联锁,联锁设备安装在集中站内,磁浮列车上装设有车载信号设备。通过通信网络,控制中心与集中站进行信号传递,地面设备与车载信号设备之间的数据传输采用无线通信的方式实现。

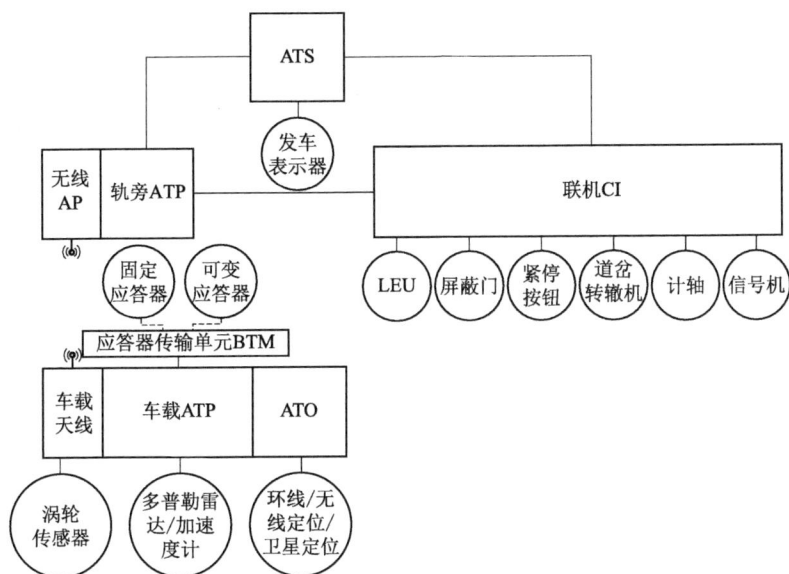

图 10-1　中低速磁浮交通信号系统组成结构

10.3.1　ATP 系统

列车自动防护系统(ATP)是针对列车行驶过程中超速防护以及列车运行速度监督而设计的系统。ATP 系统通过对列车安全有关设备进行实时监控,实现列车位置的定位监测,保证列车之间的安全间距以及安全速度下平稳行驶并实时信号显示。当故障发生时,发出故障报警信号,降级提示,传输列车参数和线路参数,与 ATS、ATO 系统以及车辆系统接口进行信息共享。

1. 组成结构

ATP 系统由地面设备和车载设备组成,ATP 车载设备应包括 ATP 车载计算机设备、测速设备、人机显示设备、车地通信设备及相关接口设备等。ATP 车载人机显示设备的显示信息至少包括列车实际运行速度、列车运行前方的目标速度、目标距离等。

2. 主要功能

ATP 包括安全功能及列车完整性检查功能,并负责列车安全运行,ATP 设备的主要功能包括:

(1)防止列车敌对运行造成的冲突;

(2)防止道岔错误转动/设置而造成的冲突;

(3)防止因车门意外打开、列车倒溜等造成的乘客伤害;

(4)防止因列车超过线路限速或指令速度而造成的列车或线路的损害;

(5)监察超速;

(6)通过车地双向通信系统连续不断地监测列车在整个系统中的位置;

(7)列车间保持所需最短的安全停车距离即安全间隔;

(8)道岔联锁确保当列车通过道岔时该道岔不会转动,只有当确认道岔已排列好并锁闭在正确位置时,列车才可以进入该道岔区段;

(9)排列、锁闭进路并监测列车在进路汇合或分歧处运行;

(10)按照安全行车和线路限速要求,对列车限速;

(11)控制列车运行方向;

(12)监测整个系统内的列车运行方向;

(13)监测列车无人驾驶折返;

(14)溜逸保护;

(15)提供车门控制安全联锁;

(16)对系统管理中心和车站紧急停车按钮监测;

(17)列车完整性检查。

ATP系统以导致列车停车为最高的安全准则。车地连续通信中断、列车完整性电路断路、列车超速、列车的非预期移动、车载设备重大故障等均应导致列车强迫制动。ATP执行强迫制动控制时,应切断列车牵引,列车停车过程中不得中途缓解。

3. 控制方式

从ATP控制方式来分,中低速磁浮主流信号系统主要分为点式控制和基于无线通信的连续式控制,前者主要采用固定闭塞或者准移动闭塞,后者通常采用移动闭塞辅以后备的固定闭塞。考虑到实际工程的特点,也有采取以点式控制为主,在站台及道岔等区域提供无线覆盖和相应防护的点连式控制方式。

点式控制方式是通过可变数据应答器向列车发送移动授权报文的方式建立地—车单向通信,实现点式列车控制。点式控制方式又可细分为:填充应答器方式,欧洲列车控制系统(European Train Control System,ETCS)1级及其类似方式。

(1)填充应答器方式。

点式(填充应答器方式)控制是指根据轨旁物理占用检测设备和信号机状态,通过信号机前方有源应答器向车载ATP发送移动授权,该移动授权覆盖下一个闭塞分区范围,为避免列车降速,同时最大限度地缩小追踪间隔,在信号机的主应答器前相应位置增加填充应答器,提前预告前方状态。列车经过可变数据应答器,根据当前信号机显示(进路设定),它将得到一个移动授权。根据线路数据库信息(坡度、静态速度曲线),列车完全地监督它接收到的移动授权。通过在制动距离前布置填充应答器,列车可获得前方信号机显示的预告,避免减速。如果信号机显示"前进",则列车获得一个直到下一个信号机的移动授权。列车司机将会驾驶列车前行,并按照 ATP 推荐速度曲线的指示在信号机前停车。表 10-1 为点式控制方式下应答器传输信息情况。

表 10-1 点式控制方式下应答器传输信息

应答器	传输信息	备注
固定应答器	应答器 ID	
可变应答器(主应答器和填充应答器)	应答器 ID,信号灯状态	车载设备根据存储在车载设备中地图信息以及列车的当前位置结合信号灯的状态确定移动授权

该方案的优点是,结构简单,在点式情况下可以最大限度地发挥追踪能力,地铁后备系统大多采用此种方案。缺点是,较为适合 80 km/h 以下的城市轨道交通,对于速度等级较高的市域铁路,需要调整填充应答器位置和调整区段长度。

(2)ETCS1 级及其类似方式。

ETCS1 级点式控制方式主要采用计轴设备来实现轨道区段占用、检测功能。列车按照点式方式行车,通过有源应答器向列车发送移动授权,实现点式 ATP 系统的超速防护,表 10-2 为 ETCS1 级点式控制下应答器传输信息情况。

表 10-2 ETCS1 级点式控制下应答器传输信息

应答器	传输信息	备注
固定应答器	应答器 ID,线路长度、坡度、限速等信息	
可变应答器(主应答器)	应答器 ID,移动授权信息(距离、限速等),线路长度、坡度等信息,临时限速	

ETCS1 级方案可以较好地适应较高速度列车的运行,方案成熟完整,有较多的应用案例(如京津线,温州 S1 线),同样可以较好地满足追踪能力的需求。此外一个突出的优点是车载不需要存储线路数据,这使得新车的投入运行或者列车跨线延伸运行变得简单,因此只需要将地面设置完成即可,列车整备的工作较少或者没有。缺点是,方案较为复杂,应答器传输的数据较多,布置的应答器的数量也较多。

ETCS1 级点式控制类似方式作为折中,一种 ETCS1 级方案的变形也是可以考虑的,即可变应答器仅传输应答器 ID 和前方区间空闲数以及行进路径,车载设备存放线路数据信息。此种方案兼顾了填充应答器方式的简单和 ETCS1 级的速度适应性,但是方案尚未有较多实践,需要再进一步在实践中验证成熟。当前长沙磁浮区间采用点式填充应答器方式,最高时速可达 100 km。若同样采用点式填充应答器方式,而最高时速要升至 160 km,则需要信号在以下几个方面进行改进:

①ATS方面。为满足160 km/h制动距离,根据制动距离要求和运营要求(如满足进站、出站需求),可将多条进路组合成进路组,进行捆绑触发;考虑列车的追踪运行,进路组中进路按照由近及远的顺序进行触发;进路组触发区段的设置,需按照联锁调整后的接近区段配置。

②可变应答器方面。除现有信号灯信息和临时限速之外,增加一个预告前方已排好进路空闲区间数以及前方进路号(表明进路方向)信息,视速度等级,最多可增加4~5个空闲区间。

③联锁方面。为满足提速要求和高低速列车追踪运行,通过增加信号机显示来实现不同速度授权的控制,对应的可变应答器/填充应答器根据不同的信号机显示实时变更速度码,满足低速追踪、高速通过灵活的运营需求;提速后制动距离将延长,对应信号机的接近区段、总人解延时需延长;由于速度提升,延时长度会比较大,为避免对运营转线的影响,建议在有转线道岔处设置通信环境,在有通信的情况下,车载可发送停车保证信息给联锁,实现及时解锁。

④车载ATP方面。增加对空闲数和进路号的判断能力,根据这两个信息在车载数据库中找到相应的线路信息,并结合信号灯信息,还原成完整的移动授权。

点式控制方式由于系统架构简单,区间设备少,后期维护小,工程造价低,适用于市域轨道交通初、近期中运量运营需求,性价比较高。远期客流上升,也可扩容升级至基于通信的列车控制(Communication Based Train Control,CBTC)系统。

10.3.2 ATO系统

列车自动运行系统(ATO)为非故障—安全系统,主要用于实现"地对车控制",即根据控制中心指令自动完成对列车的启动牵引、惰行和制动,模拟最佳司机的驾驶,实现正常情况下,高质量的自动驾驶,在提高列车运行效率以及节省能源的前提下,提升磁浮列车的运行舒适度。

ATO系统有三个性能指标:舒适度、快捷性、准时性。舒适度的要求主要是指牵引、惰行和制动控制及各种工况之间转换过程的加、减速度的变化率。快捷性主要是指控制过程的时间宜短,在ATO系统控制下,以最接近ATP推荐速度的方式驾驶列车运行,最大限度地缩短列车运行时间,提高运行质量。准时性的要求则是为了稳定的行车间隔、准确的乘车时间而提出。

1. 组成结构

ATO系统由车载设备和地面设备组成。

(1)车载设备。

车载设备由车载ATO模块、ATO车载天线和人机界面组成。

①车载 ATO 模块。车载 ATO 模块是磁浮列车自动运行、自动驾驶系统中十分关键的组成部分。车载 ATO 模块通过 ATP 子系统数据传输获得列车运行速度和列车位置等信息,在软件层面将这些数据进行数据处理,计算出当前磁浮列车所需的牵引力或者制动力大小,然后向磁浮列车发出请求,列车接受到指令后,实现对列车运行的准确、安全、稳定控制。

②ATO 车载天线。通过 ATO 车载天线实现列车自动运行系统的车载 ATO 模块和地面控制中心设备之间的数据交换以及列车自动运行系统(ATO)与列车自动监控系统(ATS)之间的信息交换。

③人机界面。人机界面可使磁浮列车驾驶员将列车运行模式切换成"ATO",使磁浮列车处在自动运行状态工作模式下。

(2)地面设备。

ATO 地面设备由地面信息接收发送设备和轨道环线组成。地面设备接收来自磁浮列车 ATO 车载天线所发送出来的数据信息,并把 ATS 的有关信息通过轨道环线发送到线路上,再由列车 ATO 车载天线接收,最后将数据信息送至车载 ATO 模块进行处理。

2. 主要功能

ATO 系统具有下列主要功能:

(1)站间自动运行;

(2)车站定点停车;

(3)ATO 或无人驾驶自动折返;

(4)车门、站台屏蔽门监控;

(5)列车运行自动调整;

(6)列车节能控制。

列车可采取手动方式或者自动方式进行驾驶。在选择自动行驶状态下,ATO 代替司机操控磁浮列车,根据由 ATO 车载天线接收的列车运行数据、环境状态数据等判断列车行驶状态,处理数据,在符合舒适度、快捷性、准时性的前提下,操控列车进行下一步动作,比如列车的启动加速、匀速惰行、减速制动等基本行驶操作。不论自动驾驶还是手动操作行驶模式,ATP 系统始终执行着对磁浮列车速度的监督和超速防护的功能。

3. ATO 系统关键接口

车载 ATO 系统运行在车载 ATP 系统的安全防护下。ATP 从通信和 I/O 接口两个层面对 ATO 的行为进行卡控,确保在不满足自动驾驶条件或 ATO 发生故障时,可以切掉 ATO 所有输出。车载 ATO 通过 CAN 总线和 ATP、人机界面连接,通过 RS485 总线与列车管理系统(Train Management System,TMS)连接,通过电压控制列车输出级位,通过开关量接口实现与车辆的 I/O 交互。关键接口及交互信息如图 10-2 所示。

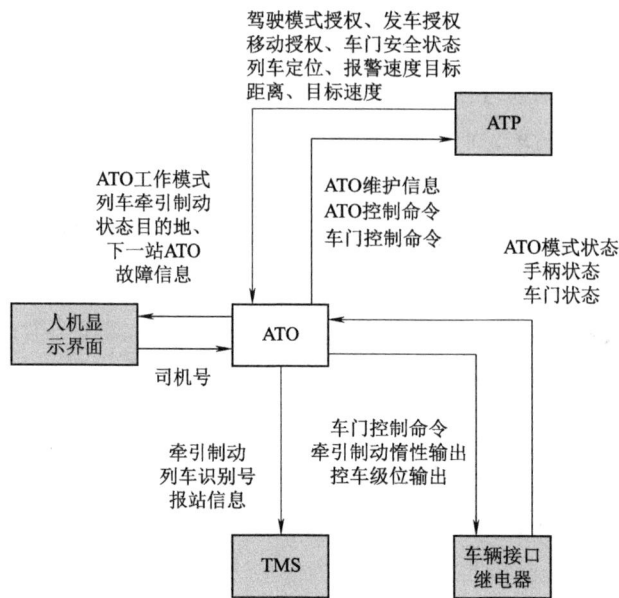

图 10-2 关键接口及交互信息示意图

10.3.3 ATS 系统

列车自动监控系统(Automatic Train Supervision,ATS)顾名思义该系统是对运行过程中的磁浮列车进行监督和控制。ATS 系统在 ATP 和 ATO 系统的支持下,辅助调度人员对全线列车进行管理。

1. 组成结构

ATS 系统由控制中心设备、车站设备、车辆段设备、列车识别系统等部分构成。

(1)控制中心设备包括:①中心计算机系统;②综合显示屏;③调度工作站;④运行图工作站;⑤培训/模拟工作站;⑥打印服务器、绘图仪和打印机;⑦维修工作站;⑧不间断电源和蓄电池。

(2)车站设备包括:①集中站设备;②非集中站设备。

(3)车辆段设备包括:①ATS 分机;②车辆段终端。

2. 主要功能

ATS 系统应具有下列功能:

(1)列车自动识别、追踪、车次号显示。

ATS 系统通过车站或者控制中心的局域网获取 ATP、ATO 系统或者联锁设备所提供的磁浮列车车次号、运行状态、信号通信装置运行以及列车位置等信息。

(2)运行图编制及管理。

运行图或者时刻表是根据调度员输入基本运行图数据,包括各区间运行时间、车站停站时间、运行间隔、起始和终点站、列车折返要求等信息，ATS 系统再经由列车实际运行情况自动生成的。其中，运行图包括基本运行图、计划运行图、实际运行图。

（3）进路自动或人工控制。

自动列车进路控制可分为：ATS 中央自动和 ATS 车站自动。控制中心能够根据当日磁浮列车运行计划时刻表自动控制列车运行，调度员在必要情况下可以人工控制。

（4）列车运行自动调整。

通过不断判断列车实际运行与计划运行图之间的偏差，调整停站时间自动调整列车按计划时刻表运行。调度员也可对列车停站时间施加人工指令进行调整。

（5）列车运行和设备状态自动监视。

ATS 将列车运行状态监测参数以及各设备的监控信息传送至控制中心或者调度员，实现列车与设备的全天候自动监视。

（6）操作与数据记录、回放、输出及统计处理。

中央调度员和车站值班员的所有操作都会采用固定格式标准的存储方式保存在系统数据库中，可供车站维护中心或者控制中心人员进行统计和分析。

（7）系统故障复原处理。

ATS 具有完善的自诊断和设备运行状态信息监控以及故障报警的功能。通过控制中心或者调度工作站的显示屏，实时监视设备故障信息，并对设备进行复原处理。当列车运行或者信号系统发生异常无法自动复原时，ATS 系统会自动将有关信息发送至调度中心。

（8）列车运行模拟及培训。

ATS 具有离线模拟磁浮列车在线运行的功能，主要用于系统的调试、演示和人员培训。它与在线控制模式几乎完全相同，实现对调度员进行所有操作及功能的培训。

3. 工作方式

ATS 工作方式设置为集中管理、分散控制。ATS 在运行时与列车 ATP、ATO、联锁系统相互配合，并且有无线通信系统、广播系统、时钟系统、闭路监控系统、乘客信息系统等的接口管理。ATS 主要负责监控列车的安全运行，属于非安全系统，ATS 的计算机及网络应采用冗余技术，设置有调度员工作站、调度长工作站、运行图编辑工作站、系统维护工作站。

10.3.4 计算机联锁（CI）

计算机联锁（CI）是信号系统的核心设备，联锁作为信号系统中列车安全运行的重要技术措施，保证信号设备与相关因素之间的相互制约。

1. 组成结构

计算机联锁主要由联锁上位机、联锁主机、现场接口单元组成。

联锁信号机反应信号机的灯色、道岔的位置以及闭锁状态、区段的占用与出清，同时可以向联锁主机发布操作命令。

联锁主机是联锁系统的核心,以轨道交通二乘二取二安全计算机平台为运算单元,包括主机板、通信板、电源板、安全输入板和安全输出板。主机板实现命令、输入数据和输出数据的处理及联锁逻辑的运算等功能;通信板接收操作命令和输入输出板数据;安全输入板采集组合柜中相应继电器的状态;安全输出板驱动组合柜中的相应继电器。

现场接口单元通过安全继电器与现场设备连接。中低速磁浮交通的计算机联系统分为室内设备以及室外设备,总体构架如图 10-3 所示。

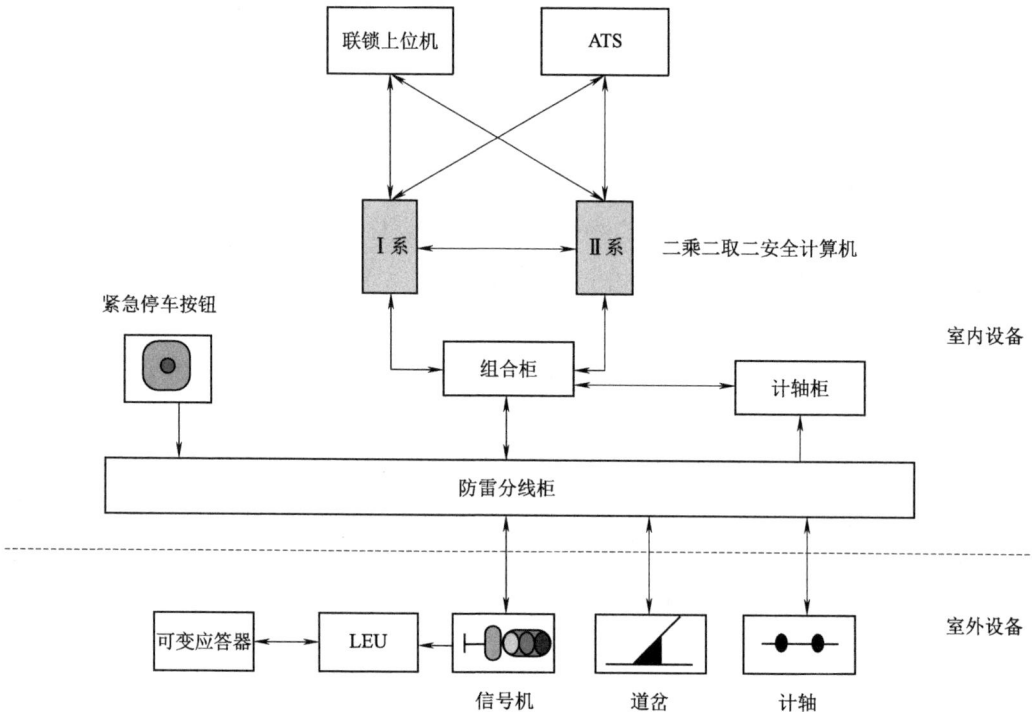

图 10-3 中低速磁浮交通的计算机联系统总体构架

2. 主要控制内容

计算机联锁的基本内容包括如下:

(1)只能进路上有关岔道位置正确且被锁闭时才能开放信号。若进路上有关岔道位置有错误,道岔的尖轨和基本轨保留有 4 mm 及以上的间隙,则会引起列车进入异线或者损坏岔道。

(2)只能在敌对信号关闭且被锁闭在关闭状态下时才能开放信号。当敌对信号机未关闭即敌对进路未解锁状况下,需防护进路信号机不得开放,否则可能导致列车或者机车车列的正面冲突。

车站计算机联锁系统主要控制项目包括:列车进路、引导进路、进路的解锁和取消、信号机关闭和开放、道岔操纵及锁闭、区间临时限速、扣车和取消、遥控和站控、站台紧急关闭和取消。

作为保证列车行车安全的主要系统,计算机联锁系统技术的不断发展和完善要求其安全冗余段在不断提高,二乘二取二或三取二冗余结构从安全性及可用性方面考虑,适合计算机联锁系统的要求。为避免错误操作危及行车安全,要求对计算机联锁系统的操作进行二次确认。

10.4 信号系统基础设备与维护

10.4.1 继电器

继电器是 ATC 系统中常用的电器设备,用于电路的接通与关断,能以极小的电信号来控制执行电路中相当大的对象,控制数个对象或者回路,甚至能控制远程对象。继电器通过发布控制命令以及反映设备状态构成自动控制和远程控制电路。

继电器在以电子元器件和计算机构成的系统如 ATP、ATO、ATS、CI 等系统中,作为接口部件,将控制中心设备与信号机、轨道电路、车站电路等执行部件联系起来。

1. 继电器的基本原理

(1)继电器的组成:由接点系统和电磁系统两大部分组成。电磁系统由线圈、固定的铁芯、轭铁以及可动的衔铁构成;接点系统由动接点、静接点构成。

(2)继电器的动作原理

当线圈中通人一定数值的电流后,由于电磁作用或感应方法,产生电磁吸引力,吸引衔铁,由衔铁带动接点系统,改变其状态,从而反映输入电流的状况。继电器最基本的工作原理为:线圈通电→产生磁通(衔铁、铁芯)→产生吸引力→克服衔铁阻力→衔铁吸向铁芯→衔铁带动动接点动作→前接点闭合,后接点断开电流减少→吸引力下降→衔铁依靠重力落下→动接点与前接点断开后接点闭合。可见,继电器具有开关特性,利用其接点的通、断电路,从而构成各种控制。图 10-4 所示为红绿信号灯控制。

2. 继电器的继电特性

回差特点:吸起值、释放值不等,吸起值大于释放值。

3. 信号继电器的分类

(1)按动作原理,分为电磁继电器、感应继电器。

(2)按动作电流,分为直流(无极、偏极、有极)继电器、交流继电器。

(3)按输入物理量,分为电流继电器、电压继电器、频率继电器,非电量继电器。

(4)按动作速度,分为快速继电器、正常继电器、缓动继电器。

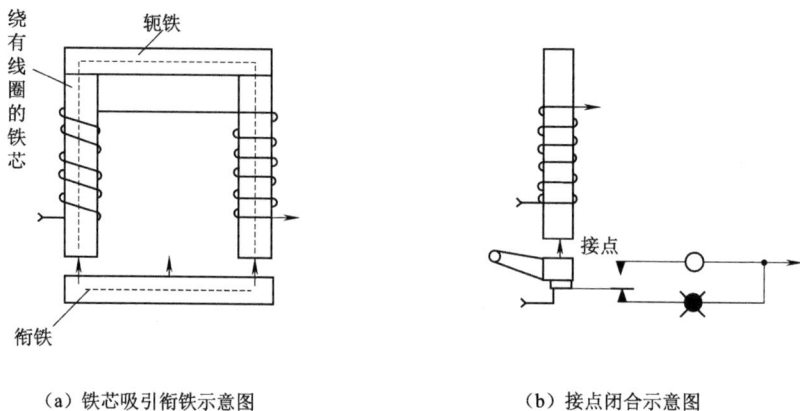

（a）铁芯吸引衔铁示意图 （b）接点闭合示意图

图 10-4　电磁继电器的基本工作原理

（5）按接点结构，分为普通接点继电器、加强接点继电器。

（6）按工作可靠度，分为安全型继电器、非安全型继电器（前者称为 N 型重力式继电器，后者称为 C 型弹力式继电器）。

4. 继电器优势

随着电力电子科技的飞速发展，电子元器件尤其是微型计算机以其速度快、体积小、容量大、功能强等技术优势，在相当大程度上逐渐取代继电器，构成自动控制和远程控制系统，使技术水准大大提高。但是，与电子元器件相比，继电器仍然具有广阔的应用空间，仍将长期存在，因为其具有一定的优势：

（1）开关性能好。闭合时阻抗小，断开时阻抗大。

（2）有故障—安全性能。发生故障时可自动导向安全的性能。

（3）能控制多个回路。降低整体控制电路的成本。

（4）抗雷击性能强。一般无须另外在继电器设备附近再设置防雷装置。

（5）无噪声。不产生干扰列车系统的信号，保证磁浮列车可靠运行。

（6）不受周围温度影响。可在宽温度范围内可靠、安全、快速运行。

5. 定期维护

在实际工作中，对于磁浮列车信号系统继电器的检修仅仅靠简单的检查是不够的，需要对其进行定期维护。其检查内容包括以下三个部分。

（1）接线端子检查。

季节交替时要防止接线头松动或者线路过流老化，可以结合相关节假日对关键继电器进行外观及接线普查。

（2）定期对设备进行清洁，除尘。

清洁时，现将电源断开，用酒精、毛刷、清洁布或者棉球对继电器线路和继电器触点进行清理。

（3）定期检查继电器内部和外部接线的可靠性。

要保证继电器触点无打点、烧黑痕迹，触点闭合后应有足够弹性，接触要牢固可靠。

10.4.2　信号机

信号机是指挥列车运行的信号设备，它直接向磁浮列车行车员发出行车指令。在正常运营情况下，中低速磁浮列车交通系统以车载信号为主体信号。

1. 固定信号的分类

（1）按设置部位，分为地面信号（设于车站或区间固定地点、防护站内进路以及闭塞分区和道口的信号机或表示器）、机车信号（设于机车驾驶室内，复示地面信号，逐步成为主体信号使用）。

（2）按信号机的构造，分为色灯信号机（用灯光的颜色、数目以及亮灯状态表示信号的含义，目前广泛使用透镜式，发展方向是组合式的色灯信号机）、臂板信号机（已经淘汰）。

（3）按用途，分为信号机（用来防护站内进路、防护区间、防护危险地点，具有严格的防护意义）、信号表示器（对行车人员传达行车或调车意图，或对某些做补充说明所用的器具，没有防护意义）。

（4）按地位，分为主体信号机（能够独立显示信号，指示列车或调车车列运行条件）、从属信号机和复示信号机。

（5）按停车信号的显示意义，分为绝对信号（显示停止运行信号时，列车、调车车列必须无条件遵守的信号显示）、容许信号（列车在列车信号显示红灯、显示不明、灯光熄灭时，允许列车限速通过，并随时准备停车的信号）。

（6）按安装方式，分为高柱（进站、正线出站、通过、预告、接车进路等）、矮柱（侧线出站、站内调车信号桥、信号托架）。

2. 信号机的设置

（1）信号机设置的原则。

①一般设于线路左侧。如果两线路之间不足以装设信号机时，可采用信号托架和信号桥。

②信号机柱的选择。为了提高通过能力，以及运输效率，进站、正线出站、通过、预告、接车进路信号机采用高柱；站内调车、侧线出站采用矮柱。

③信号机的建筑限界。在线路旁设置的信号机，均不得侵入铁路建筑接近限界。在准许接发或通过超限货物列车的线路旁设置信号机，不得侵入超限限界。

④交流电力牵引区段的信号机设置。进站、预告、通过信号机与接触网支柱同侧设置时，信号显示距离不应受接触网设备影响。

(2)信号机的设置位置。

①进站信号机。

作用:防护车站,指示列车的运行条件,保证接车进路的正确和安全可靠,凡车站的列车入口处(地面信号为主体信号)必须装设进站信号机。

设置:设于车站入口,距离最外方进站道岔尖轨尖端(顺向为警冲标)不少于50 m的地点,根据调车作业和制动距离的需要,有时外移至400 m以内。

②出站信号机。

作用:防护区间,作为列车占用区间的凭证,指示列车能否由车站进入区间;与发车进路以及敌对进路相联锁,指示站内停车位置。发车线端部必须设置出站信号机。

设置:设于发车线警冲标内适当地点,一般为3.5~4 m处。防止侧面冲突。

③进路信号机。

作用:位于几个车场的车站,为指示列车由一个车场开往另一个车场。分接车、发车、接发车进路信号机。

设置:车场的转场处。

④通过信号机。

作用:防护闭塞分区或所间区间,指示列车能否进入运行前方的闭塞分区或所间区间。

设置:自动闭塞区段的闭塞分区的分界处,以及非自动闭塞所间区间的分界处。不得设在启动困难的上坡处,确实需装设则应加装容许信号。上下行尽量并设。

⑤遮断信号机。

作用:在繁忙道口、有人看守的桥梁、隧道以及可能危及行车安全的塌方落石地点进行防护。

设置:距离防护地点大于50 m处。采用方形背板,并在机柱表面涂黑白相间的斜线。

⑥预告信号机。

作用:当非自动闭塞区段未装机车信号时,在进站、通过、防护等信号机前方均应设置预告信号机;在采用色灯式进站信号机或进站信号机的显示距离不足、瞭望条件受限制的情况下,也必须设置预告信号机。它的作用是将主体信号机的显示状态提前告诉司机。

设置:应设在距主体信号机不少于一个列车制动距离(对于不超过120 km/h的区段为800 m)的地点。

⑦调车信号机。

作用:指示站内各种调车作业。

设置:通常设在调车作业繁忙的线路上(如到发线,咽喉道岔区),以及从非联锁区到联锁区的入口处。

3. 信号显示

(1)地面信号。

地面信号一般是指信号机及信号表示器。

①信号机应设于列车运行方向的左侧。

②信号机的设置还应符合下列规定:

a. 信号机应根据行车组织需要设置。车站设进站和出站信号机;区间和站内道岔区设道岔防护信号机或道岔状态表示器;区间闭塞分区分界处设通过信号机。

b. 当采用列车自动防护系统(ATP)时可不设进站、出站及通过信号机。

c. 车辆段(场)设进段(场)信号机,根据需要可设出段(场)信号机,段(场)内设调车信号机。

d. 进站、进段(场)信号机及防护道岔的信号机设引导信号。

③信号显示应准确、清晰。

a. 地面信号显示应与车载信号显示的禁止、允许状态一致。

b. 地面信号为主体信号时,其信号显示熄灭或显示意义不明时,应视为禁止信号。

(2)车载信号。

①车载信号的显示应与地面信号显示的意义一致或含义相符,正确表示地面设备赋予车载设备的信息。

②车载信号的显示可根据车载设备功能、系统构成特点而具有不同的表示方式和内容。车载信号宜有列车实际速度、目标速度、目标距离、列车超速及设备故障等声光报警、表示。

③与自动停车设备结合运用的车载信号基本显示意义规定如下:绿色灯光表示按规定速度运行;黄色灯光表示注意或减速运行;半黄/半红色灯光表示停车报警,司机确认并准备停车;半黄/半黄色灯光表示道岔侧向限速;红色灯光表示强迫停车。表 10-3 列出了常用信号图形符号。

表 10-3　常用信号图形符号

名　称	图形符号	名　称	图形符号
红色灯光	●	空灯位	⊗
黄色灯光	◍	稳定绿灯	○
绿色灯光	○	稳定红灯	●
蓝色灯光	⊙	高柱信号	⊢○ ○⊣
月白灯光	◎	矮型信号	│○ ○│

4. 维护和检修

针对信号机，日常的维护工作包括：巡视信号机的基础结构是否有松动或者损坏、信号机的性能是否完整可靠、定期检修关键部件。

(1)巡检。

维护人员在平时巡检期间，检查信号机的外观是否完整，安装螺丝是否松动，保证信号机机构无损坏，透镜、遮檐状态良好，信号机光电无断点。

(2)测试。

主要测试每个信号机灯位的电压，检测灯丝警报仪是否存在限定值外报警。

(3)检修。

维修人员需要定期对信号机进行检修，检修的内容主要有：检查信号机防雷元件是否正常工作、机柱强度是否可靠、机构是否存在裂纹或者损伤、电气螺栓是否锈蚀或者松动、防水防尘措施是否有效等。

(4)信号机设备的调整。

维修人员需要对信号机设备进行电气参数的调整，主要工作是对点灯电压的调节、灯端电压的调整、发光信号参数的调整等。

10.4.3 应答器

应答器系统是一种采用电磁感应原理构成的高速点式数据传输设备，用于在特定地点实现地面与列车间的相互通信。应答器通过列车的车载设备点式信息接收天线发送的电磁能量并将其转化为工作电源，从而启动电子电路进行工作，将预先储存好的报文循环发送出去，直至能量消失（即应答器感应不到车载设备），列车接收到地面信息，为列车提供 ATP 所需的各种信息，包括进路长度、岔区长度、线路情况等信息，以保证列车安全运行。列车也可以根据接收到的信息确定列车在线路的精确位置。应答器在城市轨道交通系统中得到较广泛的应用，也同样适用于磁浮列车交通系统。

应答器的传输链路分为上下两条，上行链路指的是从地面应答器将固定信息和可变信息向车载系统传送，而下行链路指的是车载系统将行车信息发送至地面应答器。在目前的车地传输系统中，以上行链路的传输数据为主，而上行链路传送的数据主要包括：轨道区段信息、坡度信息、速度信息、车站相关信息、定位信息等。

应答器具有的功能是：接收电能信号，探测、解调远程能量信号。

应答器可分成两种：有源应答器（可变信息应答器）、无源应答器（固定信息应答器）。

1. 无源应答器

无源应答器的结构如图 10-5 所示。接收部分由变换器、检波器和电压调节电路组成，发送部分由信源编码器、调制电路、放大电路组成。通过报文读写工具可以改写无源应答器的数据报文,可以对无源应答器存储的数据报文进行读出、校核。

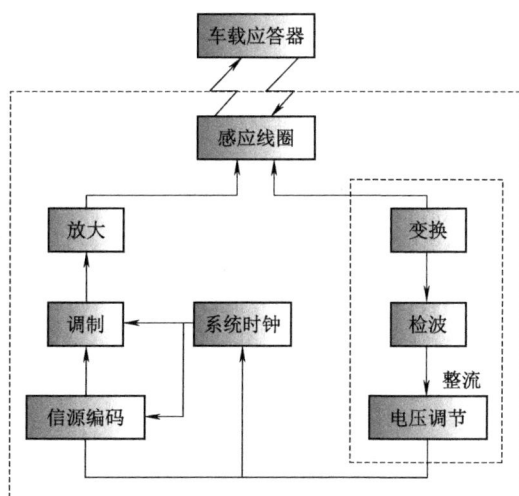

图 10-5　无源应答器的结构示意图

2. 有源应答器

有源应答器传输系统由可变信息应答器、轨旁电子单元(LEU)、车站信息编码设备和连接电缆组成,如图 10-6 所示。有源应答器接有车站信息编码设备,因此有源应答器内的数据报文可以随外部控制条件产生变化,例如设置于地面信号机旁的应答器,它将信号机的显示状态的数据信息通过应答器传送给列车,对应信号机的不同显示。

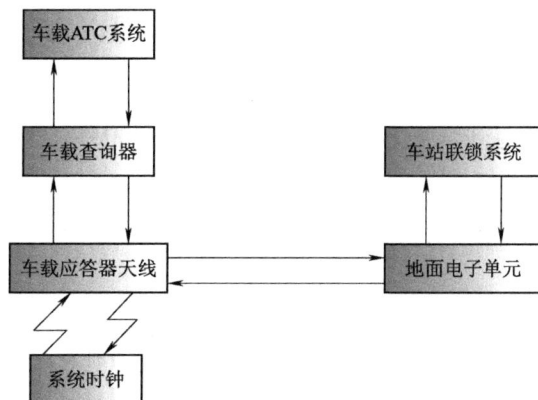

图 10-6　有源应答器的结构示意图

10.4.4　计轴设备

20 世纪 30 年代,随着欧洲铁路轨枕的钢枕化,代替轨道电路作为铁路区段空闲检查的计轴设备随之出现了。计轴设备是用来检查区间是否有列车或车辆的检查监督设备。集现代传感技术和计算机技术的优点,计轴设备越来越展现出其无比的优越性和广泛的发展空间,成为当今比较理想的铁路轨道区段、区间的空闲检查设备。

1. 优势

目前,国内外有可能在中低速磁浮交通信号系统中使用的辅助列车检测设备大体有环线、光电管(安全光幕)、计轴等3种。轨道环线系统主要通过敷设在轨道梁端部的环线接收列车发出的特征码,然后通过轨旁匹配变压器箱把信号返回到地面,经地面滤波解码后判断本区段是否被列车占用。轨道环线为带绝缘外皮非铠装的多股铜芯电源线,轨道环线本身并不特殊,但需配合轨旁及室内的相关设备使用。光电管也叫安全光幕,主要是利用红外线物理检测特性发送和接收红外编码信息,当红外探头一定数量光束被遮挡时,判断有列车进入,并通过并列且相距一定短距离的两个光电管动作的逻辑判断列车运行方向,通过区段两头的四套光电管判断列车出清和占用逻辑。环线、光电管、计轴用作辅助列车检测设备的比较如表10-4所示。

表10-4 环线、光电管、计轴用作辅助列车检测设备比较表

序号	检测方式	优点	缺点
1	环线	技术成熟,能同时完成列车检测和列控信息的传递	需要安装对应的车载及地面设备方可完成列车的检测功能,经济性差
2	光电管	价格适中,安装较为简单,产品本身较为成熟	多个工作车在区间进行分解与连挂时,该系统无法准确反映轨道占用状态;占用状态易受轨行区检修工作的影响;有一定的概率受暴雨、大雾等恶劣天气影响
3	计轴	经济性最好,为故障安全设备,成熟可靠	无明显缺点

计轴设备的最大优势在于它与轨道状况的无关性,这使其不仅具备检查长轨道区间的能力,而且也解除了长期因道床潮湿和钢轨生锈影响铁路正常运行的困扰。采用计轴设备组成的自动线路空闲检测系统,可以连续并可靠地监视道岔区段、交叉区段或轨道区段的空闲或占用。按照技术和经济原则,计轴设备是目前检测区间所使用的一个有效系统。

2. 计轴系统原理

磁浮计轴的原理与轮轨计轴一样,均是通过切割磁力线来引起磁场变化获取车辆位置。每个计轴的磁头各有两个磁感线的发送器和接收器。顾名思义,磁感线从发送器发送,从接收器接收。当列车经过计轴磁头的时候,计轴磁头的磁感线会发生变化,而计轴系统通过检测磁感线的变化来判断列车是否经过了计轴所包含的轨道区段,以及经过计轴的方向和列车的轮对数量,从而检测轨道区段的占用和空闲状态。

但由于磁浮列车没有可切割磁力线的钢轮,因此在每辆列车底部的前后位置都安装了一块感应板,用来切割磁力线,磁浮计轴的外形、安装方式与轮轨计轴均不相同。计轴设备

在磁浮交通中的安装方式如图 10-7 所示。

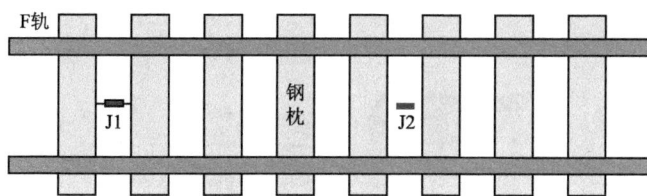

图 10-7　计轴传感器布置示意图

注：J1 和 J2 为计轴传感器，安装在两根钢轨之间。HJ〗

3. 计轴设备组成

整个计轴系统共分为三个部分：计轴探头、电子连接箱、计轴评估器。其中，计轴探头，电子连接箱及连接电缆组成计轴点装置为室外设备，计轴评估器根据从计轴点传来的信号，比较进入区间和离开区间的轴数是否相同，从而判断区间是否空闲。计轴评估器为室内设备，可通过调制解调器等设备与联锁设备相连。

(1)计轴探头。计轴探头实质上是一个基于电磁感应原理的双置传感器，其固定在钢轨上。无列车通过时，产生一定的磁场；当有列车通过时，磁场相位改变，从而可以判断有列车通过。

(2)电子连接箱通常安装在钢轨附近，其作用是产生信号，将其发送给计轴探头，并接收发回信号，再经处理后发送给计轴评估器。电子连接箱内还有防雷单元等模块。

(3)计轴评估器。计轴评估器为计轴子系统的运算单元，也是核心单元。其主要功能如下：处理从计轴点传来的信号；比较进入区段的轴数和离开区段的轴数，监测列车的完整性；监控线路区段，给出空闲或占用指示。

4. 设备维护

计轴设备维护项目包括：

(1)检查室外计轴设备传感器和连接电缆是否有机械损害，传感器安装是否接近并超过界限。

(2)检查电源输入(主机柜输入、防雷柜输入、防雷柜远供电源电压)是否符合标准。

(3)确认传感器返回的信号是否正常。

第11章 综合监控

11.1 概　述

中低速磁浮交通通常设置有综合监控系统（Integrated Supervisory Control System, ISCS），设置综合监控系统主要目的是用系统的方法将分散到各个设备或者区域的监控装置监控进行有机结合，实现中低速磁浮列车交通系统之间的信息共享互通，提高各个系统之间的协调配合能力。

中低速磁浮交通的综合监控系统应为实时监控与事务数据管理相结合的系统，综合监控系统集成的电力监控系统和环境与设备监控系统（Building Automation System, BAS）是综合监控系统的主体。设备监控系统（BAS）作为综合监控系统的子系统，主要负责中低速磁浮交通工程所有车站内的一般机电设备（如：照明、通风、空调、给排水、自动扶梯等）进行集中监视和管理，在满足环境调控的同时达到节约能源的目的。

综合监控系统采用了集成和互联方式构建，为提高反应速度，增强灾害事故的抵御能力，各种突发事件的应变能力，提高磁浮交通系统的运营管理水平，应将电力监控系统、环境与设备监控系统、火灾自动报警系统、闭路电视系统、广播系统、乘客信息系统、自动售检票系统、门禁系统、站台门系统、时钟系统、信号系统等列车自动监控系统根据运营管理和技术要求集成到综合监控系统中。

11.2　系统设计原则

综合监控系统以满足中低速磁浮交通系统运营及管理快捷便利、可靠安全为目标，结合技术与经济两大效益，保证与各集成入系统的设备间的信息数据快速、准确、可靠地传送。综合监控系统面向的对象是控制中心的行调、电调、环调、总调（值班主任）、信息调度、维调和车站的值班站长、值班员，在控制中心建筑、车辆基地、停车场都设置有综合监控系统，由于线路的运营管理体制不同，所以运营管理的功能需求也不同，在综合监控系统设计时应根据不同的功能需求确定系统的构建方式。

综合监控系统应设置中央级综合监控系统和车站级综合监控系统两个监控系统，搭配有网络管理系统和设备维护管理系统，并通过骨干网将中央级监控网、车站级监控网连接构成整个系统的网络。骨干网利用通信系统传输网络,也可独立成网,独立成网时宜采用冗余环形工业以太网。综合监控系统监控的现场设备宜采用以太网或现场总线接入综合监控系统的车站网络设备或通信处理机,中央级综合监控网络、车站级综合监控系统网络应采用冗余的工业以太网。

中低速磁浮交通的综合监控系统主要设计原则可参考以下内容:

(1)综合监控系统以满足运营方便、快捷、舒适、安全为目标,体现"以人为本"的思想,系统必须保证与各系统间迅速、准确、可靠地传送信息。

(2)综合监控系统集成的对象和集成的深度应以技术成熟、功能实用为基本原则,降低工程投资,提高性价比。

(3)综合监控系统的设计应充分考虑系统的安全性与可靠性要求,主要设备考虑冗余措施。系统采用分层分布式体系结构,三级控制、两级管理运行方式,系统应能全天候运行。

(4)当出现异常情况,综合监控系统应能迅速转变运行模式,为防灾和事故处理提供支持。

(5)综合监控系统的传输网络应层次清晰,数据传输时间、网络带宽应能满足综合监控系统的需要,并留有扩展余量。

(6)综合监控系统采用模块化开放式架构设计,预留一定的扩展能力。在换乘站应预留一定的条件,满足与邻线的数据交换和相关联动控制的要求。

(7)综合监控系统应能满足环境的要求,系统设计时必须充分考虑地下电气铁道的特性,采用抗电气干扰能力强的设备和电缆。

(8)选用的设备应技术成熟先进,性能可靠,布线简单,扩展方便,组网方式灵活,维修方便、成本低。

(9)综合监控系统与各集成互联系统的接口应该功能明确,接口界面清晰。

环境与设备监控系统(BAS)设计原则可参考以下内容:

(1)系统设控制中心、车站两级管理,实现中心、车站、就地三级控制。

(2)系统采用分级、分布式系统结构,即现场分散控制,中心集中管理。组成模式为:中央监控管理级—车站监控级—现场控制级(监控模块)—受控设备。

(3)BAS的监控范围除了本车站以外还包括相邻区间隧道的一半。对于换乘车站应作为一个整体建筑进行系统设计,对于工期同步或工期间隔较短的换乘站,宜结合运营要求及设备布置等具体情况采用集成方式,其中车站级监控系统应由先期建设的线路负责实施,并考虑后期建设线路引入的容量需求。

(4)系统监控点按预留10%~15%的余量考虑。

(5)系统底层控制网络规划应符合以下原则:

①满足集中管理、分布式监控要求;

②与系统规模相适应;

③尽量减小故障波及面,实现"危险分散";

④节约投资;

⑤系统更改、扩展、升级易于实现;

⑥系统配置简单,接口开放性好。

电力监控系统设计原则可参考以下内容:

(1)电力监控系统应能满足调度人员在控制中心对主变电所(或电源开闭所)、牵引供电系统及动力照明供电系统的主要设备运行状态进行监视、控制和测量的要求,使供电系统安全、可靠、经济地运行。

(2)电力监控系统应由控制中心的主站、各变电所子站和信息通道组成。

(3)电力监控系统主站的设计应包括:主站的位置,主站系统设备的配置方案,各种设备的功能、形式和要求,系统容量、远动信息记录格式和人机界面形式要求。

(4)电力监控系统通道的设计应包括通道的结构形式、主/备通道的配置方式、远动信息传输通道的接口形式和通道的性能要求。

(5)电力监控系统主站的结构方式宜采用以太网通信方式。

(6)电力监控系统应满足实时性、可靠性、可维护性和可扩展性的要求。

(7)电力监控系统的通信通道、系统服务器、调度员操作工作站应按冗余配置。

11.3 系统运营模式及基本功能

1. 系统运营模式

全线 ISCS 采用分级、分布式系统结构,系统的组成及运行管理流程满足:中央级—车站级—现场级—受控设备。

ISCS 按照线路的运行模式一般分为正常运行模式、阻塞运营模式、故障运营模式、火灾运行模式。

ISCS 监控内容满足运营实际需要,监控内容配置可参考现行中华人民共和国国家标准《智能建筑设计标准》(GB 50314—2015)、《地铁设计规范》(GB 50157—2013)等有关内容。

2. 基本功能

综合监控系统具备对被集成系统的监控和管理、对互联系统的信息采集和联动控制以及对中央级和车站级的全部运营管理、设备监控等功能。针对中低速磁浮交通运营的不同模式需求,综合监控系统按正常模式、火灾模式、故障模式、阻塞模式等四种工况模式进行考虑,火灾、故障、阻塞三种模式采用事件触发方式自动或人工强制进入,每种模式均对应不同的系统功能。

四种工况模式具体内容如下:

(1)综合监控系统正常模式功能。

当正常情况下,总调将负责综合监控系统及各子系统的调度与管理工作,协调相关业务台间的工作,共享网上各子系统的运行信息,协调完成相关调度台之间的配合工作,监视各系统设备的相关运行状态。

综合监控系统在日常监控管理模式下,运行控制中心(Operation Control Center,OCC)监控着全线各车站、各有关专业系统。根据预排时序和规定模式定时起停各种设备,并可根据列车运行信息、客流信息、环境探测参数调整供电、照明、环控、引导显示、售检票等系统参数,监控各系统工作状况。

(2)综合监控系统火灾模式功能。

当火灾发生时,根据现场的实际情况,制定相关的应急处理措施,及时决策,并监督防灾指挥台完成各项程序,有效指挥。

当车站、控制中心的现场探测设备确认火灾报警信息后,OCC自动转为防灾指挥中心,并自动切换到全系统的灾害模式。此时综合监控系统将综合现场报警信息、列车位置等有关的信息,使各有关系统协调工作。

控制中心的环调工作站,自动成为防灾指挥中心站,推出防灾指挥主画面。大屏幕系统可按火灾模式分割画面,成为指挥中心系统的显示窗口,向行调发送火灾报警信息。各车站环控系统、防排烟系统、消防泵站、屏蔽门、动力照明系统、门禁系统、广播系统、乘客资讯系统、闭路电视监控(Closed Circuit Television,CCTV)系统、自动售检票系统等,自动进入火灾模式,按照预定的方式,同时,自动进入相应的工作状态。

(3)综合监控系统故障模式功能。

指重大系统或设备发生故障时系统需要实施的工作模式,如发生环控设备故障、大范围停电事故、综合监控系统或相关系统重大故障等。当主要系统设备出现重大故障,影响地铁系统的安全运行或危及设备、人身安全时,综合监控系统自动进入故障模式,OCC大屏幕发出进入故障模式的消息,报警体系在OCC和各车站车控室提醒操作员进入故障模式,各有关系统也将协调互动。

(4)综合监控系统阻塞模式功能。

当地铁系统出现大范围断电、列车重大故障导致列车在站台、隧道区间运行受阻时,地铁运营部分受到影响时,综合监控系统自动进入阻塞工作模式,控制中心大屏幕发出进入阻塞模式的消息,报警体系在控制中心和各车站控制室提醒操作人员进入阻塞模式,监控地铁内各有关系统协调互动,使地铁的运行按阻塞工况进行。

11.4 硬件设备配置

综合监控系统主要是对机电系统设备的监控,与运营行车安全密切相关,车站内系统设备环境复杂,因此,对系统的安全性、可靠性、可维护性要求高,故对于硬件设备配置具有严谨的要求。

综合监控系统的硬件分为两层,中心级 ISCS 和车站级 ISCS。硬件由控制中心、车站、车辆段/停车场综合监控系统和其他辅助功能子系统硬件构成。

中央综合监控系统由网络设备、实时服务器、历史服务器、数据存储设备、调度工作站、综合显示屏、打印机、不间断电源、通信处理机等组成。网络设备、服务器、通信处理机通常采用冗余配置。

车站级综合监控系统由网络设备、服务器、工作站、通信处理机、不间断电源、综合后备盘和打印机等组成。网络设备、服务器、通信处理机通常也采用冗余配置。

1. 环境与设备监控子系统硬件配置

(1)中央级硬件配置。

①应配置两台操作工作站,并列运行或采用冗余热备技术;

②可配置一台维护工作站,监视全线环境与设备监控系统运行情况;

③可配置两台冗余服务器;

④应至少配置一台事件信息打印机及一台报表打印机;

⑤应配置在线式不间断电源,后备时间不应少于 1 h;

⑥可配置模拟屏或大屏幕投影系统,其设计应与周围系统协调;

⑦应与通信时钟系统同步;

⑧当环境与设备监控系统被综合监控系统集成时,中央级硬件设备应由综合监控系统设置。

(2)车站级硬件配置。

①宜配置工控计算机作为车站级操作工作站,也可由综合监控系统统一进行配置。

②应配置在线式不间断电源,后备时间不应小于 1 h。

③宜配置一台打印机兼作历史和报表打印机,也可综合监控系统统一进行配置。

④应配置车站控制室综合后备控制盘(Integrated Backup Panel,IBP),作为环境与设备监控系统火灾工况自动控制的后备措施,其操作权限高于车站和中央工作站,盘面应以火灾工况操作为主,操作程序应简便。当环境与设备监控系统被综合监控系统集成时,IBP 盘可由综合监控系统进行配置。

⑤操作工作站不应兼有网关功能。

(3)现场级硬件配置。

①宜采用可编程序逻辑控制器(Programmable Logic Controller,PLC)作为环境与设备监控系统的现场控制设备;

②控制器宜采用可扩展、易维修的模块化结构,并具有远程编程功能;

③输入输出(I/O)模块宜具有带电插拔功能；

④传感器、变送器、执行器应选用标准电信号输出或支持开放总线协议的产品；

⑤系统应具有抑制变频器谐波及防噪声干扰的措施。

2. 电力监控系统硬件配置

(1)主站硬件。应包括计算机设备(主机含磁盘阵列)与计算机网络、人机接口设备、打印记录设备和屏幕拷贝设备、通信处理设备、模拟盘或其他显示设备、不停电电源设备(UPS)、调试终端设备及打印设备。

(2)维修调度管理系统硬件。应包括计算机设备(主机)与计算机网络、人机接口设备、打印记录设备和屏幕拷贝设备、通信处理设备、不停电电源设备(UPS)、调试终端设备及打印设备。

11.5 软件基本要求

ISCS 软件部分的结构由数据信息接口层、数据信息处理层、人机交互接口层组成，其具体内容如下。

(1)数据接口层。

主要用于数据采集和协议转换，由 ISCS 系统设备前端处理器(Front End Processor, FEP)完成，FEP 对以数字信号接入的监控子系统进行数据交换及协议转换，同时，FEP 负责对 ISCS 与被监控对象的数据进行隔离，从而保证各子系统数据的独立性。

(2)数据处理层。

用于实时数据及历史数据的管理，主要由中心服务器及车站服务器构成，通过实时数据库和关系数据库实现 ISCS 中的应用功能。

(3)人机接口层。

用于处理人机接口，主要由操作站构成，通过从中心服务器及车站服务器来获取数据，在操作站上显示人机界面，来完成各种 ISCS 系统的监控操作。

对综合监控系统在软件设计方面的要求如下：①采用分层分布式软件架构；②设计模块化的软件结构；③应设计成开放系统，采用标准的编程语言和编译器，支持多种硬件构成，具有对不同制造商产品的集成能力，其中包括产品的接口协议、设备传输数据结、产品的工作模式。

在软件设计时，还需注意软件层面上便于进行拓展，并具备接入上层信息管理系统的功能。

环境与设备监控子系统软件要求可参考以下内容：①软件系统应与硬件系统配置相适应，应在成熟、可靠、开放的监控系统软件平台的基础上，按中低速磁浮交通 BAS 功能需求开发应用软件;②软件系统应采用模块化结构,并应具有良好的开放性和可扩展性;③应用软件应按中央级、车站级、现场控制级三层次编制;④软件体系应具备完整的系统维护和诊断功能,以及良好的人机界面。

11.6 系统网络结构与功能

中低速磁浮交通 ISCS 的网络系统结构分为三层,即主干层、局域层和现场层。具体功能如下:

(1)主干层。

主要用于控制中心与各车站、车辆段及停车场局域网的互联。全线车站、车辆段、停车场、控制中心配置双冗余以太网交换机,提供 100 M 双绞线以太网接口,同主干网连接。各个车站数据通过主干网传输到控制中心,控制中心通过主干网向车站下发数据。

(2)局域层。

局域网即控制中心、各车站、停车场、车辆段的内部局域网。中心级(含备用中心)局域网采用冗余的交换式 100/1 000 M 以太网,车站级局域网(含车站、停车场、车辆段、培训管理、设备管理维护、网络管理)采用冗余的交换式 100 M 以太网。

(3)现场层。

各子系统执行层面上的网络,包括 BAS、电力监控(Power Supervision Control and Date Acquisition)等子系统,采用工业控制以太网络或现场总线接入现场层。

11.7 系统设备布线及接地

1. 系统设备布线

综合监控系统设备布线和接地设计,做到确保人身、设备安全及设备的正常工作,应设置工作地线、保护地线、屏蔽地线和防雷地线。

不同楼层之间使用竖向布线,竖向布线宜采用电缆井敷线方式,强电和弱电电缆宜分别使用不同的电缆井分开敷设,并拉开一定的距离。每层的电缆井都应该满足人员进入、工程实施、维修检查、防火隔离及火灾自动报警系统探头安装、维护工作的要求。

同层之间使用水平布线,水平布线宜采用电缆夹层敷线方式(电缆楼层夹层、吊顶夹层、活动地板夹层),应根据夹层的具体情况,分层分区设置电缆桥架或汇线槽,将强电动力电缆和弱电电缆分开敷设,并拉开一定的距离。当采用电缆(楼层)夹层布线时,宜将通风系统、自动灭火系统等辅助系统设备设置在电缆夹层内。运营控制中心与中低速磁浮交通线路之间的敷线宜采用电缆隧道方式,便于维修、维护和扩展。

管线敷设必须采取抗电磁干扰措施,信号线与电源线不能共用一条电缆,也不能敷设在同一金属管内。采用屏蔽线时,需要保持屏蔽层的连续性,屏蔽层宜一点接地。

2. 接地

设计综合监控系统接电时,可参考以下内容:

(1)综合监控系统设备接地应设置工作地线、保护地线、屏蔽地线和防雷地线。

(2)综合接地系统的接地电阻不能大于 1 Ω,单独接地电阻不能大于 4 Ω。

(3)环境与设备监控系统的控制器和计算机设备宜根据相应产品或系统的要求采用一点接地或浮空地。

(4)所有环境与设备监控系统现场机柜均应接地。

(5)环境与设备监控系统的电缆屏蔽层宜采用同一点接地。

第12章 通风、空调与采暖、给水排水

12.1 概　　述

中低速磁浮交通系统的内部空气环境采用通风、空调或供暖系统进行控制,内部空气环境范围包括车站站厅、站台、出入口通道、车站内的设备及管理用房、区间隧道和其他辅助建筑。中低速磁浮交通的通风、空调与采暖、给水排水的功能如下。

1. 通风、空调和供暖系统

(1)中低速磁浮交通的通风、空调和供暖系统保证其内部空气环境能满足人员健康和设备正常运转的需要。

(2)当列车在正常运行时,保证中低速磁浮交通的内部空气环境在规定标准范围内。

(3)当车站内发生火灾事故时,具备防烟排烟、通风功能。

(4)空调系统采用微机控制,并有故障诊断功能,能够实现较为复杂的控制,工作可靠,占用客室空间少,便于查找故障。

2. 给排水系统

(1)车站给排水需满足车站生产、生活以及消防用水对水量、水质、水压的要求,保证车站以及车辆段排水通畅,为中低速磁浮交通安全运营提供服务。

(2)中低速磁浮交通的给排水系统,还需要对生活污水以及生产污水进行收集以及处理,其排放必须符合当地和现行国家排水标准的规定。

(3)生活给水系统主要负责检测、控制给水系统的状态、参数,保证系统的运行参数满足建筑的供水要求以及供水系统的安全。

12.2　空调冷源循环水系统

车站空调冷源循环水系统,简称水系统。水系统为车站、车辆基地、控制中心等区域或者车站设备管理用房空调器提供冷源。

1. 空调冷源

空调系统的冷源宜采用自然冷源,当无条件采用自然冷源时,可采用电动压缩式空调冷

源设备,其设计可参考以下内容。

(1)空调系统的冷源宜为自然冷源。当无条件采用自然冷源时,可采用人工冷源。

(2)设于地下线路内的空调冷源设备、应采用电动压缩式,不应采用吸收式冷水机组。

(3)冷水机组的选择应根据空调系统的负荷情况、运行时间、运行调节要求,结合制冷工质的种类、装机容量和节能效果等因素确定。

(4)在执行分时电价、峰谷电价差较大的地区,经技术经济综合比较,可采用蓄冷系统。

2. 冷冻机房

空调水系统设备除横流式冷却塔设于室外,其余设备均设于地下车站设备集中端的冷冻机房内。通过各种设备的组合运行,室内热量经空调末端→冷冻水→冷媒→冷却水→冷却塔散热至大气。其设计可参考以下内容:

(1)每座车站宜设置一座冷冻机房,冷冻机房应设置在靠近空调负荷中心的位置,宜与空调机房综合布置。

(2)冷冻机房应在考虑机房内各种风道、管道布置的前提下,预留制冷设备的运输、安装、维修、检修和测量所需空间,并应设排水设施。

(3)冷冻机房的通风设施应符合现行中华人民共和国国家标准《民用建筑供暖通风与空气调节设计规范》(GB 50736—2016)的规定。

(4)制冷剂安全阀泄压管应接至室外安全处。

(5)冷冻机房内仪表集中处应设局部照明。

(6)冷冻机房内冷水机组的选用不宜少于 2 台,可不设置备用机组;当只选用 1 台冷水机组时,宜选用多机头联控型机组。

3. 冷冻水系统

空调冷冻水系统采用定流量系统,在组合式空气处理机组、柜式空气处理机组、吊顶式空气处理机组、风机盘管等空调末端回水管路上设置电动二通阀,集水器和分水器间设置压差旁通控制器和旁通阀,通过压差调节流量,以满足设计要求。冷冻水系统的设计可参考以下内容:

(1)冷冻水系统应采用闭式水系统。

(2)冷冻水的补水量应为系统水容量的 1%,补水点宜设在冷冻水泵的入口处。

(3)冷冻水补水泵的扬程应比补水点压力对应水位高 3~5 m,小时流量宜为系统水容量的 4%~5%。

(4)冷冻水泵宜与冷水机组匹配。

(5)冷冻水管的保冷层厚度应按现行中华人民共和国国家标准《设备及管道绝热设计导则》(GB/T 8175—2008)中防止表面结露的保冷层厚度方法计算确定。

(6)冷却水应循环利用。

(7)冷却水的水质应符合现行中华人民共和国国家标准《工业循环冷却水处理设计规

范》(GB/T 50050—2017)的规定。

(8)冷却水的补水量应为系统循环水量的1%～2%。

(9)当冷却水的水温低于冷水机组的允许水温时,应进行水温控制。

(10)冷却水泵宜与冷水机组匹配。

(11)冷却水管应根据当地的气候条件保温处理。

(12)较大规模的空调水系统设置有分水器和集水器。

(13)冷水机组、水泵等设备的入口处,应安装过滤器或除污器。

(14)空调水系统应设置压力表和温度计等附件。

(15)表冷器处于负压端时应设置水封。

4. 冷却塔

冷却塔可设置在通风良好的地方,并与周围环境相协调,其噪声可参考现行中华人民共和国国家标准《声环境质量标准》(GB 3096—2008)的有关规定。多塔布置时,宜采用相同型号产品,积水盘下应设连通管,进水管和出水管上均应设电动阀。

12.3　通风与空调系统控制

在正常情况下,空调季节为站厅、站台层设备以及控制中心用房提供冷量和新风,非空调季节为站厅、站台层设备以及控制中心用房通风换气;当设备或者车站场所发生火灾时,通风与空调系统可配合其他灭火装置完成灭火,从通风管道排出由火灾产生的大量有害烟气,遏制烟气到处蔓延。

通风与空调系统可根据实际环境下气候状况和中低速磁浮交通系统的热负荷情况及变化规律,制定相对应的控制策略。其具体内容如下:

(1)地面和高架车站空调通风设备宜设就地控制、车站控制两级控制;

(2)地下区间隧道通风系统宜设就地控制、车站控制和中央控制三级控制;

(3)地下车站公共区通风系统宜设就地控制、车站控制和中央控制三级控制;

(4)地下车站设备及管理用房通风与空调系统宜设就地控制、车站控制的两级控制。

对于空调系统的布置设置可参考以下内容:

(1)车站有工艺要求的设备用房和管理、办公用房根据房屋性质和使用时间的不同,设备房间与人员房间分开设置分体多联机空调系统,夏季制冷,为设备提供正常运行的环境,同时也满足人员的舒适度要求。对于分布零散的房间(如:客服中心、安检等)采用分体空调,进行夏季空调制冷。

(2)车站的站厅平时采用自然通风;火灾时利用直接对外开启的门窗排烟。直接对外开启的窗的面积将大于站厅面积的2%。

（3）车站混合降压变电所、降压变电所、开关柜室设置轴流风机、机械排风、机械送风，通风量根据设备发热量计算。

（4）站厅层内区办公用房设置新风换气机组，新风量按每个工作人员每小时供应新鲜空气量不小于 30 m³ 计算。

（5）车站站厅层、站台层公共区不设采暖设施。车站管理、办公用房设置分体多联机空调系统，进行冬季采暖。对于分布零散的房间（如：客服中心、安检等）采用分体空调，进行冬季采暖。消防泵房、厕所等房间设电暖气采暖。

12.4　给 水 系 统

给水系统是车站、车辆段及区间生活、生产给水、消防给水和排水系统的总称，需满足车站、车辆基地、控制中心、供电变电所等建筑场所内工作人员的生活用水、空调通道系统的循环冷却用水、冷冻补充用水等需求。生活用水的水质应符合现行中华人民共和国国家标准《生活饮用水卫生标准》（GB 5749—2006）的规定，生活用水的水压应符合现行中华人民共和国国家标准《建筑给水排水设计规范》（GB 50015—2019）的规定。中低速磁浮交通应优先采用市政自来水；当沿线无城市自来水时，应采用其他可靠的供水水源。

车站的生产、生活给水主要用于车站的电开水间、厕所、站台冲洗以及其他生活、生产需要用水的地方。生产生活给水系统的组成包括：引入车站的给水管、水表、车站内的管道、冲洗用水栓、电开水器以及其他阀门等满足功能要求的配件。从引入车站的总的给水管路的其中一根接出生产、生活用水管，并设水表，生产生活给水管在车站内以枝状布置，引至各相应的用水点。

1. 给水系统应根据生产、生活和消防用水对水质、水压和用水量的要求，按下列规定选择

（1）车站生产、生活给水系统应利用市政自来水系统供水。当水压或水量不满足要求时，应设置加压装置或蓄水池。

（2）车站室内生产、生活给水系统应与消防给水系统分开设置，并应根据当地自来水公司的要求设置计量设施。

（3）当车站周围有城市杂用水系统且水质满足冷却水或冲厕用水要求时，宜采用分质给水系统，车站杂用水应与其他给水系统分段，并应采取防止误饮用措施。

2. 给水设计用水量定额应符合下列规定

（1）工作人员生活用水量应为 30～60 L/（人·班），小时变化系数应为 2.0～2.5。

（2）车站公共区域冲洗用水量应为 1～2 L/（m²·次），并应按每日冲洗 1 次且冲洗时间 1 h 计算；车辆段、停车场及综合维修基地车辆的洗刷用水量应为 1～1.5 m³/辆，变化系数应为 1.2～1.5。

(3)车站公共厕所用水量应按器具小时用水量计算。

(4)冷却循环系统的补充水量应按循环水量的 1%～2% 确定。

(5)公共建筑、浇洒道路和绿化等其他用水量及其变化系数应按现行中华人民共和国国家标准《建筑给水排水设计规范》(GB 50015—2019)执行。

(6)管网漏损及未预见用水量应为各项用水量的 10%～15%。

3. 给水管道布置和敷设时可参考以下内容

(1)车站生产、生活用水系统宜设计为枝状管网,并应由车站给水引入总管上引出一根给水管和车站生产、生活给水管连接。

(2)地下车站的生产、生活和消防给水管道宜由风道或人行通道引入。

(3)车站或隧道区间沿轨道敷设的给水管道,宜设在电气设备较少的一侧,且管道阀门和消火栓的设置不得侵入建筑限界。

(4)给水管穿越主体结构时应设防水套管。

(5)隧道区间设置冲洗水栓的间距不宜超过 100 m,车站、停车场及综合维修基地等场所设置冲洗水栓的间距不宜超过 60 m。

(6)由市政自来水管网引入的消防给水管上应设倒流防止器,给水管不得穿过变电所、通信信号机房、车站控制室和配电室。

(7)给水管设在有可能结冻或结露的场所时,应设计防冻或防结露保温设施;室外明敷的塑料给水管应有避免阳光直射的措施。

(8)管道的伸缩补偿器应按环境温度和管内水温变化计算确定,但管道穿过结构伸缩缝、变形缝、沉降缝时,应设置管道伸缩器和剪切变形装置。

(9)室内生产、生活给水管道宜采用钢塑复合管、铜管或薄壁不锈钢管等符合国家有关规定的管材;室外给水管道管材可采用塑料水管、有衬里的铸铁给水管、经可靠防护处理的钢管。生活饮用水输配水设备及防护材料的安全性应符合现行中华人民共和国国家标准《生活饮用水输配水设备及防护材料的安全性评价标准》(GB/T 17219—1998)的规定。

12.5　排　水　系　统

排水系统可分为废水排水系统、污水排水系统、雨水排水系统。排水系统能够及时排除车站、车辆基地、控制中心、供电变电所等建筑场所内工作人员的生活废水;及时排出地下区域的结构渗透水、冲洗水以及消防废水;及时排出地下车站出入口、高架车站以及区间内的雨水。

1. 废水排水系统

车站废水排水系统包括:设置于站厅站台层的地漏和排水立管、由轨道边沟汇集进入废水集水池的排水横管及套管、废水排水泵及其配套附件、阀门、压力排水管及室外的压力窨。消防泵房和变电所夹层内以及室外露天的垂直电梯和自动扶梯设废水集水井,各集水井内设两台废水提升泵,一用一备。

废水排水泵站的控制方式及监测有:

(1)水位自动控制(高水位启泵、低水位停泵)。

(2)就地手动控制。

(3)BAS 系统监测水泵的启停状态。

(4)高、低危险水位时通过火灾自动报警系统(FAS)/环境与设备监控系统(BAS)向中央控制室报警并显示位置。

2. 污水排水系统

污水排水系统的组成包括:厕所内排水横管、存水弯管、清扫口、排水立管、通气管、排入室外的埋地排水管道、排水检查井、化粪池及其他附属设施。各车站均设有管理人员使用的厕所以及公共厕所,污水排水系统用于收集各车站的生活粪便污水集中后排出车站,处理达标后排放,进入市政污水管道。

3. 雨水排水系统

雨水排水系统包括屋面雨水口、雨水立管、道路和广场的雨水口、埋地雨水管道等。二层站和三层站的屋面雨水设置雨水排水设施,雨水排水采用自流排放,排入市政雨水管道,屋面雨水系统设置见建筑合同。车站用地范围内的道路、广场的合适位置设置雨水口,收集车站用地范围内的雨水,采用管道系统自流排入车站附近的市政雨水管道。

4. 排水系统设计参照

(1)排水系统应采用分流制,污水和雨废水应分质收集和处理。

(2)地面或高架车站的排水应按重力流方式排放;地下车站的排水宜分类集中,当不能按重力流方式排放时,应设提升泵站。

(3)缺水城市和缺水地区符合建设中水设施的工程项目,应设置中水设施。

(4)当采用雨水作为中水水源或水源补充时,应有可靠的调储容量和溢流排放设施。

(5)站外生产、生活给水管道管径均采用聚乙烯(Polyethylene,PE)给水管,电热熔接头,室内生产、生活给水管道采用 1.0 级 PPR 给水管,热熔接头。室内重力排水管采用阻燃型排水塑料管,粘接,室外重力排水管采用高密度聚乙烯(High Density Polyethylene)波纹管,承插接口,室内外压力排水管采用镀锌钢管,卡箍接口。

5. 设计排水量标准参照内容

(1)生活污水排水量应按生活用水量的 95% 计算,小时变化系数应为 2.0~2.5。

(2)冲洗及消防废水排水量和用水量应相同。

(3)地下结构渗水量宜按 0.5~1 L/(m² · d)计算。

(4)高架区间、敞开出入口、敞开风井及隧道出入口的雨水泵站、排水沟及排水管渠的排水能力,应按当地50年一遇的暴雨强度计算,设计降雨历时应按计算确定;地面车站、高架车站屋面排水管道的排水设计重现期应按当地10年一遇的暴雨强度计算,设计降雨历时应按5 min计算;屋面雨水工程与溢流设施的总排水能力不应小于50年重现期的雨水量。

6. 排水泵站(房)的设置参照内容

(1)隧道区间主排水泵站应设在线路实际坡度最低点,每座泵站所负担的区间长度,单线不宜大于3 km,双线不宜大于1.5 km,主要排除结构渗水、冲洗及消防废水。当主排水泵站所负担的区间长度超过规定,而排水量又较大时,宜设辅助排水泵站或采取其他有效措施。

(2)地下车站排水泵房宜设在车站线路坡度的下坡方向的一端。

(3)地下车站局部排水泵房宜设在地面至站厅层的自动扶梯基坑附近、折返线车辆检修坑端部、地下车站站台板下及电梯井等不能自流排水而又有可能积水的低洼处。

(4)隧道洞口的雨水如不能自流排放时,应在洞口适当位置设排水泵站。

(5)排水泵站应配备2~3台水泵,其中1台应为备用水泵,排水泵宜设计为自灌式启动或选用潜污泵,潜污泵宜选用自带反冲洗装置。自动控制启动的排水泵每小时启动次数不宜超过6次。

(6)排水泵站的压力出水管设置不应少于2条,压力出水管连接地面管道系统处宜设置压力消能井。

(7)当排水中包含雨水或消防废水时,宜按最大水泵流量的5~10 min排水量设计,其余情况宜按最大水泵流量的10~20 min排水量设计。

7. 排水管渠的布置和敷设参照内容

(1)沿地下车站站厅、设备用房边墙,每隔50 m宜设一个DN75~DN100的地漏,排水立管应接入线路排水沟。在地面进入站厅的人行通道和站厅层相接部位,宜设横截沟并在沟内设排水立管,接入站台层线路排水沟。

(2)隧道内应设排水明沟,每隔20 m设一个检查坑,明沟的纵向坡度不宜小于3‰。

(3)地面车站、停车场、列检库、检修库、试车线的低洼处应设置排水设施。

8. 排水系统与BAS监控联调

(1)池水位高于启泵水位时,自动启泵,排水水位低于停泵水位时则自动停泵。

(2)池水位高于启泵水位时,启动备用泵。设备监控系统可控制消防泵、污水泵、废水泵起停及工开停状态、故障、水位报警等信号。

9. 管材选型可参照以下内容

(1)重力流排水管道宜采用阻燃型硬聚氯乙烯排水管及管件;

(2)压力排水管宜采用热镀锌钢管或钢塑复合管;

（3）虹吸压力流排水管宜采用承压塑料管或不锈钢管；

（4）室外排水管宜采用塑料管。

10. 排水设备配置与监控

生产、生活给水设备及排水设备的控制分为手动和自动两种方式，其故障状态信息会在车站控制室显示。

排水泵应采用液位自动控制、就地控制方式，在车站控制室远程控制车站和区间的主体排水泵、洞口雨水泵。

生产、生活用水加压设备采用自动调速或稳压装置，其他泵站（房）的机组启停均应采用自动控制，并应兼备手动控制和远程监控功能。

给水排水的监控应集中到环境与设备监控系统（BAS），消防给水系统的监控应集中到火灾自动报警系统（FAS）。

12.6 车辆基地给排水及消防系统

1. 车辆基地给排水系统

车辆基地给水系统是利用市政给水水源，生产、生活给水系统和室外消防给水管共用的环状管网给水系统。当城市自来水公司提供一根给水引入管时，生产、生活和室外消防水应分开布置；当城市自来水公司提供两根给水引入管，且市政供水压力满足最不利点室外消火栓的压力要求时，为减少车辆基地内给水管网的敷设数量，生产、生活给水系统与室外消防给水系统宜共用。但我国部分城市自来水公司要求室外生产生活给水系统与室外消防系统必须分设，因此，室外生产、生活与消防给水方案仍应征询当地市政供水部门的意见。

车辆基地的局部及临时排水泵房的废水如有可能宜排入线路排水沟，主要目的是减少管道长度，节省工程造价。应注意选用排水泵不能过大，且扬水管出口水流方向应和线路排水沟流水方向相同，保证不使出口压力水冲出排水沟。

车辆基地易遭受雨水倾入，应根据当地的暴雨强度计算排水量，合理确定排水泵站规模和排水设备性能及排水管道的管径。排雨水量按当地 50 年一遇的暴雨强度计算，设计降雨历时按计算确定。

2. 车辆基地消防系统

对于磁浮交通系统来说，人员密度大、流量多，一旦发生火灾等灾害，与地面其他建筑发生相同事故相比，灾害状况更加难以控制。发生火灾时，由于磁浮交通系统相对密封，出入口通常相对拥挤，降沉的一氧化碳等有毒气体、有害烟体得不到及时有效的排放，加大疏散人群窒息的可能性。同时，疏散路口狭小，通信、供电系统可能瘫痪，大大增加疏散以及救援的难度，因此消防系统对于中低速磁浮交通系统来说十分重要。

火灾自动报警系统(FAS)是侦测火灾早期预征、发出火灾报警信号,为人员疏散、遏制火势蔓延和自动启动一系列灭火装置的消防系统。

火灾自动报警系统确认火灾后直接会联动控制相应的消防救灾设备,但中低速磁浮交通系统有相当部分日常运行使用的通风、空调系统设备与防烟、排烟系统设备合用,同一设备在火灾或正常工况中均发挥应有的作用,且环境与设备监控系统(BAS)的监控内容设置完全满足 FAS 联动控制的需要。为避免对同一设备监控设施重复设置、减少投资、方便管理,中低速磁浮防烟、排烟系统设备合用时,由 BAS 执行联动控制,执行联动控制的 BAS 系统设备配置应符合现行中华人民共和国国家标准《火灾自动报警系统设计规范》(GB 50116—2013)的相关规定。

在车辆基地的车辆停放和维修车库、重要设备用房、存放和使用可燃气体用房、可燃物品仓库、车辆基地供电间等火灾危险性较大的场所应设置火灾探测器。

车辆基地的消防控制室集中设置,保证消防控制室之间能够相互传输、显示状态信息,但不宜相互控制。消防控制室能够监控保护区域内的火灾报警及联动控制系统、消火栓系统、自动灭火系统、防烟排烟系统、防火门与卷帘系统、消防电源、消防应急照明与疏散指示系统、消防通信等各类消防系统和系统中的各类消防设施,并显示各类消防设施的动态信息和消防管理信息。

车站基地消防系统主要包括消火栓、消防水箱、消防泵房等,其设计可参考以下内容:

(1)车站内消火栓用水量按实际防火分区体积计算,室内消火栓用水量不小于 15 L/s。室外消火栓系统由市政自来水管网接出环状管网,为低压消防系统,消防用水量按相应的建筑耐火等级、建筑物体积计算。

消防最不利点水枪充实水柱不低于 10 m。

(2)为避免冬季冻结危险并降低运营费用,消火栓系统采用干、湿式系统按季节交替运营形式,冬季采用干式系统运营,其他 3 季转换为湿式运营。泵房内设置快速启闭阀,管道高点设置自动排气阀。冬季运行时,消防泵房内局部有冻结可能部位设置电伴热保护。

(3)消防水池(箱)。市政自来水管网仅能提供 1 路水源的车站,设置室内和室外消防水池(箱)。室内消防水池(箱)内储存室内消防所需用水量;室外消防水池(箱)为过渡性设计,当城市市政给水管道在本工程建成前具备 2 路水源且满足消防用水量要求时,可取消室外消防水池(箱),改为利用市政自来水管网按低压消防设置室外消防管网。室外消防水池(箱)设置消防车取水口,水池(箱)内储存室外消防所需用水量。

(4)消防泵房。水压不满足消防要求的车站均在车站内设置消防泵房,泵房内设置消防加压、稳压设施。

加压泵房内设室内消火栓系统消防主泵两台,一用一备,稳压泵两台,一用一备。消防加压泵站设 2 条扬水管,水泵扬水管设置快速启闭阀(雨淋阀),阀前供水管道设置为环状。快速启闭阀前为湿式管网,动作时可快速打开为阀后干式管网充水。

稳压管网接至快速启闭阀前。稳压装置的稳压泵及气压罐的规格性能应按中华人民共和国国家建筑标准设计图集《消防增压稳压设备选用与安装(隔膜式气压罐)》(98S205)的规格选型。

(5)消防管道在车站的平面及竖向连通形成环状,在管道高点设置快速排气阀。

(6)车站室外给水管网和消防管网在市政引入水表井后分开单独设置,室外消火栓给水管网布成环状,当市政自来水管初期只能提供一路水源时,室外管网预留市政自来水管第2路水源引入阀门井,并由环状消防管网上接出2根补水管接入室外消防水池(箱)。

(7)消火栓设置

室外设置地下式消火栓,型号 SA100/65 型,由室外环状消防管网接出,沿消防车道布置,设置位置需考虑整座车站消防灭火要求。

车站内站厅层和站台层一般均设单口消火栓,特殊情况下设双阀双出口消火栓,消火栓交错布置。车站内消火栓间距应按计算确定,按两股水柱同时到达任一着火点考虑。单口消火栓间距一般不大于 30 m,双口消火栓一般不大于 40 m。

车站设大型消火栓箱,上部设 DN65 的单口单阀或双口双阀消火栓,并设自救式软管卷盘一套,下部设磷酸铵盐干粉灭火器。车站及人行通道消火栓箱暗装,为满足装修要求个别部位消火栓在不影响疏散前提下可采用明装。消火栓箱内均应设水泵启动按钮及报警按钮。消火栓参照中华人民共和国国家建筑标准设计图集《室内消火栓安装》(04S202)-21 中丙型、丁型带灭火器箱组合式消防柜设计。

(8)水泵接合器的设置:水泵接合器设置在车站室外出入口附近,以利于消防车向室内管网直接供水为原则,并保证水泵接合器的 15~40 m 范围内有室外消火栓。

(9)消火栓系统控制方式:泵房内手动控制、消防水泵和稳压泵出水管上的远传式压力表及车站控制室通过火灾自动报警系统确认后启动等方式。火灾自动报警系统同时监测消火栓泵的工作状态。

12.7　其　　他

车站、车辆基地及供电各变电所等地面相关建筑的通风、空调与供暖系统的设计在满足设计工艺要求的前提下,可参照地面建筑现行有关规范的内容。

中低速磁浮交通在地面的其他建筑的通风、空调与供暖系统的设计方案可根据建筑物的用途、功能、使用要求和设备运行需求等,结合国家有关安全、环保、节能等方针、政策,从技术、经济效益两方面综合确定。

第 13 章　车站其他机电设备

13.1　自动扶梯、电梯

13.1.1　自动扶梯

1. 自动扶梯构成

自动扶梯作为城市轨道交通车站中方便行人在建筑楼层间上下的运输工具,由一台特种结构形式的链式输送机以及两台特殊结构形式的胶带输送机组成。自动扶梯有以下特点:

(1)输送能力大,能运送大量乘客;运送客流量均匀,具有连续运送乘客的能力。

(2)能够上下逆转。

自动扶梯由一系列的梯级基于两根牵引链条连接在一起,在事先制作形成并布置好的闭合导轨上运行即形成自动扶梯的梯路。在梯路的工作段以及过渡段中,梯级必须严格保持水平以供乘客站立。为了使乘客扶持方便,在扶梯两侧设置了与梯路同步运行的扶手带装置。

自动扶梯的主要部件有梯级、张紧装置、梯级导轨、扶手、牵引链、框架结构、主传动系统(包括电动机、减速装置、制动器及中间传动环节等)、梳板和驱动装置等。

自动人行道作为一种运载人员的连续输送机械,与自动扶梯相比,其特点为:

(1)运动路面为平的路面,而不是形成阶梯形式梯路;

(2)自动人行道也能进行一定角度($\alpha = 12°$)的倾斜输送;

(3)也适用于输送人员流量大的公共场所。

自动扶梯以及自动人行道的现场实物如图 13-1 和图 13-2 所示。

图 13-1　自动扶梯　　　　　　　图 13-2　自动人行道

2. 自动扶梯设计基本内容

(1)扶梯设计可参照以下内容。

①当车站出入口的提升高度大于 6 m 时,宜设置上行自动扶梯;当提升高度大于 12 m 时,宜设下行自动扶梯,其具体设置条件见表 13-1。

表 13-1　自动扶梯设置条件

提升高度 H(m)	上行	下行	备用
H≤6	自动扶梯	—	—
6<H≤12	自动扶梯	*	—
12<H≤19	自动扶梯	自动扶梯	*
H>19	自动扶梯	自动扶梯	自动扶梯

注: * 表示重要车站也可设置自动扶梯。

②自动扶梯基本参数设计内容:运行速度不应小于 0.5 m/s,宜选用 0.65 m/s,倾斜角度不宜大于 30°;自动扶梯的连续运行时间每天不应少于 20 h,每周不应少于 140 h,每 3 h 应能够以 100%制动载荷连续运行 1 h。

③自动扶梯相对布置时,两自动扶梯之间的距离不宜小于 20 m。

④自动扶梯的传动设备、结构以及装饰件材料应当符合中华人民共和国国家标准《城市轨道交通技术规范》(GB 50490—2016)的规定。

⑤事故疏散用自动扶梯,应按照一级负荷供电。

⑥自动扶梯应当设置地级和车站级控制装置。

⑦扶梯所在位置要避开变形缝,如确实无法避免,必须提前跟扶梯专业沟通,且向扶梯专业提供变形缝的位置、水平变形量和沉降变形量的范围。

⑧紧急情况下,自动扶梯的运营模式为:车站内下行自动扶梯停止;上行的自动扶梯可继续向上运转;出入口的自动扶梯全部停止。因此,各车站设计工点在验算紧急情况下车站是否满足事故疏散时间时,须按上述的方式参考式(13-1)计算:

$$T = 1 + \frac{M_1 + M_2}{0.9[C_1(N-1) + C_2 B]} \tag{13-1}$$

式中　M_1——列车乘客数;

　　　M_2——站台上候车乘客以及站台上工作人员数,候车人数按照列车发车 30 对/h,工作人员一般按照 20 人计算;

　　　C_1——自动扶梯通过能力(人/min);

　　　C_2——人行楼梯通过能力(人/min);

　　　N——自动扶梯台数;

　　　B——人行楼梯总宽度(m)。

参考中华人民共和国国家标准《地铁设计规范》(GB 50157—2013),在进行自动扶梯通过能力验算时,站台层事故疏散时间应按照不大于 6 min 验算。

(2)扶梯提升高度的计算内容。

自动扶梯的提升高度 H 指的是扶梯上端部踏板相连接处装修后地面的绝对标高和与扶梯下端部踏板相连接处装修后地面的绝对标高之差。由于车站有坡度,因此自动扶梯的提升高度并不是层高。自动扶梯的提升高度 H 可参考式(13-2)、式(13-3)。

当扶梯顺坡布置时:

$$H_2 = [(L_{\text{平上}} + L_{\text{平下}}) \times \sin \alpha + H_1] / [2 \times \sin(30° - \alpha)] \tag{13-2}$$

$$L = (L_{\text{平上}} + L_{\text{平下}}) + 1.732 \times H_2 \tag{13-3}$$

当扶梯逆坡布置时:

$$H_2 = [H_1 - (L_{\text{平上}} + L_{\text{平下}}) \times \sin \alpha] / [2 \times \sin(30° + \alpha)] \tag{13-4}$$

$$L = (L_{\text{平上}} + L_{\text{平下}}) + 1.732 \times H_2 \tag{13-5}$$

式中　H_1——车站层高(m);

　　　H_2——扶梯的提升高度(m);

　　　L——扶梯井道全长(m);

　　　α——arctan(2/1 000),(arctan(2/1 000)表示车站 2‰的坡度;不同坡度时,α 值不同;当坡度为零时,扶梯提升高度等于层高)。

　　　$L_{\text{平上}}$——扶梯上工作点至扶梯上端的距离;

　　　$L_{\text{平下}}$——扶梯下工作点至扶梯下端点的距离。

备注:当 $H \leqslant 15$ m 时,$(L_{\text{平上}} + L_{\text{平下}}) = 9\ 400$(mm);当 $H > 15$ m 时,$(L_{\text{平上}} + L_{\text{平下}}) = 9\ 400$(mm)。

(3)自动扶梯运行模式。

①正常情况下,在每天磁浮列车运营开始前和结束后,车站工作人员现场确定没有乘客使用扶梯时才能将自动扶梯启动或关停。

②在遇到火灾时,自动扶梯的运行模式主要有以下 3 种:

a. 在火灾情况下自动扶梯接受环境与设备监控系统或者火灾报警系统的火灾警报信号后自动控制,参与疏散行动,为了保证人员安全与设备安全,与疏散方向相一致的扶梯继续运行,其他扶梯自动关停。

b. 在火灾情况下由车站控制室综合后备盘控制,这种控制模式要求控制扶梯停梯时,必须通过闭路监视系统确定扶梯上没有乘客才能操作,在火灾时此运行模式火灾报警系统需要对扶梯进行延时操作。因此,火灾情况下,自动扶梯按照原有运行方向继续运行。

c. 在火灾情况下,自动扶梯可接受环境与设备监控系统或者火灾报警系统的自动控制,同时在综合后备盘设置紧急停梯按钮。

13.1.2　电　　梯

1. 电梯系统构成

电梯作为一种运送乘客或货物的间歇动作的升降机械,是现代建筑物中必不可少的配套设施之一。电梯按照驱动方式可分为曳引电梯、交流电梯、直线电机驱动电梯、齿轮齿条电梯、液压电梯等。考虑到安全性与节能效率,目前应用最为普遍的是曳引驱动电梯。根据电梯运行过程中各个组成部分发挥的作用与实际功能的不同,可将电梯划分成 8 个相对独立的系统,如图 13-3 所示。

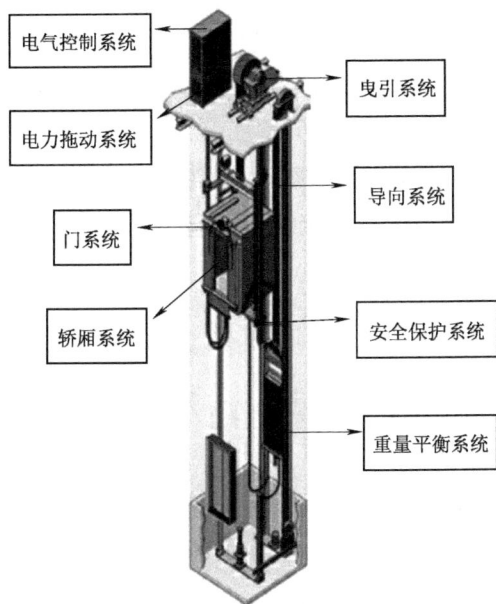

图 13-3　电梯系统构成

(1)曳引系统:它是由曳引机、曳引钢丝绳、导向轮、反向绳等部分组成的,主要功能是输出与传递动力,拖动电梯的升降。

(2)导向系统:导向系统由导轨、导靴和导轨架组成。它的作用是限制轿厢和对重的活动自由度,使得轿厢和对重只能沿着导轨做升降运动。

(3)轿厢系统:轿厢由轿厢架以及轿厢体组成,轿厢作为电梯的工作部分用来装运并保护乘客或货物。其中轿厢架的主要功能为承重厢体。

(4)门系统:包括轿厢门、层门、开关门系统等,门系统的主要功能为保护乘客与货物的安全,其在电梯运行时必须关闭。

(5)重量平衡系统:包括对重装置以及重量补偿装置,其目的为相对平衡轿厢的重量。

(6)电力拖动系统:包括曳引电动机、供电系统、电动机调速等装置。电力拖动系统的功能不仅是为电梯提供动力,同时实时控制电梯的运行速度。

(7)电气控制系统:电气控制系统包括控制柜、位置显示装置、操纵箱等。该部分的功能为操纵和控制电梯的运行。

(8)安全保护系统:分为包含限速器、安全钳等的机械保护装置以及包含超速保护装置等的电气保护系统两部分。安全保护系统的功能为确保电梯的安全使用。

2. 电梯的基本内容

(1)在车站付费区内,岛式站台至站厅层应设置一部电梯,侧式站台每侧设置一部电梯,地下站有一个出入口设置一部垂直电梯。

(2)电梯选用客货两用无机房曳引电梯,当不满足无机房电梯布置的要求时,宜选用液压电梯,当选用液压电梯时,宜在井道的侧面设置机房。若需要在室外设置液压电梯,应同时设置液压部分的冬季防冻保温装置。液压电梯的设计应当符合现行中华人民共和国建筑工业行业标准《液压电梯》(JG 5071—1996)的规定。

(3)当设置曳引驱动电梯用于运送乘客时,应当满足乘坐轮椅者以及盲人的使用要求。电梯的额定载重不应小于 0.63 m/s,额定载重不应小于 800 kg。电梯宜选用双扇中分门,且开门宽度不宜小于 1 m/s。

(4)当电梯兼做消防电梯时,应当按照一级负荷供电。

13.2　安全门/屏蔽门

安全门/屏蔽门是指安装在车站站台边缘,以玻璃幕墙的方式隔离开站台区域与轨道区域的设施,列车到达时,玻璃幕墙上电动门开启供乘客上下列车。

屏蔽门按照设置的高度可分为两种类型:全封闭型屏蔽门、半封闭型屏蔽门。全封闭式屏蔽门采用自下而上的玻璃隔墙和活动门,沿车站站台边缘和站台两端头设置,把站台乘客候车区与列车进站停靠区域分隔开;半封闭型屏蔽门高度比全封闭型屏蔽门矮,该型式采用道上不封顶的玻璃隔墙和滑动门或不锈钢篱笆门。现场实物如图 13-4 所示。

图 13-4　安全门/屏蔽门

1. 系统组成

安全门/屏蔽门系统属于机电一体化设备,该系统主要由门体、门机、控制系统、电源系统组成,如图 13-5 所示。

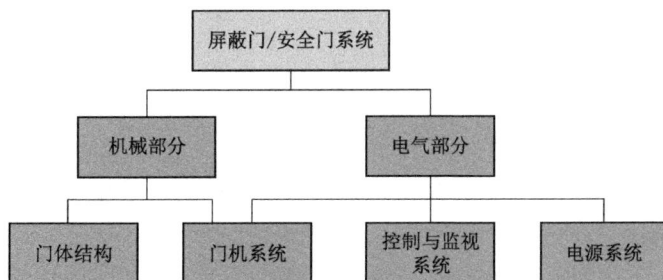

图 13-5 屏蔽门/安全门系统构成

(1)门体结构:安全门主要包括门框结构、固定门、滑动门门、广告灯箱门、司机门及端门等部分;屏蔽门主要包括顶箱、门框结构、顶梁、立柱和滑动门、应急门、端门、固定门等部件。

(2)门机结构:主要由门控单元(DCU)、传动装置、电动机与机箱组件、门锁紧装置、应急门检测开关、金属电缆槽等部分组成。

(3)电源系统:包括驱动电源、控制电源、系统配电柜(PDP 柜)等部分。安全门/屏蔽门系统的供电电源为一级负荷。

(4)控制与监视系统:主要分项包括屏蔽门主控制器(PEDC)、站台操作盘(PSL)、屏蔽门监控器控制回路(PSA)。

2. 安全门/屏蔽门的基本内容

中低速磁浮车站站台屏蔽门应相对于站台计算长度中心线向站台两边对称布置,滑动门应与列车门一一对应设置。滑动门的开启净宽度不宜小于车辆门宽度加停车误差。高站台屏蔽门高度不宜小于 2.0 m,低站台屏蔽门高度不应小于 1.2 m。

应将站台内侧开启的端门设于站台屏蔽门的端部。沿站台长度方向应设应急门,每一侧应急门数量不应少于 2 处。站台屏蔽门应能够实现在站台侧或轨道侧手动控制每一扇滑动门。

站台屏蔽门供电应采用一级负荷,且驱动电源的备用电源容量应保证 30 min 内全部滑动门能够开关 3 次,控制电源的后备电源容量应能够使系统满负荷持续工作 30 min。

安全门/屏蔽门对车站顶梁及车站站台板的垂直负载按 4 000 N/m² 设计,水平负载按 2 500 N/m² 设计,作用方式为集中力。

在安全门/屏蔽门起点、终点里程位置处设备房的布置可满足下列内容:

(1)若参数 A 大于 2 500 mm,则站台范围内设备房外墙装修完成面与站台边的距离 B 不小于 3 000 mm。

(2)若无法保证 B 大于或等于 3 000 mm,需调整设备房的布置,使设备房不超出屏蔽门端门 2 500 mm,即参数 A 小于 2 500 mm。

(3)若参数 B 小于 3 000 mm,在安全门/屏蔽门应急门设置区域附近,预留净宽度不小于 2 000 mm 的横向通道,作为应急疏散时的疏散通道,且保证参数 A 小于或等于 2 500 mm。

端门单元宽度全线设计时统一按照 2 500 mm 的标准,若设备墙体到站台边缘的距离大于 2 500 mm,端门单元与构造柱间的间隙由建筑装修来专业封堵。

3. 安全门/屏蔽门的控制方式

安全门/屏蔽门的控制方式设置有系统级控制、站台级控制和手动操作三级控制方式。

(1)系统级控制。

系统级控制即执行系统信号命令,实现正常运行模式。在正常运行模式下,列车到站且停在误差允许范围内,司机操作列车开门按钮,信号系统接受开门信号,经过对比后向屏蔽门门控单元发出解锁开门命令;列车准备驶出站台时,司机操作列车关门按钮,屏蔽门系统接收到经过信号系统传输过来的关门命令信号之后,由门控单元来关闭滑动门,在所有的滑动门都关闭锁紧之后,门控单元向屏蔽门系统反馈"闭锁信息",列车此时可驶出站台。

(2)车站级控制。

车站级控制即执行车站信号命令,实现非正常运行模式和紧急运行模式。

①当列车在非运营期间进行系统测试时,可操作设置在车控室内的综合后备盘,实现对整侧屏蔽门的开关控制(非正常运行模式)。

②当出现紧急情况时,如列车火灾、站台、站厅等处发生火灾时(紧急运行模式),可操作设置在车控室内的综合后备盘,实现屏蔽门的紧急运行模式。得到授权的车站工作人员可用专用的钥匙开启车控室内综合后备盘上的操作允许开关,并操作开门/关门按钮,对整侧屏蔽门进行开关控制。

③综合后备盘控制是由车控室的站务人员,经授权后在综合后备盘上对屏蔽门进行紧急开/关门的控制。

④开门操作,站务人员用钥匙开关打开综合后备盘盘上的操作允许开关,此时综合后备盘盘上"综合后备盘操作允许指示灯"点亮。站务人员在综合后备盘上发出开门命令,屏蔽门开始打开,中央接口盘面板、站台控制盘及综合后备盘上的所有滑动门/应急门关闭且锁紧状态指示熄灭。

⑤关门操作,站务人员在综合后备盘上打开操作允许开关后发出关门命令,综合后备盘上操作指示灯点亮,屏蔽门开始关闭。当屏蔽门全部锁闭后,站台控制盘及综合后备盘上的所有滑动门/应急门关闭且锁紧状态指示灯点亮。站务人员用钥匙开关关闭综合后备盘上的操作允许开关,此时综合后备盘上的"综合后备盘操作允许指示灯"熄灭。

⑥开首、尾门操作,在发生火灾或紧急情况下,为配合站台火灾排烟模式,转动综合后备

盘"综合后备盘操作允许"开关位置,按下"开首、尾门"按钮后,屏蔽门将按照命令打开对应位置首、尾两道滑动门。当乘客全部撤离后,屏蔽门由专人按"关门"按钮关闭屏蔽门。屏蔽门开启和关闭的状态信息要通过在综合后备盘上的相应指示灯显示出来。

(3)站台级控制。

站台级控制即执行站台信号命令,实现非正常运行模式。站台工作人员在站台操作盘上进行操作控制。站台级控制能够解除滑动门或者应急门和信号系统的互锁,强制发出闭锁信息,从而令列车尽快离站。

①控制要求。当系统级控制方式不能打开或关闭滑动门时,如列车处于人工驾驶状态、信号系统发生故障、屏蔽门自控系统故障等情况,站台工作人员可通过就地控制盘对滑动门进行开门、关门操作,实现屏蔽门的站台级控制。当个别滑动门由于故障而无法发出"滑动门关闭且锁紧"信号时,站台工作人员在人为保障安全的条件下,即在确认没有乘客或物体夹在滑动门中间后,通过专用的钥匙操作位于站台端头控制盒上的"互锁解除"开关,向信号系统发送允许列车离开站台指令,此时声光告警装置停止声光报警。

②开门操作。列车驾驶员或站务人员用钥匙开关打开站台就地控制盘上的操作允许开关,此时站台就地控制盘面板上"站台就地控制盘操作指示灯"点亮。列车驾驶员或站务人员在站台就地控制盘发出开门命令,屏蔽门开始打开,中央接口盘面板、站台就地控制盘及综合后备控制盘上的所有滑动门/应急门关闭且锁紧状态指示熄灭。

③关门操作。列车驾驶员或站务人员在站台就地控制盘上打开操作允许开关后发出关门命令,站台就地控制盘上操作指示灯点亮,屏蔽门开始关闭,当屏蔽门全部锁闭后,站台就地控制盘及综合后备控制盘上的所有滑动门/应急门关闭且锁紧状态指示点亮。列车驾驶员或站务人员用钥匙开关关闭站台就地控制盘上的操作允许开关,此时站台就地控制盘上的"站台就地控制盘操作指示灯"熄灭。

④门关闭后无法发车。当屏蔽门全部关闭后,所有滑动门/应急门关闭且锁紧信号丢失或信号系统无法确认门是否屏蔽门锁闭而不能发车时,列车驾驶员或站务人员用钥匙开关打开站台就地控制盘上的操作允许开关,此时中央接口盘面板上的"站台就地控制盘操作指示灯"点亮。列车驾驶员或站务人员在站台就地控制盘上再启动"滑动门/应急门互锁解除"开关进行互锁解除的操作,"滑动门/应急门互锁解除指示灯"点亮,此时可允许列车发车。

(4)就地控制级。

就地控制级即执行就地信号命令,实现非正常运行模式。就地级操作控制有以下五种方式:

①用就地控制盒开、关滑动门:当站台上的个别滑动门发生故障无法自动打开时,站台工作人员可用站台侧操作门体上方的就地控制盒开关滑动门。

②当个别滑动门发生故障,且使用就地控制盒也无法打开时,站台工作人员根据需要,也可在站台侧用专用钥匙打开滑动门。

③站台工作人员还可以根据需要,在站台侧用专用钥匙打开应急门和端头门,但打开应

急门时必须确认行车安全,当站台区域没有列车,或列车虽在站台区域但没有完全停稳的情况下,禁止打开应急门。

④在轨道侧可用手动方式打开屏蔽门,打开方式有以下几种:

a. 在轨道侧可用滑动门上的开门推杆打开滑动门(当滑动门发生故障无法开门时)。

b. 在轨道侧操作应急门上的开门推杆打开应急门(当发生列车停位不准等非正常情况,乘客无法通过滑动门下车时,乘客可在应急门上推动开门推杆,手动打开应急门,向车站疏散)。

c. 在轨道侧操作端头门上的开门推杆打开端头门(当隧道内发生火灾需要在隧道内停车时,乘客将从车厢疏散到隧道内,乘客可通过设置在端头门上的开门推杆打开端头门,并通过端头门进入站台)。

⑤手动解锁操作是由站台人员或乘客对屏蔽门进行的操作。当控制系统电源故障或个别屏蔽门操作机构发生故障时,站台工作人员在站台侧用钥匙或乘客在轨道侧用开门把手打开屏蔽门。此时,屏蔽门控制系统上的所有滑动门/应急门关闭且锁紧状态指示灯熄灭。

13.3　自动售检票

1. 概述

自动售检票系统(AFC)是用于解决自动售票、检票、清分、结算、票务管理的一系列设备构成的系统,它是融合计算机技术、信息收集和处理技术、机械制造于一体的控制系统和信息管理系统,具有很强的智能化功能。自动检票系统采用非接触式 IC 卡作为电子车票信息存储、传递介质,实现封闭式的票务管理。自动检票系统如图 13-6 所示。

图 13-6　自动检票系统

2. 系统构成

自动售检票系统在网络规划上根据功能由低到高可分为五个层面,分别为:轨道交通清分中心系统和其他行业收费清算中心系统组成的清分清算层、线路中央计算机系统组成的中央层、由车站计算机系统组成的车站层、车站终端设备层以及车票层,如图 13-7 所示。

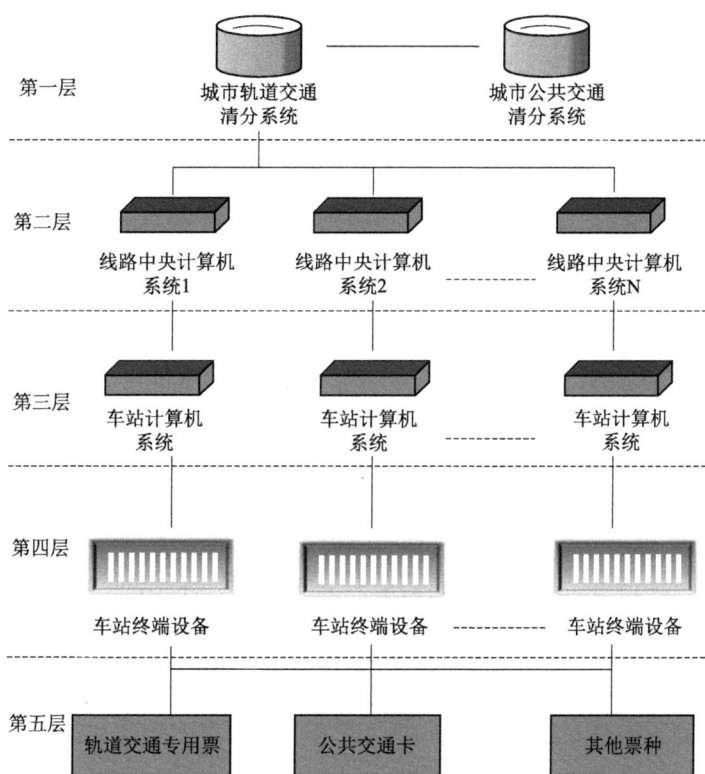

图 13-7　自动售检票系统示意图

车站自动售检票系统架构如图 13-7 所示,下面介绍各个部分的内容。

(1)城市轨道交通清分系统(ACC)。

该系统是城市轨道交通网络化运营条件下自动售检票系统的管理中心。主要完成账务清分、数据管理、客流分析、运营参数管理、安全管理、票卡发行、票务管理、系统监控、公共信息发布及与外部系统互联等功能,可适应多线路自动售检票系统联网运营模式。该系统通常包括通信前置子系统、清分管理子系统、票务管理子系统、运营管理子系统、安全管理子系统、票卡发行子系统、信息管理子系统、系统管理子系统、测试培训子系统、决策支持子系统和异地灾备系统等。该系统还负责与轨道交通以外的系统(如公共交通卡清算中心、银行卡交换中心等)进行互联和数据交换,是整个自动售检票系统中功能最复杂,数据处理要求和安全性要求最高的系统,技术实施难度很高。一般而言,每个城市的轨道交通投资仅会建设一个轨道交通票务清分系统。

城市轨道交通清分系统包括磁盘阵列、两台冗余配置的服务器、工作站、交换机、打印机、编码分拣机、局域网设备等部分。清分系统设在票务清分中心。清分系统的主要功能有：

①清分中低速磁浮交通间、中低速磁浮交通与轨道交通线间以及中低速磁浮交通与当地城市交通卡清算系统间的交易数据以及其他小额交易数据，管理轨道交通专用票黑名单与参数。

②对清分规则进行保存和调整，能够进行清分规则的切换。

③能够进行交通各线路自动售检票系统和相关系统的数据交换，且有效隔离清分系统和各互联系统的数据。

④负责包括设备资料、运营资料、系统代码资料、系统时钟、操作资料等在内的相关运营资料的管理。

⑤能够实现参数管理、数据审核、权限管理、系统运作模式管理、时钟管理。

（2）线路中央计算机系统（LCCS）。

线路中央计算机系统是各线路的自动售检票系统的管理与控制中心，是自动售检票系统系统的核心，由中央计算机、初始化编码机、打印机、工作站以及不间断电源 UPS 组成。该系统负责线路自动售检票系统整体与城市轨道交通清分系统进行交互，负责管理线路系统运营，管理线路内各车站系统，实现线路自动售检票系统的运营管理。该系统是线路自动售检票系统的运营管理中心和票务交易数据存储、管理和分析中心，用于监控和管理线路自动售检票系统的运营和各种业务报表处理。该系统可以接收城市轨道交通清分系统下发的运营参数并下发至车站计算机系统，同时接收车站计算机系统上传的各类交易和管理数据，并按照城市轨道交通清分系统的要求上传。该系统层规定了对该线路的车票票务管理、运营管理及系统维护的技术要求。

一般而言，每条城市轨道交通线路都会设置一套线路中央计算机系统。线路中央计算机系统负责全线路级的内容如下：

①监视系统运行状态，对运营数据进行统计、分析、查询。

②从城市轨道交通清算系统接收车票调配指令，负责在本线路流通的车票调配。

③建立自动售检票系统数据库，接受并存储从所有车站为监控计算机上传的票务收入、客流量以及维修数据。

④向车站计算机系统和车站终端设备下发指令信息。

⑤进行车票跟踪、管理、分拣编码赋值，管理黑名单。

⑥具有包括用户管理、通信管理、时钟管理、设备维护在内的系统管理功能。

（3）车站计算机系统（SC）。

车站计算机系统包括服务器、工作站、网络设备、车站计算机、紧急按钮、打印机等。该系统主要对车站终端设备层进行状态监控，表示出终端设备最新的状态变化，以及收集本站产生的交易和审计数据。该系统层规定了系统的数据管理、运营管理及系统维护管理的技术要求。该系统用于接收线路中央计算机系统下达的运行和票务参数，下传给各终端设备、接收终端设备上传的票务交易数据等，并转发给线路中央计算机系统，负责车站终端设备的监控和管理。

一般而言，每个城市轨道交通车站都会设置一套车站计算机系统。车站计算机系统的基本功能应包括：

①实时监控所在车站的自动售检票系统终端设备状态，并在监视器中显示出来，根据需要启动紧急模式。

②接受并自动下载票价表、日期、时间、运营模式等参数，并下传至 AFC 终端设备。

③定时将采集到的自动售检票系统设备的状态信息以及交易数据进行处理之后送给中央计算机系统。

④收集、运输、统计运营数据，并打印相关运营报表。

⑤当与中央计算机系统的通信中断时，车站能够独立工作并能够备份以及恢复数据。

（4）车站终端设备。

自动售检票系统的服务功能主要是通过终端设备来完成的，车站终端设备包括闸机、自动售票机(TVM)、半自动售票机(BOM)、自动检票机（AG）、售票机、验票机、便携式验票机等，各设备根据不同的功能各自独立运行，用于对乘客提供各类售检票服务。车站终端设备安装在轨道交通各车站的展厅层内，通过车站网络连接到车站计算机系统。车站终端设备一般同时支持联网和脱机两种工作模式，各种终端设备均包含主控单元、输入输出设备及读写部件等。车站终端设备层规定了车站终端设备及其运营管理的技术要求。

自动售票机的结构比较复杂，设计难度高，是自动售检票设备中复杂程度最高的设备。在自动售票机产品中，车票发售处理单元、读写器和现金处理设备均属于专用的核心模块或部件。

半自动售票机是以工业计算机为核心的综合票务处理终端，主要部件包括读写器、车票发售处理模块、乘客显示器、打印机、UPS 等。

自动检票机是自动售检票系统中的基本设备，安装在车站付费区与非付费区的分界处，用于完成对乘客所持车票的自动检票操作。自动检票机按照功能的不同可分为进站检票机、出站检票机和双向检票机三类。根据阻挡装置的不同又可分为门式自动检票机和三杆式自动检票机。核心模块或部件是读写器、车票处理回收单元和阻挡装置。

车站终端设备的基本功能应包括：

①接受车站计算机系统下发的系统运行参数、运行模式及黑名单等；

②自动存储设备原始交易数据，生成日志数据；

③能够在各种运行模式下的工作，当与车站计算机通信中断时，具有单机工作和数据保存能力；

④具有良好的人机界面以及错误提示功能,操作方法快捷、方便;

⑤能够实现设备故障自诊断,设备故障提示。

(5)车票。

车票作为乘客城市轨道交通的凭证,是票值、进出站等信息的物理载体。自动售检票系统的所有功能,都是围绕车票展开的。根据使用技术制式的不同可以分为纸质车票、磁卡车票、接触式 IC 卡车票以及非接触式 IC 卡车票,并对应不同的售票、验票设备。轨道交通常用的车票种类有单程票、储值票、出站票、乘次票、优惠票、纪念票、员工票、测试票等。车票层规定了在轨道交通线路中使用的票卡类型的物理电气特性、应用文件组织以及安全机制等技术要求。车票与终端设备配合使用实现自动售检票功能,如图 3-18 所示。

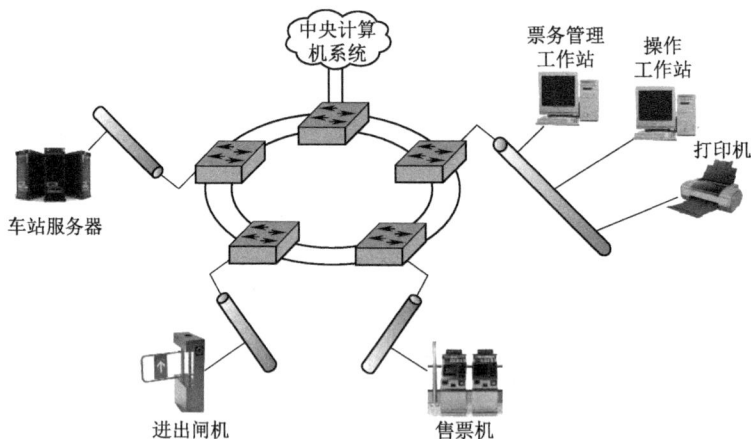

图 13-8 车站自动售检票系统架构图

3. 配置原则

自动售检票设备配置原则如下:

(1)按近期超高峰小时客流规格来配置设备,并按远期超高峰小时客流规模预留;

(2)考虑到客流早、晚高峰客流分向特点、车站型式,在部分车站设置双向自动检票机;

(3)在每座车站考虑设置宽通道双向自动检票机以方便坐轮椅的残疾人、带大行李的乘客、带小孩的乘客进出付费区;

(4)为方便乘客对车票查询,结合车站型式,每座车站各设置 1~2 台自动查询机;

(5)在每座车站设置两台便携式检票机以方便站务员检查乘客使用的车票,在车站出现突发客流的情况下进行人工检票;

(6)自动检票机的配置应满足车站紧急疏散的要求;

(7)为方便管理,在控制中心和各车站设置工作站。

13.4　无障碍设施

中低速磁浮列车车站为乘客服务的设施应按无障碍设计,符合现行中华人民共和国国家标准《无障碍设计规范》(GB 50763—2012)的规定,突出"以人为本"的设计理念,考虑有特殊需要的人士(老、幼、病、残等)。在进行中低速磁浮交通中除了进行导向系统的无障碍设计,还要加强磁浮交通空间环境中的无障碍设计,这样才能保证导向系统无障碍设计能够发挥最佳作用,而不是成为装饰。对于磁浮交通系统内部空间无障碍设计来说,把无障碍设计的理念融入环境设计中是基本原则,确保从车站出入口到目的地的过程中,有一切相关无障碍设施、设备为有障碍人士提供服务,让有障碍者能够像正常人一样在站内活动。

参照相关的规定,为乘客设置以下无障碍设施:

(1)车站无障碍设施可采用垂直电梯、轮椅坡道、无障碍出入口、无障碍楼梯等设施。地面车站可采用轮椅坡道,地下以及高架车站可采用垂直电梯,无障碍设施的配置根据残疾人设施的统一规定。

(2)若采用无障碍电梯,可设于付费区域内。检票处满足该人群通行尺寸和功能。电梯门前的等候区深度不宜小于 1.8 m 且电梯门洞的宽度不宜小于 900 mm。

(3)无障碍楼梯宜采用直线形楼梯,其踏面应当平整防滑,必要时可以在踏面前缘设置防滑条,在无障碍楼梯两侧也应当设置扶手。

(4)列车上应设置轮椅专用位且不应少于一处。

(5)车站中的导盲带应当以埋入式或后贴式的形式铺设在侧站台两侧,盲带中心距墙(柱)面不小于 450 mm 且盲道的纹路应当凸出路面 4 mm 高。

(6)车站内设置的无障碍通道设施应当较好地衔接城市无障碍系统。

(7)车站内应设置无障碍专用厕所。

第14章 接口管理

本章节以北京某线为例,展开阐述各系统的接口管理。

14.1 供电系统接口管理

1. 与动力照明专业接口

供电系统与动力照明专业接口位置在变电所 0.4 kV 低压配电柜出线开关的 400 V 馈线电缆连接端子处。接口处实施分工内容如下:

(1)螺栓连接的母排及螺栓由供电系统负责实施,螺栓以下馈出电缆由动力照明专业负责实施。

(2)变电所电缆夹层内的电缆托架桥架由供电系统负责实施,站台板下低压电缆通道内与供电系统同路径时电缆支架由供电系统负责实施。区间电缆路径内 0.4 kV 低压电缆与环网电缆同架时,电缆支架由供电系统负责实施。

2. 与轨道接口

接触轨系统与轨道接口位置在台座基础接触轨支座预埋件处。

接口处实施分工内容如下:接触轨支座预埋件由轨道专业负责提供、预埋和防护,道岔区的预埋件由道岔结构负责,车辆段检修库内的预埋件由土建结构负责。

3. 与车辆段设备工艺系统接口

供电系统与车辆段设备工艺系统接口在车辆段静调库和月修库内静调电源柜进线电缆连接端子螺栓处。

接口处实施分工内容如下:车辆段设备工艺系统负责静调电源柜安装,接触轨系统负责直流 1 500 V 开关柜至车辆段静调库和月修库内静调电源柜进线电缆(含电缆头)及敷设。

4. 与土建接口

供电系统与土建接口位置分别在 10 kV 外电源电缆进入本工程开闭所的预埋管和电缆通道处、各变电所进出电缆的孔洞处、设备安装孔洞及预留管处、车站综合接地网和杂散电流引出端子处。

（1）技术要求。

①土建方在设备层及夹层预留接地引出点（每层至少两处），接地电阻值需达到设计要求。

②土建方按设计要求进行设备孔洞及预埋件施工。

③接地干线至少应在不同的两点与接地网相连接，每一设备的工作接地和保护接地应单独与接地干线或接地母排可靠连接，扁钢的连接应采用搭接焊接，其搭接长度应为其扁钢宽度的 2 倍。

④电缆孔 $\phi200$ mm 及以上由土建施工承包商封堵。

（2）接口处实施分工内容。

①土建单位责任。

a. 土建系统负责 10 kV 外电源电缆进入本工程开闭所的预埋管和电缆通道、各变电所进出电缆的孔洞、设备安装孔洞及预留管施工。

b. 土建单位应在变电所做基础预埋前向供电系统提供地面标高线。

c. 土建系统负责变电所内设备预埋件安装后的二次浇注。

d. 车站综合接地网由工点单位土建系统施工，并提供接地引出点和接地电阻测试报告。

e. 土建单位为供电系统设备运输提供运输通道。

f. 结构中的杂散电流监测引出端子及连接由土建施工，供电系统配合验收。

g. 土建单位负责疏散平台混凝土基座施工。

②供电系统责任

a. 供电系统负责变电所夹层内的接地母排安装及母排接地引出点的连接。

b. 供电系统负责变电所内设备预埋件安装。

c. 供电系统负责杂散电流监测装置、参比电极的安装及电缆连接。

d. 供电系统负责设备安装孔洞的封堵。

e. 供电系统负责疏散平台支架及化学锚栓的施工。

5. 与火灾自动报警系统专业接口

供电系统与火灾自动报警系统专业接口位置在低压开关柜配电回路的分离脱扣器的端子排外线侧处。

接口处的接口实施分工内容：

（1）火灾自动报警系统专业提供并敷设火灾自动报警系统模块箱至低压开关柜配电回路的分离脱扣器的端子排的控制电缆，负责调试。

（2）供电系统提供低压开关柜内相关信号的接线端子，配合火灾自动报警系统进行调试。

6. 与通信、OA、AFC、PIS、ACS、ISCS 等多系统专业接口

供电系统与通信、OA、AFC、PIS、ACS、ISCS 等多系统专业接口位置在电源整合装置的馈出端子处。

接口处的接口实施分工内容为：

（1）通信、OA、AFC、PIS、ACS、ISCS 等系统负责将后备电源引至各系统电源设备的进线端处并完成送电前的试验。

（2）电源整合系统负责为通信、OA、AFC、PIS、ACS、ISCS 等系统提供交流 380 V 后备电源。

14.2　通信接口管理

1. 传输系统与自动售检票（AFC）接口

传输系统与自动售检票采用以太网接口（RJ45），其接口位置分别位于备用控制中心（车辆段）、控制中心、车站通信设备室中间配线架。

2. 专用无线通信接口管理

（1）与车辆的接口。

专用无线系统与车辆的接口有五种。

①与车辆电源接口：该接口类型为 DC 110 V 单相电源，该接口用以车辆给无线通信系统设备供电。

②与分组数据通信网关接口：该接口类型为以太网（RS422），该接口用以接收中心新闻设备的分组数据。

③与车辆广播系统接口：该接口类型为音频/数据接口，利用该接口，控制中心广播控制台通过无线通信系统实现对列车的广播。

④安装在驾驶室内的车载台主机、操作面板、扬声器、送受话器与车辆的安装接口：该接口类型为内部接口。

⑤安装在车顶的车载台天线与车辆的安装接口：该接口类型为内部接口。

（2）与信号的接口。

专用无线系统与信号的接口类型为以太网（RS422），其接口位置位于控制中心 ATS 机柜以及专用无线机柜处。通过该接口，信号系统能够向专用无线系统发送全线列车行驶位置信息及车次号。

3. 广播系统接口

（1）与信号系统接口。

广播系统与信号系统的接口位于中心广播控制设备处，其接口类型为以太网（RS422）。

广播系统与信号系统的接口功能为：中心广播系统从信号系统提取全线各站列车到站信息，并下发至相应车站，实现自动报站功能。车站接收控制中心下发的列车进站信号，自动启动预先录制的语音信息进行预报广播。语音信息播出时间可延迟 1～30 s。

（2）与火灾自动报警系统接口。

广播系统与火灾自动报警系统接口位置位于广播控制设备处，分别在中心、车站、车辆段，该接口类型为以太网（RJ45），其用于接入电平信号，触发自动报警预录音频。

（3）与安全门接口。

广播系统与安全门接口位置在安全门的主控制柜处，该接口类型为以太网（RJ45），安全门通过该接口向广播发送开关门信号。

4. 专用/公务电话系统与垂梯接口

专用/公务电话系统与垂梯接口位于垂梯控制箱内部，该接口的类型为以太网接口。

5. 电视监控系统与垂梯接口

电视监控系统与垂梯接口位于垂梯控制箱内部，该接口类型为刺刀螺母连接器（Bayonet Nut Connector，BNC）同轴电缆，垂梯内部的画面信息通过该接口传送给电视监控系统进行实时监控。

6. 门禁系统与火灾自动报警系统接口

门禁系统与火灾自动报警系统接口位于控制中心和各车站消防控制室门禁控制器接线端子上，其接口类型为硬线接口。火灾自动报警系统通过该接口向门禁系统提供火灾报警信息，控制门禁系统将门锁打开。

7. 乘客信息系统接口管理

（1）与信号系统接口。

乘客信息系统（PIS）与信号系统接口位于信号系统设备的接线端子排外侧，其类型为以太网（RS422）。

与信号系统接口主要是指与信号专业自动列车监控系统（ATS）的接口，PIS 通过接收 ATS 发出的列车运营信息，以进行列车进站自动显示，方便旅客乘车。信号系统向 PIS 提供列车到、离站时间等，PIS 负责在接收到该信息后，整理播出。

（2）与车辆专业接口。

车辆为设备提供 DC110V 电源：接口位置位于列车首尾司机室、客室内车辆提供的电源接线端子处。该接口负责解决用电需求，负责从电源接线端子排到车头/尾司机室、客室设备带标识的电源电缆。

车载接地的接口：接口位置位于列车首尾司机室、各个客室内。车辆通过该接口为车载 PIS 设备提供接地。

（3）与列车控制管理系统（TCMS）的接口

乘客信息系统与列车控制管理系统（TCMS）的接口位于车载 PIS 司机室控制机柜处，该接口类型：D-Sub9 针形接口。

车载 PIS 设计采用多功能车辆总线(MVB)接口与 TCMS 连接,车载 PIS 通过该接口接收列车行车信息并进行自动广播报站和显示,同时通过该接口将车载 PIS 的设备状态传给 TCMS。

8. 与信息源接口

(1)与数字有线、移动电视接口。

该接口位置位于 PIS 中心配线架外侧,接口类型为 DVB-C 或 DVB-T(BNC 同轴电缆),PIS 通过该接口接收数字有线电视、数字移动电视的信号,同时信息源通过该接口向 PIS 提供相关信息。

(2)与通信地面交通系统接口。

该接口位置也在 PIS 中心配线架外侧,接口类型为以太网接口。PIS 通过该接口接收地面交通信息,信息源也通过该接口向 PIS 提供相关信息。

9. 通信系统与土建接口

通信系统与土建接口分别位于车站管(槽)、设备安装基础、设备、办公、公共区及出入口处。

技术要求为:根据设计要求的尺寸以及位置预留混凝土结构楼板、结构墙体通信专业所需孔洞,土建专业对不满足要求的孔洞进行整改,并将尺寸大于 200 mm×200 mm 的孔洞封堵。

该接口功能有:

(1)为通信系统地面线槽以及穿墙线槽提供预留孔洞;

(2)为通信系统机房至机房穿线钢管提供预埋;

(3)为通信系统设备、办公、公共区及出入口设备安装提供条件;

(4)土建为通信系统设备机房支架安装提供槽平面并提供准确标高。

10. 通信系统与装修的接口

通信系统与装修的接口分别位于车站的站厅、站台、出入口以及设备区。装修为通信系统提供站厅、站台、设备以及出入口设备开孔条件、位置以及提供设备孔洞。

14.3 综合监控系统接口管理

1. 与火灾自动报警系统(FAS)接口

该接口位于 FAS 主机通信端子排处,通过数据连接电缆在物理上与 FAS 专业相连;同时,通过对通讯接口软件的开发,达到两个专业间信息的互联互通。

该接口功能为:

(1)实现中央级综合监控系统的 FAS 功能。

值班员通过控制中心设备调度工作站可负责管理全线的火灾报警。可按车站为单位，分类接收、显示并储存全线火灾自动报警设备 4 类设备(即探头、模块、控制盘和电源)的主要运行状态；可接收全线车站、控制中心大楼的火灾报警信号、显示其具体报警部位。

设备运行状态或与 FAS 通信发生故障时，系统按照通用的报警/事件处理。设备故障信息按照探头、模块、控制盘和电源分类报告到类型(以车站为单位)。

火警时操作员工作站自动显示相关报警信息及其他相关的报警提示信息，火灾报警具有最高优先权，当同时存在火灾及其他报警时，火警为优先级别。

系统火灾报警及相关故障日志，保存到中央系统服务器，存储时间为 1 年。

(2)实现车站级综合监控系统的 FAS 功能。

接收本站 FAS 的 4 类设备(即探头、模块、控制盘和电源)的主要运行状态，接收车站火灾报警，并显示报警具体部位。

车站级 FAS 通过现场级设备接口向环境与车站设备监控系统发出救灾模式指令，使环境与车站设备监控系统启动相应的消防联动设备，车站 ISCS 监视 FAS 发来的火灾模式及环境与车站设备监控系统执行的结果状态。

定时实现与车站 FAS 的时钟同步，对时精度为 1 s。

分类及存储车站 FAS 系统设备的运行、故障、报警的数据记录。存储时间为一年。

(3)实现车辆段/控制中心综合监控系统的 FAS 功能。

通过控制中心设置的车辆段/控制中心工作站实现对车辆段、控制中心 FAS 的监控功能，其系统功能同车站级相同。

2. 与信号系统(SIG)接口

综合监控系统与信号系统的接口位置在 SIG 控制箱通信端子排处，该端口功能为：

(1)实现中央级综合监控系统 ATS 功能。

实时监视列车相关信息。

(2)实现车站级信号系统功能。

在车控室的 IBP 上实现紧急停车/紧急停车取消、列车扣行、放行功能，该部分功能由信号系统实现，综合监控系统仅提供按钮指示灯及盘面布置硬件。

当车控室 IBP 盘上的某一站台紧急停车按钮被按下后，列车将不允许进、出站台，SIG 将实现紧急停车功能，相应的紧急停车指示将显示在车控室 IBP 盘上。按下紧急停车取消按钮，SIG 将实现紧急停车取消功能。

当车控室 IBP 盘上的某一站台扣车按钮被按下后，列车将停留在站台不允许离开，直到放行按钮被按下。相应的扣车指示将显示在车控室 IBP 盘上。

3. 与时钟系统(CLK)接口

综合监控系统与时钟系统接口位置在控制中心通信系统综合配线架外侧。综合监控系统通过该接口能够根据主时钟系统提供的时钟信号,统一综合监控系统内部的各个设备的网络时间。

4. 与通信专业接口

通过 RJ45 与通信专业的各子系统相连,实时监控通信专业各子系统信息;并以综合监控系统的双光纤冗余环网作为主干网,将通信专业的各子系统信息上传到控制中心,实时对通信专业各子系统进行监控。

5. 与 AFC 接口

综合监控系统与自动售票系统(AFC)接口位置在 AFC 通信端子处。

综合监控系统通过屏蔽双绞线在物理上与 AFC 相连,监视车站 AFC 在线/离线状态,以及 AFC 设备的工作状态,如自动售票机、进出站闸机、检票机等。AFC 提供客流信息:每隔一段时间,AFC 对客流信息进行一次统计。

设备控制功能:正常运营情况下的设备开关机、故障报警等,火灾状况时,车站控制室操作值班员在获得授权的情况下,通过 IBP 盘释放车站闸机的闸门。

6. 与低压配电系统接口

综合监控系统与低压配电系统的接口位置位于各相关专业的配电箱端子排处,如照明配电室或低压配电室内照明配电箱端子排,蓄电池室内事故照明配电箱端子排,以及环控电控室和车站控制室的接地箱的端子排处。

通过该接口实现相互间的技术协调,明确接线端子的位置,接口的类型,配合完成施工,达到对各系统设备的监控要求。

7. 与通风空调系统接口

综合监控系统与通风空调系统(VRV)接口位置分别位于 VRV 的通信接口端子处、各类传感器和电动调节阀安装位置接线端子处、各类风机风阀接口在风机就地控制箱二次端子处。

通过该接口实现与空调系统专业之间的协商,处理相互之间通信接口的方式,保证相互之间网络数据通信的准确可靠,其中的通信速率必须满足数据的实时性。

8. 与给排水系统接口

该接口位于给排水控制箱接线端子处。环境与车站设备监控系统与给排水系统通过给排水控制箱接线端子实现对给排水系统设备的监控。

9. 与土建的接口

综合监控系统与土建的接口位于各设备房进出电缆的孔洞及预留管处。

通过对土建专业施工进度的跟踪,及时将埋设的管线铺装到位;对需预留的孔洞,与土建专业通过书面或现场的交流,明确预留孔的大小、位置;对孔洞位置有变化的,及时与土建专业联系,进行更改,避免额外的施工。

14.4 常规机电系统接口管理

1. 通风空调系统工程与其他专业的接口

(1)与火灾自动报警系统(FAS)承包商的接口。

①专用排烟风机与 FAS 有监视、控制接口要求,接口位置在风机控制柜的接线端子排处。

②专用排烟风机总管上的需与风机联锁的排烟防火阀以及常闭排烟口与 FAS 有监视接口要求,阀门执行器提供的接线端子应满足 FAS 的自动控制功能,接口位置应设置在防火阀执行器的输出端子排上。

(2)与土建承包商的接口。

接口实施分工内容如下:

①设备基础、安装吊钩、预留孔洞、排水沟由土建专业施工,通风空调专业协助提供基础及排水沟的尺寸及位置要求,并配合土建承包商整改完善。

②预埋件由土建专业施工,通风空调专业协助提供预埋件的尺寸及位置要求。

③水管、风管穿墙处的套管由土建专业施工,通风空调专业协助提供套管的尺寸及位置要求,套管内侧至水管、风管间的缝隙的防火封堵由通风空调专业负责施工。

④通风空调专业应配合建筑外立面设置的通风百叶风口位置,安装由土建专业施工。如有土建结构风道与风口连接,收口由通风空调专业负责,接口位置为风管与风口的接口处。

(3)与装修承包商的接口。

接口实施分工内容如下:

①原则上,风管及风口应先于天花施工。

②通风空调风口由通风空调专业负责施工,装修专业负责天花施工,接口位置为风口与天花的接缝处。风口与天花的收口由装修专业负责。

③通风空调的支吊架应与装修的吊架分别独立设置。

④配合装修单位确定检修口位置及尺寸(风阀、水阀等)。

⑤配合装修单位确定挡烟垂壁、帘的位置,安装由装修专业负责。

⑥配合公共区与二次装修结合设置的排风扇的位置,安装由装修专业负责。

(4)与综合监控系统的接口。

接口实施分工内容如下:

①多联分体空调集控箱安装在综合监控 IBP 盘内,集控箱电源由多联分体空调系统自

带,管线敷设由多联分体空调供货商施工。通风空调专业负责协调与督导、协助调试。

②专业排烟风机的手动控制按钮安装于综合监控 IBP 盘内,管线敷设由 FAS 实施,通风空调专业负责协助 FAS 施工单位、综合监控系统的施工及调试。

③车站及区间大型轴流风机的手动控制按钮安装于 IBP 盘内,管线敷设由 FAS 实施。

(5)风机与配电箱(柜)的接口。

风机与配电箱(柜)的接口在风机的配电、控制接线端子上,动力照明专业负责接线成端;专用排烟风机配电箱与防火阀的接口在防火阀接线端子上,动力照明专业负责接线成端。

(6)多联分体空调与配电柜、BAS(预留)的接口。

①室内机、室外机与配电柜(柜)的接口位置在电源接线端子处。

②集控箱与 BAS(预留)的接口位置在集控箱的通信接口处。

(7)防火阀与配电柜、FAS、BAS 的接口。

防火阀与配电柜(柜)、FAS、BAS 的接口在防火阀执行器接线端子处,动力照明、FAS、BAS 专业各专业负责接线成端。

2. 给排水及消防水系统工程与其他专业接口

(1)与土建承包商的接口。

设备基础、安装吊钩、预留孔洞、预埋件、排水沟由土建专业施工,给排水专业协助提供基础及排水沟的尺寸及位置要求,给排水专业在场地接收时进行检查及验收并配合土建承包商整改完善。

(2)与装修承包商的接口。

冲洗水栓箱外表面与装修协调处理,以消火栓箱、冲洗栓箱外表面为分界点,装修单位负责消火栓箱、冲洗水栓箱外表面与装修设计协调及安装,内部构件安装有给排水专业完成。

卫生器具按装修配置,以卫生器具上下水接口为分界点,卫生洁具的选用、安装由装修单位进行,上下水与卫生器具的连接由给排水专业完成。

(3)与市政排水管道的接口。

各站点排水系统与市政部门的施工分界在与市政管道连接的最后一个检查井处,该井下游至市政接驳点间的管道开槽、安装、基础、回填及构筑物砌筑(含该井)由市政排水施工单位完成。

3. 动力照明系统工程与其他专业接口

(1)与变电所系统接口。

与 0.4 kV 开关柜的接口位置在开关柜出线开关的 400 V 馈线电缆连接端子螺栓,螺栓连接的母排及螺栓由供电系统负责,螺栓以下馈出电缆由动力照明系统负责。

与变电所交流盘接口位置在交流盘电源进线开关上口,由低压柜至交流盘进线开关上口的配管配线由动力照明负责。

电气火灾报警系统在 0.4 kV 开关柜内设电置电流互感器和电气火灾探测器。通过信号线路传输置电气火灾监控系统主机。电气火灾报警系统在 0.4 kV 开关柜内的安装调试由动力照明系统负责。

(2)与综合监控专业接口。

①以动力照明控制箱(柜)二次端子排为界,至综合监控系统管线由综合监控系统负责。

②应急照明与车站设备监控系统的界面在 EPS 设备内的二次端子排,至综合监控系统管线由综合监控系统负责。

③以车站 UPS 整合电源室馈线柜专用开关下口为界面,其下口以下部分由综合监控系统负责。

④以智能照明控制系统控制器接线端子为界,至综合监控系统管线由综合监控系统负责。

⑤以 UPS 整合电源系统智能控制单元接线端子为界,至综合监控系统部分由综合监控专业负责。

4. 与 FAS 专业接口

(1)防火阀。

动力照明专业仅负责为防火阀敷设 AC 220 V 供电用管线。

(2)防灾报警。

以火灾自动报警系统集中电源装置进线上口为界面,动力照明专业敷设供电管线至火灾自动报警系统集中配电盘进线上口。

火灾自动报警系统控制应急照明以应急照明控制箱内端子排为界面,火灾自动报警系统专业提供消防信号至应急照明控制箱。

第15章 综合联调

综合联调指的是将各系统进行综合性联合调试,联调是轨道交通建设正式投入运营前的一个不可或缺的环节。合理组织系统的总包单位、分包单位、业主各部门、施工单位和所有专业,完成轨道交通全线(包括正线、控制中心、车辆段、停车场)各专业、各系统间的系统联调,根据测试得到的线路各项运行指标及时发现并解决未达到运营安全要求的问题,从而满足中低速磁浮交通建设工期的要求。

15.1 联调的目的

(1)实现系统功能整体运行发展目标。

城市轨道交通系统能够划分成多个子系统,各个子系统之间关联十分密切,通过系统综合联调,能够深入了解及验证各个子系统的运行情况、功能,从而实现系统发展目标。

(2)调整系统接口参数。

通过联调保证系统软、硬件的接口准确以及各项参数匹配优化,保证各系统之间接口与通信规约一致,以实现大系统整体性能最优。各系统存在的问题能够通过联调被发现,并针对这些问题进行调整、修正,达到系统设计标准。

(3)对系统非正常情况下的运行状态进行验证。

正常模式下,在实现系统各项功能的基础上,测试各种后备模式、非正常工况下的设备运行情况,并验证各系统之间非正常模式的联动,落实故障导向安全的技术措施。

(4)对设备的各项性能指标进行验证。

通过联调验证设备是否符合合同要求的各项性能指标,检验系统功能、架构、操作方法等是否达到设计要求和运营管理模式要求;及时发现、排除和论证在系统规划、设计、制造、安装等环节存在的隐患与不足。

(5)使系统整体运行的安全可靠性得到提升。

通过系统联调,系统的可靠性、可维修性和安全性的程度得到确认,系统的技术成熟度和技术可靠度得到验证,从而检验系统是否达到国家规范和设计要求。

(6)培养设备操作、维修人员技能。

设备操作、维修人员全程参与系统联调工作,培养行调、电调、环调的联合协调作用,同时达到提前发现运行筹备过程中的薄弱环节,提前检验现有的规章制度是否可行的目的,为试运行和运营综合演练做好各项准备工作。

15.2 联调的阶段与任务

为了使综合联调工作科学有序地展开,按照综合联调的实施内容将联调分成三个阶段:准备阶段、施工阶段、收尾阶段。

(1)准备阶段。完成建设单位对联调的报批,结合实际制定运营单位的各项规章制度以及综合联调的操作大纲、总体规划,在通过上级部门会审之后正式应用与实施;成立城市轨道交通联调小组并定期组织召开动员大会;各个系统设备的规格书、设计图纸、设计变更等文件在城市轨道交通联调实施之前需要进行收集、整理,并根据联调大纲要求综合审查这些资料。

(2)施工阶段。根据综合联调方案有条不紊地展开工作,即使解决调试过程中的问题。该阶段的联调可以分为车站级别的综合联调、中央设备系统的综合联调、列车和相关行车系统的综合联调三类。

(3)收尾阶段。由轨道线路建设单位组织,各阶段的施工单位、运营管理单位、设计单位等参与联调收尾阶段的工作,见表 15-1。收尾阶段的工作包括对联调工作进行总结汇报、对联调工作质量进行现场侦察等。通过三个月试运行对中低速磁浮交通系统的各指标进行考核。

表 15-1 阶段与任务

阶段			任务
系统总联调	准备阶段		系统集成阶段
	实施阶段	阶段一	多系统联调(简称"联调")
			全线总联调(简称"总联调")
		阶段二	运营演练
	完善阶段		试运行(及试运营开通前评估)
载客商业试运营			

15.3 联调的内容

综合联调根据轨道交通运行的安全性以及服务质量可以分为两个部分:电客车运行相关系统调试、运营服务相关系统调试。将这两个部分进行细分,又能够分成六大类,分别为:限界检查、冷滑试验、热滑试验、列车牵引供电试验、列车运行相关系统联调、运营服务相关系统联调、消防应急系统联调,如图 15-1 所示。

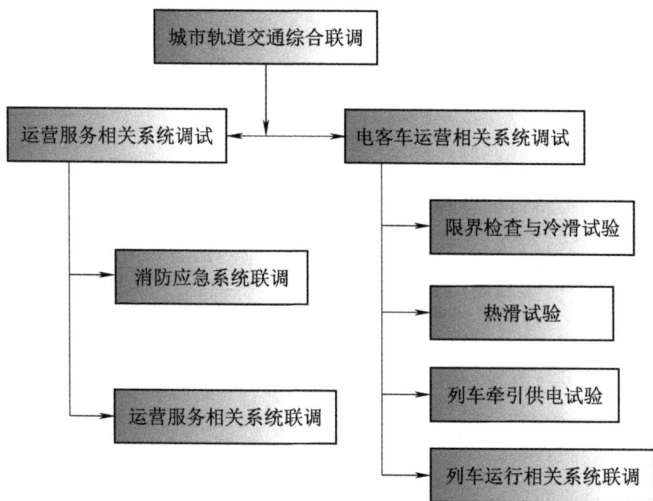

图 15-1　综合联调主要内容示意图

（1）限界检查与冷滑试验。

限界检查指的是利用专业的限界检测设备检查有无其他设备、设施侵入全线行车限界，以及正线车站与区间的土建结构是否达到限界的要求，以防上线列车因线路上其他设备、设施侵限而受到损伤。一旦发现问题，应及时反馈给监理工程师以及业主，妥善解决。

冷滑试验指的是在接触网不带电的情况下，采用专用的冷滑试验车，通过列车受电弓的滑行达到检测接触网与受电弓之间的匹配关系的目的，从而保证列车的行车速率。冷滑试验是热滑试验的准备阶段。

（2）热滑试验。

热滑试验指的是在接触网带电的情况下，对受流器和弓网之间的匹配、供电系统和车辆牵引之间的匹配进行检测，同时得到供电系统参数变化时对列车牵引的影响，车辆加速、减速、惰行、再生制动对供电系统的影响。热滑试验尤其对接触网的施工质量进行了重点检查，检测了接触网对电客车受电弓的安全、稳定取流及钢轨回流顺畅情况。若在热滑试验过程中存在打火、拉弧、击穿等情况，应及时进行处理。

（3）列车牵引供电试验。

列车牵引供电试验主要对供电系统是否能够为电动客车安全、可靠、稳定地提供牵引电力进行验证，列车牵引供电试验主要包括短路测试、故障测试、电磁干扰测试、负荷测试、耐压测试等，验证整定值是否准确，深入了解单边供电、双边供电、越区供电等模式的运行情况，为列车运行相关系统联调提前做好准备。

（4）列车运行相关系统联调。

主要是在冷、热滑试验完成的基础上，对车辆系统、信号系统进行系统功能调试，完成各项测试指标，满足系统设计要求。

①车辆调试。

主要完成车辆型式和例行试验。

②信号系统调试。

信号系统动车调试主要内容包括基本功能测试、ATP 控制功能测试、ATO 控车功能测试、冗余功能测试以及相关系统的接口测试。具体内容如下：

基本功能测试主要包括车地通信测试、数据库验证（主要验证轨旁设备的位置坐标，如应答器、轨旁电台等）、列车位置检测以及车载天线（VRS）的中继功能测试。

ATP 控制功能测试指的是在完成基本功能测试的基础上，进行控制功能测试和验证，主要包括单车控制测试、多车控制测试、超速防护功能测试、临时限速功能测试、运行模式转换测试等。

ATO 控车测试，主要有点式 ATO 和连续式 ATO 两种运行测试，两种模式均在 ATP 防护下，自动驾驶列车运行。测试内容主要包括定点停车测试、舒适度以及自动折返测试。

冗余功能测试，主要测试信号系统车载、轨旁设备是否满足冗余的设计要求，冗余功能是否正常实现。

相关系统的接口测试，主要测试信号系统与外部系统的接口，主要包括车门联动测试等。

（5）运营服务相关系统联调。

运营服务相关系统联调是自动售检票系统、环控系统、综合监控系统、出入口导向标识和其他车站机电设备系统（如给排水、电扶梯、车站广播、电视监控、旅客资讯、门禁等）的联调，对控制中心、车站、现场三级自动与手动控制模式进行测试，对系统的遥信、遥测、遥控、遥调功能进行验证，保证安全性、一致性和稳定性。

（6）消防应急系统联调。

消防应急系统联调主要对和消防相关的火灾自动报警系统（FAS）与相关设备的联动运行进行测试，包括火灾报警、闸机运行模式变更、消防切非、车站与区间风机联动、气体灭火等，验证消防应急设备系统在正常及非正常工况下的运行及模式转换。

15.4　联调前提条件

（1）通用条件。

在综合联调工作开始前，需要评估各个设备系统的调试情况是否满足综合联调的要求，若为满足则需按照评审意见来修改。

中心级、车站级的各系统各专业单体完成调试，与关联系统的接口对点工作已完成，各设备的品质达到要求，单系统功能满足规格要求，出具调试报告，并经审查核批。

编制完成相关的指导性技术文件，并报批。这些文件包括并不限于以下文件：综合联调大纲、综合联调实施细则、综合联调总工期计划。

综合联调大纲为指导联调工作的纲领性文件，其中明确描述了综合联调的工程概况、调试计划、管理措施、达成目标等。综合联调实施细则明确描述了各项调试工作所采用的调试技术以及调试步骤等，各工作人员按照综合联调实施细则认真做好各项检测并做好记录。综合联调总工期计划用以控制综合联调工作进度，明确重点检测项目的节点工期。

综合联调要围绕"安全第一"的原则开展工作，在项目正式开始之前，参与联调的人员已确定并展开安全培训，编制完成相关的安全措施文件，现场的安全措施也准备完成。

（2）列车运行相关系统条件。

已投入设备正式电源，设备用房内的湿度与温度均满足设备工作需求。

中低速磁浮线路完成安装、静调，隧道内清洗干净，限界检测完成满足行车条件。

完成中低速磁浮道岔系统安装调试以及与信号系统的接口调试。

供电系统的调试完成，对接触网的冷滑、热滑，以及对发现的缺陷整治完成。

完成站台门安装及单调。

通信系统已经具备专用无线通信、调度台、电话等通信条件。

完成信号系统设备安装和调试，完成联锁系统调试并得到安全认证。

全线线路标识包括安全标志、疏散标志、信号标志、停车标志等，具备封闭条件。

完成电客车静调、动调试验，具备上线条件。

（3）运营服务相关系统条件。

完成综合监控系统设备安装及程序部署、组网，已能够对末端设备远程控制。

FAS 安装及调试完成，具备基本消防条件。

完成各种风机、风阀等被控单元安装单调，具备联动条件。

完成防火卷帘门、水泵、电扶梯等终端设备单体调试。

完成 PIS、AFC、广播、照明等系统设备安装单调。

15.5　联调组织机构

15.5.1　组织模式

目前我国综合联调组织管理工作主要有以下三种：

（1）由建设单位组织实施完成。过程中聘请咨询单位编写综合联调大纲及实施细则，并指导完成综合联调工作。城市轨道交通线路建设过程中，建设单位能够对各设备系统的技术规格、系统间接口条件、各专业设计图纸以及施工进度等进行充分了解，因此，综合联调由建设单位组织实施可以体现建设单位的这种优势，综合联调在工作质量和进度上都能够得到把控。采用这种方式对建设单位的技术、管理及协调等综合能力要求较高。

（2）由运营单位组织实施完成。过程中聘请咨询单位编写综合联调大纲及实施细则，并指导完成综合联调工作。城市轨道交通线路建设的最终目的是为运营单位移交验收合格的线路，综合联调工作由运营单位组织开展，意味着运营单位提前介入到线路的建设过程中，这就需要运营单位对各设备系统的技术规格、系统间接口条件、各专业设计图纸以及施工进度等提前进行了解，同时也提高了运营单位相关人员的技术水平，为线路的良好运营积累了丰富经验。

（3）由建设单位聘请第三方咨询单位组织实施完成。第三方咨询单位既负责编写综合联调的调试大纲及实施细则，又负责综合联调的具体实施。线路的建设单位及运营单位的人员压力较大时采用这种模式，对第三方咨询单位提出了较高要求，不仅需要其技术人员具有深厚的专业知识技能，还要熟悉该线路的现场施工及图纸等情况，具备一定的组织协调技能。

无论采取以上哪种组织模式开展综合联调工作的实施，理清相关的调试界面，各方关系的配合协调都需要建立综合联调领导小组。综合联调领导小组一般由综合联调实施方组织建设单位、设计单位、监理单位、运营单位等共同组成，负责总体指挥及协调工作；综合联调工作组由建设单位、设计单位、监理单位、运营单位、安装承包商及供货商等共同组成，负责日常的管理工作；专家组/咨询单位负责对联调过程中出现的各类技术问题提供咨询服务并审核各专业综合联调技术方案。综合联调工作的开展实施则由车站级综合联调组、中央级综合联调组、列车及相关行车系统联调组、调度组、安全督导组、后勤保障组等负责完成；列车及相关行车系统联调组、车站级综合联调组和中央级综合联调组下设车辆、信号、通信、屏蔽门、供电、FAS、BAS 等专业试验小组，负责配合联调工作的开展实施，典型的综合联调组织机构如图 15-2 所示。

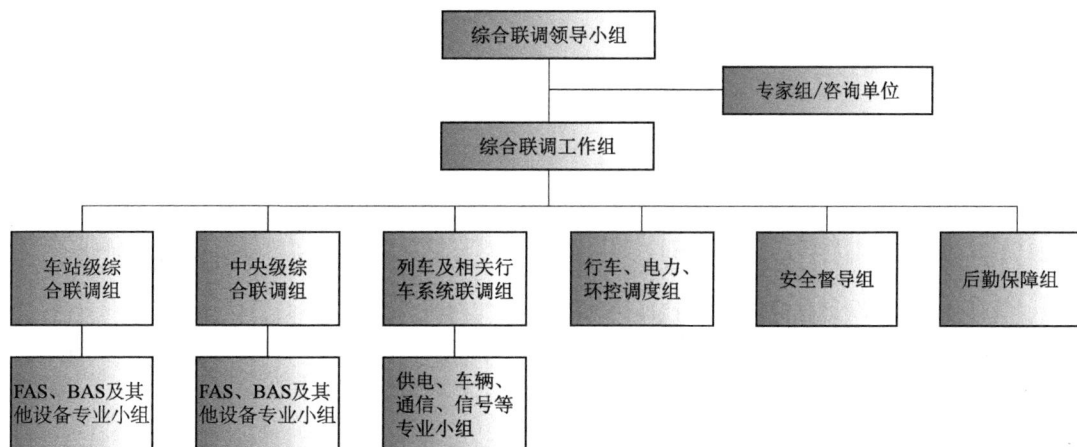

图 15-2　典型的综合联调组织机构图

15.5.2 各方岗位职责

1. 综合联调领导小组岗位职责

(1)对综合联调进行全过程、全方位的领导,对综合联调工作进行策略性指导。

(2)根据综合联调工作的需要和不同专业的要求确定综合联调实施小组及下设各专业项目组的人力资源配置,并授予相应的职责与权利。对综合联调中的重大项目进行测试时,确定临时组织机构和组成人员。

(3)审批综合联调实施过程中的计划安排、技术调整和综合联调中的阶段性成果及最终成果。

(4)检查和督促各职能处室、各分公司为综合联调提供必要的前提条件。

(5)考核综合联调服务人员的业务能力,指令咨询单位调换不称职的咨询人员。

(6)定期召开综合联调会议,对综合联调中出现的重大问题进行分析,做出决策。

(7)主持和组织综合联调完成后的验收工作。

2. 综合联调工作组岗位职责

(1)综合联调工作组是综合联调领导小组委派的综合联调的总调度机构,全面组织和协调各单位参与综合联调,为线路的竣工验收和转入正常运营创造条件、奠定基础。

(2)在综合联调领导小组的领导下,参与综合联调方案的策划并组织综合联调细则的实施(落实调试内容、参加单位人员、时间安排、需要条件、安全措施及运行调度等)。

(3)监督和督促供货商、安装承包商、设计、监理等单位按合同要求履行各自承担的责任,相互配合完成综合联调任务。

(4)定期召开有关单位参加的工作例会,对工作中出现的难点不定期召开专题分析会,以确保综合联调工作高效有序进行。

(5)建立必要的通报机制、监控手段、审批程序,以保证综合联调过程中信息畅通、反应灵敏、落实快捷。

(6)负责督促综合联调整体进度,确保任务目标完成。

3. 专家组/咨询单位岗位职责

(1)负责协调、组织、督促各系统接口调试工作,解决调试期间遇到的技术问题。

(2)负责审核各专业综合联调技术方案。

(3)完成综合联调领导组安排的其他任务。

4. 行车、电力、环控调度组岗位职责

(1)负责综合联调期间行车调度和电力调度工作。

(2)组织制定行车调度组和电力调度员各项安全规章制度,并做好检查、考核工作。

(3)负责安排救援列车的运行,指挥行调、电调按预案或临时应急办法配合抢险救援工作。

（4）协调调度组与其他专业、单位工作关系。

（5）定期向综合联调领导组汇报综合联调执行情况。

（6）认真监视列车运行、设备运转状态，确定行车调整方案，合理调整列车运行，组织兑现调试计划。

（7）突发事件发生时，正确、及时地发布抢险救援命令，采取有效措施控制事态发展，减少人员伤亡和财产损失。

（8）完成调试领导组安排的其他任务。

5. 安全督导组岗位职责

（1）监督落实各单位安全生产责任制的执行情况，同时要求各单位安全防范措施必须落实到人。

（2）在调试中发现调试人员或调试设施存在的安全隐患，立即督促相关的单位进行整改，直到消除安全隐患为止。同时要求各调试组负责人在调试前进行必要的安全培训，确保调试过程中调试人员和设备的安全。

（3）及时组织相关人员对安全事故的调查处理，最小程度地减少人员伤亡和财产损失。

（4）参加各安全监督部门的安全检查，及时落实各安全监督部门的安全文件和反馈相关安全信息。

（5）定期向综合联调领导组汇报综合联调期间的安全执行情况。

（6）完成综合联调领导组安排的其他任务。

6. 后勤保障组岗位职责

（1）线路保障组岗位职责。

保障正线和车辆段、轨道、道岔等设备的正常并负责日常的检修和维护，及时处理存在的问题和故障。

（2）设备保障组岗位职责。

①负责按照测试流程与计划完成测试工作。

②负责在测试前及时提供测试所需平台以及终端使用说明等相关测试资料。

③负责各系统功能的实现并提供测试报告。

④负责及时反馈在程序调试过程中需要业主方协调解决的问题。

⑤各设备供货商保障设备的正常运行，配合行车调试，及时处理存在的问题。

⑥配合设备保障组完成综合联调工作。

⑦做好应急抢险准备工作。

⑧完成业主安排的其他任务。

（3）综合联调综合（站务）保障组职责。

①负责综合联调期间站务工作。

②组织制定各项安全规章制度,并做好检查、考核工作。

③负责安排站务人员按预案或临时应急办法配合抢险救援工作。

④协调综合组与其他组、单位工作关系。

⑤定期向综合联调领导小组汇报综合联调保障情况。

⑥完成调试领导组安排的其他任务。

7. 各综合联调组岗位职责

(1)审核各专业的有关图纸资料和设备的调试报告,对综合联调各项前提条件进行确认。

(2)制定专业联调实施细则,督促供货、设计、监理等单位按计划完成联调工作。

(3)根据综合联调测试记录及日程计划,负责指挥本专业的日常联调工作。

(4)对联调阶段出现的各类问题进行整理并提出处理方法。

8. 各专业综合联调小组岗位职责

(1)负责本专业综合联调工作的具体实施。

(2)对于日常调试过程中出现的问题应及时上报相应联调组,认真做好日常调试记录。

(3)配合其他相关专业综合联调工作的实施开展。

15.6 联调的调试管理项目

联调的调试管理项目包括:

(1)负责正线及车辆段"三权移交"后轨行区施工调试调度管理、动车调试、清洁保障服务等工作。

(2)负责组织、协调完成工程范围内调试列车的限界检测、热滑工作。

(3)负责提供联合调试期间所需的安全保卫,负责行车调度、电力调度、环控调度、车场调度,负责已开通运营区段贯通调试的组织与管理工作。

(4)负责联合调试期间,所有专运任务的组织保障工作。

(5)负责车站及区间综合调试包括 PSCADA、BAS、FAS、通信、AFC、PSD 等接口调试工作。

15.7 联调的安全管理

联调期间,各参试单位遵从《联调轨行区管理办法》《停送电管理办法》等管理要求,落实联调计划和服从联调指挥部的统一调度,联调前做到"大纲、计划、预案"三确认。严格按"联调标准化管理规程"卡控管理,坚持"效率服从安全"原则,对于占用线路作业坚持"行车不施工、施工不行车"的原则,坚持"无电当有电"的原则。

严禁无计划行车或越级指挥行车,动车前必须确认所有相关设备系统状态、施工清场和限界检查,并严格控制试验列车添乘证,按限定速度行车。对于开放区段、作业通道、站区段场等关键处所必须安排保卫人员,做好巡控。

第16章 中低速磁浮系统施工技术

16.1 供电系统施工技术

16.1.1 变电所施工技术

1. 基础预埋件的安装

(1)基础槽钢制作。

为保证基础槽钢的安装精度,在安装前先根据图纸尺寸在料库内的焊接平台上将基础槽钢焊接成一个整体框架,然后运抵工厂进行热渗锌处理,再经过整形后运抵施工现场安装。采用此种方法可保证槽钢的水平,减少现场的安装时间,有利于缩短工期。

(2)基础槽钢安装。

根据图纸,将各组基础槽钢框架放在结构层的相应位置;用水准仪测量各组槽钢,找出最高的一组;在最高的一组槽钢下加垫斜铁,调整槽钢至水平;在槽钢的腰上焊接固定角钢;当结构层预留有预埋件时,将槽钢直接与预埋件焊接;用膨胀螺栓将固定角钢牢固固定在结构层上。

(3)质量控制点。

①当设备有特殊要求时,基础槽钢标高应符合设计的相应要求。

②槽钢与固定角钢间应焊接牢固。

③基础槽钢安装的允许偏差,见表16-1。

表 16-1　基础槽钢安装的允许偏差　　　　单位:mm

序号	项目		允许偏差
1	不直度	单位长度(m)	<1
		全长	<5
2	水平度	单位长度(m)	<1
		全长	<5
3	位置误差及不平行度	全长	<5

2. 接地干线安装

接地干线的工序流程如图 16-1 所示。

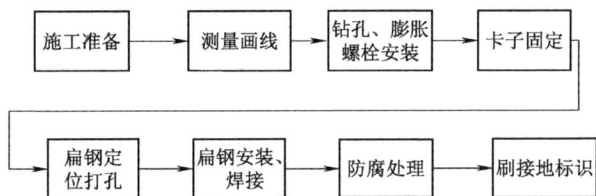

施工准备 → 测量画线 → 钻孔、膨胀螺栓安装 → 卡子固定

扁钢定位打孔 → 扁钢安装、焊接 → 防腐处理 → 刷接地标识

图 16-1　工序流程

（1）测量划线。

根据设计施工图纸上接地干线的位置和走向，确定干线的敷设路径及卡子的安装位置，当接地干线安装位置与其他专业插座安装位置有冲突时，可根据现场情况对安装高度进行适当调整。

（2）钻孔、膨胀螺栓安装。

在卡子安装位置标记打孔后将膨胀螺栓固定在孔内。

（3）卡子安装。

把已经固定在孔内的膨胀螺栓套上卡子，再用扳手将螺丝拧紧，卡子必须与地面保持垂直。

（4）扁钢安装、焊接。

①两段接地干线之间采用搭接焊的焊接方式进行连接。焊接必须牢固无虚焊，卡子与扁钢连接采用镀锌螺栓连接。

②接地干线穿墙和地板时，应加 PVC 阻燃套管保护，其套管管口两端须堵严；从基础槽钢引出的接地支线、过门处的接地干线在与水平接地干线连接时与直线段焊接一样。

③设备层及电缆夹层预留的自然接地体接地钢板上分别焊接两根支线与自然接地体柱内强电引出钢板焊接。

④所有连接螺栓、膨胀螺栓安装时需对螺栓进行紧固，不得有歪曲、松动等现象。

3. 直流设备绝缘安装

牵引系统中的直流设备（1 500 V 直流开关柜、整流器柜、隔离开关柜、再生电能吸收装置、接地漏电保护装置）要求绝缘安装，采用在开关柜柜体和基础槽钢及地面间加垫绝缘板的方法保证柜体的对地绝缘。

（1）采用槽钢开孔、焊接固定角钢和安装绝缘膨胀螺栓三种方法中的一种或多种方法并用来固定直流设备。

（2）质量控制点。

①直流 1 500 V 开关柜、整流器柜、隔离开关柜、再生电能吸收装置、接地漏电保护装置安装完成且一次、二次电缆接线完毕后，整体框架的对地绝缘不得小于 2 MΩ（用 1 000 V 兆欧表测）。

②绝缘板露出直流设备框架外沿 50 mm，绝缘板布置应平直。

③直流设备安装的允许偏差应符合规定。

④母线连接螺栓的紧固力矩值应符合表 16-2 的规定。

表 16-2　母线连接螺栓的紧固力矩值

序号	螺栓规格（mm）	力矩值（N·m）
1	M8	8.8～10.8
2	M10	17.7～22.6
3	M12	31.4～39.2
4	M14	51.0～60.8
5	M16	78.5～98.1

16.1.2　接触轨施工技术

1. 常规段接触轨安装

（1）接触轨的安装流程如图 16-2 所示，具体安装过程如下：

①接触轨配置。

a. 锚段长度复核：一个接触轨锚段底座安装完成后，即对此锚段实际各跨距和总跨距进行测量复核（现场实测，精确至 mm）。

b. 伸缩量计算：根据接触轨锚段长度和现场实际安装温度查阅并计算膨胀接头或接触轨端部弯头温度伸缩量预留量。

c. 接触轨安装长度计算：根据温度变化量预留膨胀接头或接触轨端部弯头伸缩量，计算该段接触轨总长度。

d. 接触轨合理布置：绘制接触轨次序安装布置图，将接触轨沿线路布置，分析比较采用合理的接触轨布置方案。接触轨对接接头尽可能靠近绝缘支持定位点，但要避免与接触轨接缝距最近的绝缘支持定位点的距离小于 600 mm。

②接触轨安装。

a. 接触轨端部弯头安装：接触轨安装应从接触轨端部弯头处开始安装。首先将端部弯头抬起并慢慢地放于接触轨绝缘底座的固定夹上，同时将接触轨扣件装上，并用扭矩扳手稍紧；然后调整端部弯头终端使端部弯头终端端头距最近的绝缘支架的距离，符合本锚段偏移预留量。然后上紧接触轨扣件，并用临时锚固夹具在绝缘底座处将接触轨端部弯头卡住，防止在接触轨安装过程中顺线路发生串动。接着将端部弯头与接触轨相连的一端清理干净，同时将与接触轨接触的截面上以及与鱼尾板相连的各接触面上涂上一层极薄的电力导电脂。注意接触轨扣件要放正，拧紧螺栓时要检查扭矩扳手的扭矩值是否满足设计要求，端部弯头要轻拿轻放、防止磕碰。

b. 接触轨安装：将放好的接触轨抬起并在将接触轨轻轻推送到位后慢慢放于接触轨托架上，同时使用接触轨安装调整器将接触轨擎起，调节接触轨安装调整器使接触轨处于同一对接高度平面。

c. 接触轨接头装配：首先用洁净毛巾将接触轨和接头的接触面擦拭干净，接触面涂导电脂。接触轨接头装于前端接触轨上，戴上紧固螺栓，待装接触轨插入接触轨接头，戴上紧固螺栓，每个螺栓配一个弹性垫圈。这时不拧紧螺栓，保持连接接头处于松动状态。

d. 接触轨对接：使用接触轨安装调整器将两对接接触轨调至同一直线面，保持对接截面密贴，尤其是接触轨钢带接缝处过渡平直顺滑，不偏斜错位，依次用扭矩扳手拧紧 4 组螺栓。

e. 将接触轨装入绝缘底座的夹具上，安上接触轨扣件，按设计力矩要求紧固接触轨扣件螺栓，撤去接触轨安装调整器，检查接触面是否达到要求。

f. 如此反复，装配接触轨接头，对接安装下一根接触轨，依次安装至此锚段接触轨安装完毕。

③膨胀接头安装。

首先使用膨胀接头调整平台将膨胀接头轻轻抬起调至与相邻接触轨平齐，彻底清洁接触面，涂导电脂。

将其一端推入已安装好的接触轨普通接头内，装上连接螺栓，微调膨胀接头与相邻接触轨平齐，对接面密贴、平顺后，按力矩要求紧固接触轨接头连接螺栓。

```
┌──────────┐   ┌────────────────┐   ┌──────────┐   ┌────────────┐
│接触轨配置│──▶│接触轨端部弯头安装│──▶│接触轨安装│──▶│膨胀接头安装│
└──────────┘   └────────────────┘   └──────────┘   └────────────┘
```

图 16-2　接触轨安装流程

(2)技术要求。

①保证第一个绝缘支撑装置(定位点)和接触轨端部弯头的距离满足设计要求。

②绝缘支撑装置的各项参数要先初调到位。

③接触轨接头接触面清洁，使用扭矩扳手安装，紧固力矩以设计要求为准，紧固件安装齐全。

④接触轨对接口应密贴、钢带过渡应平滑顺直，各连接接触面要涂电力导电脂。

⑤接触轨接头要连接可靠，所有螺栓应保持统一朝向，保持美观且方便维护检查。

⑥膨胀接头、接触轨端部弯头安装预留量符合设计要求，螺栓安装紧固力矩符合和产品安装技术要求。

⑦膨胀接头安装顺直,膨胀接头处的轨高、平行度、侧面限界等均应满足设计要求和相关规范标准。

2. 道岔段接触轨安装

(1)作业程序。

①分段绝缘器、过渡弯头安装:

a. 根据设计图纸要求进行现场实际复核测量,并确定分段绝缘器和过渡弯头在道岔处的具体安装位置。

b. 将分段绝缘器、过渡弯头根据图纸在接触轨上进行临时固定。

②接触轨、连接线安装

a. 将道岔处接触轨根据现场实际测量数据进行预配,并做好标记。根据设计图纸要求将接触轨安装到位,并与分段绝缘器、过渡弯头进行连接。

b. 首先调整直线状态下接触轨(含分段绝缘器)的安装状态,确定接触轨已安装、调整到位,集电靴能平滑过渡并用记号笔在道岔处接触轨上做好标记。

c. 摆动道岔至另一股道,用测量尺对道岔处的接触轨支撑点逐个进行测量,并作好记录。对道岔梁衔接处进行反复测量,仔细查找接触轨与集电靴的平滑过渡点,并用记号笔做好标记。

d. 再次摆动道岔至另一股道,用步骤 c 同样的方法对接触轨进行调整。

e. 待与此道岔有关的所有股道均调整完成后再将道岔摆动至直线状态,观察接触轨与集电靴的平滑过渡点是否滑动,若平滑过渡点已滑动则对接触轨进行微调,微调完整后再摆动道岔观察道岔处其他股道的平滑过渡点情况,最终确保接触轨在道岔的任何股道上集电靴均能平滑过渡。

f. 根据图纸要求的位置完成接触轨的电连接安装工作。

(2)技术要求。

①分段绝缘器、过渡弯头所用型号、材质、安装位置必须符合设计要求。

②道岔处接触轨的安装间隙符合设计要求。

③接触轨的安装方式必须正确,确保道岔摆动过程中接触轨能顺利摆动。

④道岔摆动到位后接触轨不能出现硬点。

⑤道岔摆动过程中每个道岔钢梁处的接触轨支撑点均需进行测量、调整。

16.1.3 环网电缆施工技术

1. 10 kV 环网电缆敷设方式

地面区间电缆敷设方式:区间供电系统上下行环网电缆敷设在线路一侧的电缆支架上,上下行两回路电缆敷设在不同层的电缆支架托臂上。

高架区间电缆敷设方式:高架区间供电系统上下行环网电缆敷设在线路中间疏散平台的电缆支架上,上下行两回路电缆敷设在不同层的电缆支架托臂上。

车站电缆敷设方式:环网电缆敷设在站台板下的电缆通道内,电缆采用桥架的方式敷设。车站内电缆路径设置专门的电缆通道或在车站端部设置电缆梯架。

车辆段电缆敷设方式:环网电缆敷设在地面电缆隧道内,支架安装在电缆隧道侧壁上。

2. 人机结合敷设电缆

在站台夹层敷设电缆时,宜采用该种敷设方法。电缆夹层地形狭窄,能见度低,转弯较多,障碍物多,机械化作业难以展开。因此,为保证电缆在敷设过程中不受损伤,应采用以人力牵引为主、机械绞磨牵引为辅的敷设方式。

先将电缆盘架在放线架上,架盘时放线架要摆放牢固,底座应平整、坚实,放线杠保持水平,电缆盘距地面不宜超过 100 mm。直线区段每隔 3~5 m 摆放一个托滚,在转弯处设置转角滑轮,将电缆置于托滚之上。牵引电缆时不使其与地面发生摩擦,以机械(卷扬机、绞磨)和人工两者兼用的方法牵引电缆。

3. 电缆固定

10 kV 环网电缆用电缆扎带在每个支架处进行绑扎固定,并按图纸要求在电缆接头及水平敷设每隔一段间距、转弯处采用加强固定。联跳电缆及光缆按图纸要求进行绑扎固定。在电缆终端头、电缆接头、拐弯处、夹层内、电缆竖井的上下两端,及时挂设电缆牌。电缆整理时,排列整齐避免交叉。

4. 电缆防火封堵

为了避免电缆故障短路时,引起事故范围的扩大,电缆进出电缆竖井上下口处,站台夹层入口处,做防火封堵。电缆应在所有电缆敷设完毕后进行封堵。

(1)电缆竖井防火封堵:混凝土浇注法。

采用混凝土浇注的方法,将电缆竖井上下口封死,并在电缆周围留有一定的空间,以备日后检修更换电缆之用。采用防火堵料、防火泥对电缆周围空间进行封堵。

(2)电缆竖井防火封堵:采用钢架、钢板封堵法。

将钢架、钢板、钢丝网涂刷防火涂料,涂料搅拌均匀,涂层厚度应满足规定要求。然后将钢架、钢板、钢丝网安装在电缆竖井上下口,并在电缆周围留出空间。先将电缆用防火泥包裹,再用防火枕进行封堵。防火枕交叉摆放整齐,防火枕之间的缝隙及摆放厚度应符合规定。在电缆竖井容易进水处,制作防水台。

(3)站台夹层入口处防火封堵:区间电缆进入站台夹层处,电缆分别穿入玻璃管,玻璃管与电缆缝隙之间采用防火堵料封堵。

16.2　通信系统施工技术

16.2.1　光电缆成端施工

1. 尾纤安装

根据配线箱中余留盘大小,对尾纤进行量裁,除保证有足够的接续长度外,还必须对尾纤进行编号。安装时,量取接续端尾纤长度(约 1.3 m),从 1.3 m 处将尾纤固定在光纤收容盘入口处,带适配器一端固定于配线箱的法兰盘上,剩余尾纤盘留在收容盘内。依次安装每根尾纤,即完成尾纤安装工作。

2. 光缆开剥

由于配线箱容量大,开剥光缆时必须充分考虑光缆固定点与最远的收容盘之间所需光缆的长度,根据这一长度对光缆进行开剥。

3. 光纤接续

尾纤、光缆安装完毕后,清理场地,布置接续用的工具、材料。具体步骤:尾纤护套剥除—涂覆层剥除—光纤涂覆层剥除—光纤端面切割—光纤放置在 V 型槽—自动熔接—测量—增强保护。

在光纤的收容过程中,根据施工规范使光纤的弯曲半径达到规范规定的要求,避免因弯曲造成光纤的附加损耗;同时收容槽内整洁、无杂物。

4. 光纤测试

用光源和光功率计用 1 条尾纤连接,进行校表。再分别将光源和光功率计接到被测光纤两端,调整到同样波长,光源发送功率减去输出功率,再减去活动连接头的损耗即为被测光纤的损耗。

5. 网线电缆成端操作要点

本工程中大量电缆成端均为双绞线与 RJ45 头的连接,RJ45 的连接分为 568A 与 568B 两种方式,不论采用哪种方式都必须与信息模块采用的方式相同。

(1)电缆开剥。

首先将双绞线电缆套管,自端头剥去大于 20 mm,露出 4 对线。

为防止插头弯曲时对套管内的线对造成损伤,芯线并排排列至套管内至少 8 mm 形成一个平整部分,平整部分之后的交叉部分呈椭圆形状态。

(2)电缆测试。

使用网线测试仪对网络线进行测试,主要目的为测试 RJ45 连接头是否连接正确,用万

用表测试其直流电阻,用兆欧表测试其绝缘电阻。使用兆欧表测试电源电缆的直流绝缘
电阻。

6. 技术要求

(1)光电缆从单盘测试至成端阶段必须对端头密封处理。

(2)光纤清洗必须用短纤维的清洁纸或医用脱脂棉花纱布蘸 95% 以上的医用酒精或
99% 的乙醇分析纯进行清洗。

(3)涂覆层的剥离长度为 40 mm,断面制作与光纤轴线的角度误差值小于 5°。

接续损耗平均值、中继段测试损耗平均值皆不大于 0.08 dB,光缆电器连接处的开剥长
度为 20 mm。

16.2.2　通信系统机房设备安装

1. 设备底座安装

首先设备底座按照施工图纸位置摆放在水泥地上,用卷尺测量底座的前边到参考墙面
的距离,反复调整底座使每只底座的前边上的两端点距参考墙面的距离相同。如设备室内
参考墙面不是直线时,可用尼龙线拉出一条直线,以该直线为参考,反复调整使各机柜底座
摆放到设计位置。用金属垫块调整每个底座,用水平尺检验是否水平,直至每个底座水平
后,用记号笔通过每个地面安装孔处在水泥地面上做记号。

用冲击电钻在每个记号处打孔,电钻钻头要和金属膨胀螺栓型号相匹配,调节冲击电钻
的深度标尺,使打孔的深度和金属膨胀螺栓的外胀管长度相同。孔要垂直,用毛刷扫除
灰尘。

用榔头将膨胀螺栓逐一敲入孔内,将螺栓适当旋紧,使外胀管略微胀开后,旋出螺帽和
垫片,将所有金属膨胀螺栓安装完成后,把设备底座安放到每个螺栓上,套上平垫、弹簧垫
片、螺帽。调整底座水平后旋紧螺帽,同时用水平尺检验。逐一完成每个底座的安装,用卷
尺测量每个底座的前边在直线上的偏差不大于 5 mm 即可。

2. 车站室内设备安装

(1)机房通信系统设备安装。

因通信机房内各系统设备较多,安装时从一侧机柜开始逐一安装。首先机柜就位,对准
安装孔后,穿入连接螺栓并带上垫片、螺帽,用激光测量仪发射出一条标准、平行的直线或拉
尼龙线。用橡皮锤轻敲设备底部边框使设备前边达到设计位置。用水平尺和线坠检测机柜
的水平度和垂直度偏差,在机柜底部加上金属垫块调整,水平度和垂直度偏差符合要求后按
照对角方式逐一旋紧固定螺栓,并固定牢固。

用水平仪和经纬仪检测单个机柜和整列机柜的水平、垂直偏差,整列机柜前端面在平行
直线上偏差小于 5 mm,整列机柜垂直偏差小于 2 mm,每个机柜水平偏差小于 2 mm,柜间缝

隙小于 1 mm。

（2）车站控制室内设备安装。

车站控制室内设备安装包括无线固定台、站内电话值班台、电视监控后备控制盘、广播后备控制盘安装。电视后备控制盘、广播后备控制盘一般为镶嵌式安装，在控制台制作时需提供相应的开孔尺寸。值班台电话一般均放置到台面即可。

车站控制室内还需安装接地箱，安装方式同通信设备室内接地箱。

电视监控、广播后备控制盘安装：将该控制盘放到安装孔位置，调节好后用记号笔画出安装孔位，用手持式电钻钻出小孔，用沉头自攻螺丝固定。

无线固定台和站内值班台还需在柜体内安装电源转接插座盒，转接插座安装在侧板上，电钻打孔后使用自攻螺丝固定。

16.2.3 系统配线

系统配线包括各系统设备内部、设备间配线以及和其他系统配线电缆敷设、绑扎、开剥、成端等工作。

1. 电源系统内部配线

电源系统内部配线包括交流自切箱到配电盘的配线，配电盘到 UPS 配线。

在电缆敷设时电源线与数据线分开敷设，分开绑扎。在电源线进入设备时需绑扎牢固，不得使电缆接线端子受电缆自身重力，电源线开剥时注意不得损伤芯线，在外皮开剥处用热可缩套管保护，各芯线与设备连接时，设备接线端子为接线柱时需采用线鼻子连接，线鼻子压接必须牢固。

2. 传输系统内部配线

传输内部配线包括传输设备到光纤配线架（Optical Distribution Frame，ODF）和传输总配线架（Main Distribution Frame，MDF）的线缆的敷设、绑扎、开剥成端。

传输设备到 ODF 敷设 15 m 长的光纤跳线，光纤跳线必须采用阻燃高强度塑料软管防护，并敷设于地板下防护钢槽内，不得裸露。塑料管在传输设备和防护钢槽中用绑扎带固定，在穿放光纤跳线时连接器上的防尘帽不能摘除。在传输设备机柜内光纤跳线有适当防护，并单独绑扎，绑扎不能过紧。

传输设备到传输 MDF 的局用电缆敷设于防静电地板下的防护钢槽内，电缆每小于 1 m 处绑扎整齐平直，不得扭绞，电缆弯曲半径敷设施工规范。进入 MDF 内电缆绑扎整齐顺直，在进线处绑扎牢固，防止电缆因自身重力拉脱。电缆开剥时注意不得损伤芯线，在外皮开剥处用热可缩套管防护，开剥出的芯线在端子排后有 10 cm 长度的预留。

3. 电话系统内部配线

电话系统内配线包括交换机到 MDF 和区间、各分线盒电缆在 MDF 内的配线。交换机到 MDF 的配线电缆敷设在防静电地板下的保护钢槽内,电缆每小于 1 m 处绑扎整齐平直,不得扭绞,电缆弯曲半径符合施工规范。进入 MDF 内电缆绑扎整齐顺直,在进线处绑扎牢固,防止电缆因自身重力拉脱。

区间电缆引入到公务 MDF,各分线盒电缆开剥后将电缆外皮接地,接地线可靠地连接到 MDF 接地端子上,绑扎和编把、卡接同上。在外线侧端子排上插入保安器。

4. 无线系统内部配线

无线系统内配线包括无线机柜到电源分配箱,电源分配箱到车站控制室,区间漏缆连接的射频电缆在机柜内配线。

无线机柜到其电源分配箱电源线敷设于防静电地板下电源防护钢槽内,线缆弯曲半径符合施工规范。电源线进入机柜绑扎牢固,电缆开剥后外皮开剥处采用热可缩套管防护。

区间漏缆的射频电缆在机柜内配线,射频电缆进入机柜后弯曲半径不小于其外径 15 倍,在机柜内绑扎整齐,开剥电缆使用专用开剥刀,开剥端面整齐,在安装连接器前用毛刷清除端面上的残留物质。

5. 电视监控系统内部配线

电视监控系统内部配线包括各外围设备在机柜内配线和车站控制室后备控制盘配线。

电视监控设备机柜内配线包括到外围设备视频、控制、电源线的绑扎、编把和成端。将视频和控制电缆与电源线分开绑扎,绑扎整齐后开剥视频电缆,开剥电缆尺寸符合 BNC 连接头尺寸,套入热可缩套管,用专用压接钳压接内导体,再安装上连接头,压接外导体部分,用剪刀剪去多余的外导体(屏蔽铜网),烤热可缩套管用以保护连接头和电缆相接部分。控制电缆一般采用 RJ11 或 RJ45 连接头,用专用压接钳开剥出规定长度芯线,分离芯线插入对应线位,压接水晶头,使水晶头内刀片牢固卡住芯线并接触良好。

车站控制室控制盘配线包括视频电缆、控制电缆配线,视频电缆接入到 IBP 盘的视频接口,视频电缆和控制电缆成端同上所述。

6. 广播系统内部配线

广播系统内配线包括各外围设备电缆的配线和车站控制室广播后备控制盘的配线,各种广播和噪声监测器电缆到机柜后绑扎、编把美观。电缆开剥后采用热可缩套管防护开剥处,芯线一般采用与线鼻子压接或焊接的方式。车站控制室后备控制盘上配线包括控制、音频、电源电缆配线。设备侧和车站控制室后备控制盘的控制电缆一般采用 RJ11 或 RJ45 连接头,其制作方式同电视监控系统内配线的控制线成端部分。

7. 时钟系统内部配线

时钟系统内部配线包括机柜内各分区数据和电源线的配线。电源线和数据线进入机柜后分开绑扎整齐,各分区电源线接到电源分配端子上,数据线接线方式一般采用卡接或 D 型数据头方式,首次开剥出一定电缆长度,套入热可缩套管。分开芯线,在每根芯线上套入小热可缩套管,用 30 W 电烙铁按照供货厂商安装手册上针脚定义焊接芯线和插针,焊点光滑、圆润、牢固,不得虚焊和假焊。将热缩管套到针脚上,用防风打火机烘烤使其收缩,使得针脚间绝缘。烘烤电缆上的热缩管,旋紧 D 型头上固定电缆的螺丝。用螺丝刀将 D 型头固定在数据接口上。

8. 车站各通信系统间配线

车站通信系统间配线按照设计图纸配线。

各通信子系统间设备缆线敷设时考虑控制线、视频线和电源接地线等在防静电地板下分开敷设,均采用镀锌钢槽保护。电缆弯曲半径均符合施工规范要求,在钢槽出线口加以防护。线缆配线完成后对每个机柜底板进线孔用防火堵料封堵。

各系统数据线连接到传输 MDF 时,绑扎整齐后使用专用卡刀卡接,卡接后芯线不宜反复拆除或反复卡接。严禁在 MDF 端子排上一个卡线口卡接 2 条以上芯线或线径不符合端子排的线径要求。

每条缆线挂好标牌,标记清楚、正确、不易褪色。

16.3　常规机电系统施工技术

16.3.1　通风空调与采暖系统

1. 通风空调系统风管安装

(1)风管的组合与安装。

①风管与法兰连接前,应检查风管的外径或外边长和法兰内边尺寸的偏差是否满足要求。连接时,必须使法兰平面与风管中心线保持垂直。

②风管系统安装前,应进一步核实风管及送回(排)风口等部件的标高是否与设计图纸相符,并检查土建预留的孔洞预埋件的位置是否符合要求,并将预制加工的支(吊)架、风管及部件运至施工现场,根据工程量大小分段进行安装。

③支、吊架安装是风管系统安装的第一道工序,支、吊架的形式应根据风管截面的大小及工程的具体情况选择,考虑保温余量。

④风管的安装,必须保持风管中心线的水平,而对于输送空气湿度大的风管,为排除管内凝结水,风管安装时须保持设计要求的 0.01~0.015 的坡度。

⑤支架埋入墙体或混凝土中应去除油污(不得喷涂油漆)以保证结合牢固,填塞水泥砂浆应稍低于墙面,以便土建修饰墙面补平。

⑥风管支、吊架的吊杆若是单吊杆,应安装在风管的中心线上;若是双吊杆,应按托架角钢的螺孔中心间距和风管中心线对称安装,但不能直接吊在风管法兰上。

⑦安装立管卡环须用线锤吊正,保证风管的垂直度。

⑧用法兰连接的一般通风、空调系统,法兰垫料厚度为 3～5 mm,垫料不能挤入风管内,否则会增大流动阻力,减少风管有效面积,形成涡流,增加风管内积尘。连接法兰的螺母应在同一侧。回/排烟风管法兰垫片采用耐热橡胶垫片,连接螺栓需作防腐处理。

(2)风管支吊架设置要求。

支、吊架安装是风管系统安装的第一道工序,支、吊架的形式应根据风管截面的大小及工程的具体情况选择,必须符合设计图纸或国家标准图的要求。具体做法依据《建筑设备施工安装通用图集》(91SB6－1)。

①非保温风管。水平安装的风管直径或大边长小于 500 mm,其间距不超过 3 m;大于或等于 500 mm,其间距不超过 2.5 m。垂直安装的风管支架间距为 3 m,在每根立管上设置不少于两个固定件。

②保温风管。对于保温风管,视其保温材料的不同,风管的支、吊架应符合设计要求,矩形风管的支吊、托架加垫木设在保温层外部,不得损伤保温层,并作防火处理。

③风管支架安装的位置及数量可按下列规定确定:

水平安装:D(指圆风管直径)或 A(矩形风管大边长)小于 500 mm,间距小于 3 m;D 或 A 不小于 500 mm,间距小于 2.5 m;防排烟风管间距小于 1.5 m。

垂直安装:间距不大于 3 m,但层高大于 3 m 时,每根立管不少于 2 个,支架安装高度宜在 1.5～1.8 m 的法兰处。

保温风管支架间距,按不保温风管的支架间距乘以 0.85 的系数计。

风管转弯处两端加支架。穿楼板处,固定风管支架只起导向作用,所以穿楼板应加固定支架,支架做法如设计无要求时,按国家建筑标准设计图集《风管支吊架》(03K132)中规定:

固定螺栓个数:D 或 A 小于 500 mm 4 个;D 或 A 不小于 500～1 000 mm 6 个;D 不小于 1 000 mm 8 个。

风管始端与通风机、空调器及其他振动设备连接的风管与设备的接头处须加支架。干管上有较长的支管时,则支管上必须设置支、吊、托架,以免干管承受支管的重量而造成破坏现象。

风管安装时的支、吊、托架应等距离排列,但不能将其设置在风口、风阀、检视门及测定孔等部位处,应适当错开一定的距离。矩形保温风管不能直接与支、吊、托架接触,应垫上坚固的隔热材料,其厚度与保温层相同,防止产生"冷桥"造成冷量的损失。

2. 风管部件的安装

(1)各类风口的安装。

风口安装应注意美观、牢固、位置正确、转动灵活,在同一房间安装成排同类型风口,必须拉线找直找平。送风口必须标高一致,横平竖直,表面平整,与墙面平齐,间距相等或均匀。散流器应与天花面贴紧、位置对称,多风口成行成一直线。注意风口外型的完整性,不得碰撞损坏。

风口必须固定,连接严密牢固可靠。边框与建筑装饰面贴实,外表面应平整不变形,调节应灵活。

风口表面应平整、美观,风口外表面不得有明显的划伤、压痕与花斑,颜色应一致。

风口水平安装,水平度的偏差不应大于3/1 000;风口垂直安装,垂直度偏差不应大于2/1 000。

(2)各类阀件的安装。

风管阀件主要有防火阀、防(排)烟阀、调节阀。阀门安装时,阀门调节装置要设置在便于操作的位置,安装在高处的阀门要留检查维修的空间。

阀在安装完毕后,应在阀体外部明显地标出"开"和"关"方向及开启程度。对保温系统,应在保温层外面作标志,以便调试和管理。

防火阀、防(排)烟阀有水平安装和垂直安装,有左式和右式之分,在安装时注意不能装反,安装时应拆下易熔片,待安装后再装上。

止回阀阀轴必须灵活,阀板关闭应严密。

所有阀件无论安装前后,都必须保证其阀片转动灵活有效。

防火阀安装时,方向位置应正确,易熔件应迎气流方向。每个防火阀独立设支、吊架。

3. 通风空调系统设备安装

(1)消声器的安装。

①消声器尽量安装于靠近使用房间的部位,如必须安装在机房内时,则必须对消声器外壳及消声器之后位于机房内的部分风管采取隔声处理。

②消声器一般标明安装方向,安装时施工人员务必按气流方向正确安装,避免装反。

③消声器、消声弯管一般较重,必须单独设置支、吊架,不能利用风管来承受其重量,便于单独检查、拆卸、维修和更换。

(2)小风机安装。

风机与风管采用软管连接,长度为150~200 mm。为保证软管在系统运转过程中不扭曲,安装的松紧应适度。对于装在风机吸入端的软管,可安装稍紧些,防止风机运转时被吸入,减少软管的截面尺寸。排烟风机前后均设置硅钛合成高温耐火软接。

轴流风机叶轮与主体风筒的间隙应均匀分布,并应符合表16-3规定。

表 16-3　叶轮与主体风筒对应两侧间隙允许偏差表　　　　单位:mm

叶轮直径	≤600	601~1 200	1 201~2 000	2 001~3 000	3 001~5 000	5 001~8 000	>8 000
对应两侧半径间隙之差不应大于	0.5	1	1.5	2	3.5	5	6.5

(3)室内机安装。

室内机安装的步骤为:决定室内机的位置→画线标位→打膨胀螺栓→装室内机→管路连接。

室内机安装质量要求如下。

高度:注意顾及最后面向天花板的表面;

方向:机器必须与天花板可见接合处呈直线状态;

检修口:按照技术资料要求,预留出检修口的位置。

(4)控制线和电源线作业。

控制线全部采用屏蔽线沿冷媒管捆扎敷设,室内控制器部分穿管暗敷设,禁止电源线和控制线捆绑在一起,当电源线与控制线平行走时,应保证其在 300 mm 以上的距离防止干扰。

(5)室外机安装。

室外机以槽钢作基础,禁止四角支撑,用纵向支撑或四周支撑。室外机之间、室外机与建筑物之间应符合相应的技术规定。

16.3.2　给排水及消防系统施工技术

1.给排水

(1)给排水管道支、吊架安装。

给排水管道的支架形式分为:吊架、托架和卡架。吊架和托架为水平管道上安装;而立管上装设卡架。对于有配套的管道支架产品,尤其是吊架和立管管卡应尽量采用厂家配套产品。采用给水钢管安装的型钢托架、型钢吊架、扁钢管卡支承件时,管道与管卡之间应设塑料带或橡胶等软隔垫,以确保不损伤管道表面。

①支、吊架的安装方法。

墙上有预留孔洞的,可将支架横梁埋入墙内。埋设前应清除洞内的碎砖及灰尘,并用水将洞浇湿。填塞用 M5 水泥砂浆,要填得密实饱满。

钢筋混凝土构件上的支架,可在浇筑时在各支架位置上预埋钢板,然后将支架横梁焊在预埋钢板上。

没有预留孔洞和预埋钢板的砖墙或混凝土构件上,可以用射钉或膨胀螺栓紧固支架。

沿柱敷设的管道,可采用抱柱式支架。

②支、吊架安装规定。

支架结构合理,位置正确,安装牢固,外型排列整齐美观,油漆色泽与总体协调。

支架不得有漏焊、欠焊或焊接裂纹等缺陷。

管道安装完毕后,应按设计要求逐个核对支架的形式、材质和位置。

与管道接触应紧密,固定应牢靠。滑动支架应灵活,滑托与滑槽两侧间应留有 3~5 mm

的间隙,并留有一定的偏移值。固定在建筑结构上的管道支、吊架,不得影响结构的安全。

在管件较多处及有阀门、伸缩节等处均应增设管支、吊架。

(2)室内管道安装。

室内给水管道由引入管、干管、立管、支管和管道配件组成。

①引入管安装一般规定。

每条引入管上均应装设阀门和水表,必要时还要有泄水装置。

引入管应有不小于 0.003 的坡度,坡向室外给水管网。

给水引入管与排水的排出管的水平净距,在室外不得小于 1.0 m,在室内平行敷设时,其最小水平净距为 0.5 m;交叉敷设时,垂直净距为 0.15 m,且给水管应在上面。

引入管或其他管道穿越基础或承重墙时,要预留洞口,管顶和洞口间的净空一般不小于 0.15 m,且给水管应在上面。

引入管或其他管道穿越地下室或地下构筑物外墙时,应采取防水措施,根据情况采用柔性防水套管或刚性防水套管。

②干管和立管安装一般规定。

给水横管应有 0.002～0.005 的坡度坡向可以泄水的方向。

与其他管道同地沟或共支架敷设时,给水管应在热水管、蒸汽管的下面,在冷冻管或排水管的上面。

给水管不与输送有害、有毒介质的管道、易燃介质管道同沟敷设。

给水立管和装有 3 个或 3 个以上配水点的支管,在始端均应装设阀门和活接头。

立管穿过现浇楼板应预留孔洞,孔洞为正方形时,其边长与管径的关系为:DN32 以下为 80 mm;DN32～DN50 为 100 mm;DN70～DN80 为 160 mm;DN100～DN125 为 250 mm。孔洞为圆孔时,孔洞尺寸一般比管径大 50～100 mm。

立管穿楼板时要加套管,套管底面与楼板底齐平,套管上沿一般高出楼板 20 mm;安装在卫生间地面的套管,套管上沿应高出地面 50 mm。

③管与管及与建筑构件之间的最小净距见表 16-4。

表 16-4　管与管及与建筑构件之间的最小净距　　　　　　　单位:mm

名称	最小净距
引入管	在平面上与排水管道不小于 1 000
	与排水管水平交叉时,不小于 150
水平干管	与排水管道的水平净距一般不小于 500
	与其他管道的净距不小于 100
	与墙、地沟壁的净距不小于 80
	与梁、柱、设备的净距不小于 50～100
	与排水管的交叉垂直净距不小于 100

续上表

名称	最小净距
立管	不同管径下的距离要求如下： 当 DN≤32,至墙的净距不小于 25 当 DN32～DN50,至墙面的净距不小于 35 当 DN70～DN100,至墙面的净距不小于 50 当 DN125～DN150,至墙面的净距不小于 60
支管	与墙面净距一般为 20～25

（3）水泵安装。

①立式泵安装。

水泵就位前应检查基础预埋的地脚螺栓位置是否与到货水泵相符,螺栓大小、材质、垂直度必须满足安装要求,水泵就位后,螺丝应拧紧,扭力矩均匀,螺母、垫圈及底座间接触紧密;垫铁组应放置平稳,位置正确,接触紧密,每组不应超过 3 块,且垫铁之间应点焊,防止滑动。

泵体水平度沿垂度的允许偏差每米不得大于 0.1 mm。联轴器应无损伤,两轴的不同轴度及联轴节间的端面间隙应符合相关标准的规定。

②潜污泵安装。

水泵自动耦合装置就位前应检查基础的地脚螺栓(或膨胀螺栓)的大小、材质,其垂直度必须满足安装要求,螺丝应拧紧,扭力矩均匀,螺母、垫圈及底座间接触紧密。

潜污泵吊装后导向挂件上的两只挂耳应以导管为中心均匀放置,防止偏向某一边而致使水泵倾斜或卡住而破坏密封性能。安装时可以反复提起再吊下,直到使水泵获得正确安装位置。

③水泵调试。

水泵安装完毕,应根据相关规定进行调试及试运转前的检查及试运转,并做好记录。试运转应符合下列规定:电机转动方向正确;水泵运转无卡阻现象和异常声响;水泵带负荷连续运转不应少于 2 h;附属系统的运转应正常;管道连接应牢固无渗漏;各密封部位无渗漏水现象;滚动轴承温度不高于 80 ℃,特殊轴承温度应符合设备技术文件的规定;电机电流不超过额定值;安全保护和电控装置及各部分仪表均应灵敏、正确、可靠。

（4）管道压力试验。

给水管道安装完毕应进行强度和严密性试验,试压分阶段性试压和系统试压。阶段性试压,是指埋地、嵌墙及设在吊顶内和管井内等暗敷设的管道,在隐蔽前必须进行水压试验。给水管道系统全部安装完毕后,应进行系统水压试验。

管道试压方法为:将试压泵、阀门、压力表、进水管接在管路上并灌水,待满水后将管道系统内的空气排净(放气阀流水为止),关闭放气阀。待灌满后关进水阀。

用手动试压泵或电动试压泵加压,压力应逐渐升高,一般分2~3次升到试验压力。当压力达到试验压力时停止加压。

消防及承压排水管在试验压力下,稳压30 min,且无渗漏水现象,压力表指针下降不超过0.05 MPa,且目测管道无变形就认为强度试验合格。

车站内及室外承压管道在试验压力下,稳压10 min,且无渗漏水现象,压力表指针下降不超过0.05 MPa,且目测管道无变形就认为强度试验合格。

把压力降至工作压力进行严密性试验。在工作压力下对管道进行全面检查,稳压24 h后,如压力表指针无下降,管道的焊缝及法兰连接处未发现渗漏现象,即可认为严密性试验合格。水压严密性试验应在水压强度试验合格后进行。

(5)室内排水管灌水、通球试验。

①灌水试验:室内排水管道安装完毕应进行灌水试验,其结果必须符合设计要求。试验方法如下:

污水管道灌水高度,以一层楼的高度为准,满水15 min水面下降后,再灌满观察5 min,水面不下降,管道和接口无渗漏为合格。

雨水管道的灌水高度必须到每根立管上部的雨水斗;灌水试验持续1 h,不渗不漏为合格。

②通球试验:室内排水主立管及水平干管管道均应做通球试验,通球的球径不小于排水管道管径的2/3,通球率必须达到100%。

2. 消防水系统安装

(1)消防管道安装。

①水平管道安装。

水平管是架空式水平管,分布站厅层、站台层板下,安装时首先确定水平管的位置、标高、管径等,确定支架的安装位置,然后按:现场放线→支架制作、热镀锌→支架安装→量裁管道→管道安装→自检、找正的程序进行。

在安装前必须明确管道上的蝶阀和支管布置位置,以保证以后能顺利连接。

架空横管安装标高线,用水准仪量出各段管道标高线及支架标高,再用卷尺量出支架安装点,并在墙面或顶部示意标高线和支架安装点,然后根据标高线或安装点安装支架和管道。

上好的管道要进行最后核查,保证水平度和离墙距离使其正直美观,最后上紧管码卡。

②消防立管安装。

在安装前必须先明确立管上的阀门布置形式,以保证以后能顺利连接;另外在安装前应明确知道每层装修完成面的高度,以便准确安装标高。

根据高度在墙面上画出横线,再用线坠吊在立管的位置上,在墙上弹出或画出垂直线,并根据立管卡的高度在垂直线上确定出立管卡的位置并画好横线,然后再根据所画横线和垂直线的交点安装支架。

上好的立管要进行最后检查,保证垂直度和离墙距离,使其正面和侧面都在同一垂直线上。最后把管卡收紧。

(2)消防器材安装。

消防器材由室内消火栓系统、室外消火栓、灭火器、喷头和消防水泵结合器等组成。

①消火栓安装

消火栓安装,首先要以栓阀位置和标高定出消火栓支管甩口位置,经核定消火栓栓口(注意不是栓阀中心)距地面装修完成高度为 1.1 m 或满足设计要求,然后稳固消火栓箱。箱体找正稳固后再把栓阀安装好,栓口应朝外或朝下。栓阀侧装在箱内时应安装在箱门开启的一侧,箱门开启应灵活。

消火栓箱体安装在轻体隔墙上应有加固措施(如在隔墙两面贴钢板并用螺栓固定)。安装后的箱体上下角的水平位移不得超过 2 mm。

箱体在安装过程中应与装修紧密配合,不得损坏装修面,与装修面的接缝应整齐美观。

箱体内的配件安装,应在交工前进行。消防水龙带应采用内衬胶麻带或锦纶带,折好放在挂架上,或卷实或盘紧放在箱内;消防水枪要竖放在箱体内侧,自救式水枪和软管应盘卷在卷盘上。消防水龙带与水枪和快速接头的连接,一般用 14 号钢丝绑扎两道,每道不少于两圈;使用卡箍时,在里侧加一道钢丝。

室内消火栓系统安装完成后,应做试验消火栓和底层取二处消火栓做试射试验,其水枪充实水柱高度达到设计要求时为合格。

②室外消火栓安装

安装前应检查消火栓型号、规格是否符合设计要求,阀门启闭应灵活。

安装位置距建筑物不小于 5 m,其位置必须符合设计位置。

室外地下消火栓与主管连接的三通或弯头下部,均应稳固地支承于混凝土支墩上。其安装各部尺寸应满足设计或施工质量验收规范的要求。

室外地上式消火栓一般安装于高出地面 640 mm 处。安装时,先将消火栓下部的带底座弯头稳固在混凝土支墩上,然后再连接消火栓本体。

③手提式灭火器

手提式灭火器采用磷酸铵盐干粉灭火器,车站公共区灭火器与消火栓共箱设置。干粉灭火器放置时,首先检查干粉灭火器上压力表指数是否正常,瓶内干粉是否泄漏。检查合格后,将灭火器放置到设计指定地点。灭火器放置时,要求现场施工全部完成,以防止和施工临时灭火器混淆。

(3)消防管道压力试验。

消防管道压力试验方法同给排水管道压力试验方法。

管道、设备、消火栓管道安装完成后,首先进行站厅水压试验。由于系统整个管网的面积大,数量多,应分区、分段实施,可根据站台、站厅及区间三部分进行水压试验。分区水压试验完成并且达到试验要求后再以站为单位进行压力试验。

(4)管道冲洗。

站内消火栓系统在与站外地下给水管连接前必须将站外地下给水管道冲洗干净,冲洗水量达到消防时的最大设计流量,将冲洗水排入雨水或排水管道。

管道施工完毕后,进行冲洗。消防管道冲洗以站为单位进行,水源采用市政给水。排水设置在站台最低点三组消火栓内。将系统内阀门开启,消火栓球阀关闭;关闭区间消防闸阀,打开低点排水阀门;开启给水阀门,阀门从小到大逐步开启。在排水泵房内设置人员监护,排水泵房内水位上升到一定位置后,启动排水泵,将冲洗水排到室外,直到水质符合要求为止。冲洗完成后将系统内存水排放干净,移交前注满水即可。

16.3.3　车站内动力照明系统施工技术

1. 电缆桥架安装

依据中低速磁浮交通设计要求,电缆桥架采用有机阻燃防火桥架,安装方式为吊架(支架)安装、膨胀螺栓固定,安装路径为沿吊顶安装,部分地段沿墙面安装。

(1)电缆桥架安装。

①按安装部位的要求,核对电缆桥架的规格、型号及质量状况。

②先将电缆桥架的一端与连接片连接,然后移至安装好的吊臂框架上,再与另一节电缆桥架的一端连接,逐节接续。每节电缆桥架都须与吊臂横梁固定。

(2)质量控制点。

①电缆桥架的规格、支吊件跨距、防腐类型应符合规范及设计要求,电缆桥架路径走向与其他管道之间距离应符合规程规定,电缆桥架规格应满足电缆弯曲半径需要。

②电缆桥架安装保持平直、整齐、牢固、无歪斜现象。水平安装距地面高度一般不低于2.5 m,在电气专用房间(如配电室、电缆沟等)内敷设时除外。支吊架走向左右的偏差不应大于10 mm。

③穿越墙体、楼板的电缆桥架,在穿越处不得安排接口连接。

④电缆桥架安装时,在接头处、离开桥架两端出口0.5 m处及桥架转弯、分岔处加装吊架或支架。

⑤电缆桥架垂直或倾斜安装时,桥架底部应有防止电缆滑动的电缆固定支撑。电缆桥架路径与其他管道发生冲突时,应遵循电让水、暖、风的原则。

⑥同一路径向一级负荷供电的双电源电缆、应急照明和其他照明的电缆、强电和弱电电缆,当敷设在同一层桥架时,电缆桥架应加装隔板。

2. 配电箱、配电柜安装

(1)配电柜安装。

①基础槽钢安装。

a. 根据图纸,将各组基础槽钢框架放在结构层的相应位置。

b. 用水准仪测量各组槽钢,找出最高的一组。

c. 在最高的一组槽钢下加垫斜铁,调整槽钢至水平。

d. 在槽钢的腰上焊接固定角钢;当结构层预留有预埋件时,将槽钢直接与预埋件焊接。

e. 用膨胀螺栓将固定角钢牢固固定在结构层上。

f. 以此组槽钢为基准标高,确定其他各组槽钢位置,调整水平后牢固固定在结构层上。

质量控制点:当设备有特殊要求时,基础槽钢标高应符合设计的相应要求。槽钢与固定角钢间应焊接牢固。基础槽钢安装的允许偏差,见表 16-5。

表 16-5　基础槽钢安装的允许偏差　　　　　　　　　单位:mm

序号	项　目		允许偏差
1	垂直度	单位长度(m)	<1
		全长	<5
2	水平度	单位长度(m)	<1
		全长	<5
3	位置误差及不平行度	全长	<5

②配电柜的安装固定:

每面盘按照设备的要求与基础槽钢进行螺栓固定。成列柜固定完毕后,将盘、柜脱落油漆的部位用设备厂家提供的原色油漆补刷。

③配电柜接地:

按照设备厂家要求将盘、柜内接地铜排连接牢固。在成列设备的两端采用软铜编织线与变电所接地网可靠连接。

(2)配电箱安装。

配电箱的安装分为明装、暗装两种方式。明装配电箱距地 1.2 m,与墙体采用膨胀螺栓固定,当墙体为陶粒砖时,采用预埋螺栓的方式固定。

首先依据图纸要求落实配电箱的安装位置,然后根据配电箱的大小核实预留孔洞的尺寸及距地面的尺寸,若孔洞尺寸小,先进行剔凿处理,再进行安装。在墙体上暗装配电箱时,将箱体后背凹进墙内不小于 20 mm,将箱体固定,同时将墙内预埋管穿入配电箱内,要求一管一孔,不得开长孔,管口与箱体用锁扣锁紧。

3. 站内灯具安装

(1)嵌入灯具安装。

嵌入灯具适用于吊顶天棚及隔墙内安装,嵌入式灯包括筒灯、光带等。

①依据做好的标记,安装预埋件或塑料胀管螺栓,用以拉住灯具。安装吊架时,要在吊杆上加装花篮螺栓,以便调整灯具的水平标高,使吊顶减轻负担。大型嵌入式灯具用机制螺丝固定在龙骨支架上,小型嵌入式灯具可用自攻螺丝固定在龙骨支架上。

②灯具接线。灯具固定好后,将电源线引入灯箱,与灯具的导线在端子排上连接,调整各个灯口和灯脚位置,装上灯泡或灯管,上好灯罩,最后调整灯具的边框使其与装修直线平行。

(2)吸顶灯和壁灯安装。

①木台固定。木台的固定一般有两种方法,一种方法是采用 M4×30 的螺钉将木台固定在接线盒螺孔的位置上。另一种方法是采用塑料胀管或者预埋螺钉,将木台固定在建筑物上。

②接电源线。将电源线从接线盒中掏出,在进线孔端套上塑料保护管,待灯具固定到建筑物上后,将电源线接到灯具端子板上,理顺导线。

③灯具安装。

a. 小型的吸顶灯和壁灯可以直接安装于顶棚上和墙壁上,大型的组合吸顶灯要先进行组装,根据灯具的外形和所配定模板和灯箱,把灯具及其附件组装上去,组合成一体,准备上棚或墙。

b. 安装到建筑物上的灯具,要先对准所划定位的坐标,能盖住预留的接线盒位置,然后安装灯泡或灯管,整理好灯罩及装饰物。

(3)应急照明和疏散指示灯具安装。

应急照明灯具一般有荧光照明灯具、专用应急灯具等。荧光照明应急灯有单管吸顶式、双管吸顶式、筒式、不锈钢格栅灯几种。专用应急灯一般分为节能灯、工矿灯和吸顶灯。

①接线方式。应急照明和疏散指示灯具具有二线制、三线制、四线制、五线制的接线方式,还有应急照明灯管和普通照明灯管装置在同一灯具内,但线路接线方式是各接各的系统,具体采用哪种接线方式,应严格按照工程设计进行。

②灯具安装及要求。

a. 应急照明和疏散指示灯具的安装方式,和普通照明灯具的安装方式基本相同,安装位置、安装高度都应按设计要求进行。疏散指示灯具的标志指示方向应符合建筑物设计布置的疏散方向,应急照明和灯光疏散指示标志应设玻璃或其他不燃材料的保护罩。

b. 疏散照明安装在安全出口的顶部,疏散走道及其转角处,距地 1 m 以下的墙面上。当交叉口处的墙面下侧,安装难以明确表示疏散方向时,也可将疏散标专灯安装于顶部,标专灯间距不大于 20 m 楼梯间的疏散标志灯宜安装在休息平台上方的墙角处或壁上,标明上下层层号。

4. 区间动力照明系统施工

敷设电缆主要采用起重机敷设电缆与人机结合敷设电缆的方法。

（1）人机结合敷设电缆。

①在不具备轨道车上线的条件以及在站台夹层敷设电缆时，采用人机结合敷设电缆的方法。

②电缆夹层地形狭窄，能见度低，转弯较多，障碍物多，机械化作业难以展开。因此，为保证电缆在敷设过程中不受损伤，应采用以人力牵引为主，机械绞磨牵引为辅的敷设方式。

③先将电缆盘架在放线架上，架盘时放线架要摆放牢固，底座应平整、坚实，放线杠保持水平，电缆盘距地面不宜超过 100 mm。直线区段每隔 3~5 m 摆放一个托滚，在转弯处设置转角滑轮，将电缆置于托滚之上。牵引电缆时不使其与地面发生摩擦，以机械（卷扬机、绞磨）和人工两者兼用的方法牵引电缆。

④在通过夹层的不同区段，合理控制敷设速度，最大牵引力应符合规范要求。敷设线路中间配人帮助牵引，设专人防护，保证电缆平滑过渡，电缆弯曲半径符合规定要求。严禁电缆过度弯曲而损伤电缆绝缘。同时配备牵引网套、万向轴、牵引绳等具。

⑤在同一路径敷设多条电缆时，在敷设前应充分熟悉图纸，弄清每根电缆的规格型号、编号、走向以及放在支架上的位置、长度等。敷设电缆时，先放长的、截面大的电缆干线，再放短而截面小的电缆。电缆摆放尽量避免交叉、混乱，应做到布置合理，排列整齐。

⑥人机结合的敷设电缆方法，操作人员必须步调一致，统一指挥，前后呼应。配置必要的通信工具，加强联系。

（2）区间电缆敷设质量控制点。

①现场定测，合理配盘，除厂家提供的整根电缆不够长外，不应设中间接头。

②电缆敷设前使用兆欧表测量电缆绝缘电阻，测量合格后方可施放电缆。

③低压电缆在支架上的布置，应遵循弱电上、强电下的原则。处在同一层的电缆不宜交叉。

④敷设电缆时，电缆盘支架及电缆盘导向架应稳固，敷设电缆时不得拖拉摩擦。

⑤并列敷设的电缆头位置应相互错开，电缆接头应用绝缘托板托置固定，托板伸出电缆头两侧应不小于 20 mm。

5. 应急电源柜、通风空调电控柜和增压稳压控制柜安装

（1）成列盘、柜组立。

①按照设计文件规定，将盘、柜按顺序搬放到安装位置。首先把每面盘、柜大致调水平，然后从成列盘、柜一端的第一面开始调整。

②其余的盘、柜以第一面为标准逐个调整，使其水平、垂直；盘、柜间接缝密贴，模拟线对应。然后安装盘、柜间连接螺栓。

（2）盘、柜的安装固定。

每面盘按照设备的要求与基础槽钢进行螺栓固定。成列柜固定完毕后，将盘、柜脱落油漆的部位用设备厂家提供的原色油漆补刷。

（3）盘、柜接地。

按照设备厂家要求将盘、柜内接地铜排连接牢固。在成列设备的两端采用软铜编织线与变电所接地网可靠连接。

第17章　行车组织和运营管理

17.1　行车组织

中低速磁浮交通系统是一个复杂的、技术紧密的城市公共交通系统,它具有各项作业环节紧密联系,各部门、各工种协同工作的特点。中低速磁浮交通系统需要设立行车组织的指挥中心,以实现对运输生产活动的集中领导、统一指挥以及有效监控。车站行车组织是指在调度控制中心统一指挥下,合理运用车站的各项技术、设备,完成车站行车控制、施工管理等一系列作业的总称。

17.1.1　列车运行调度

列车运行调度工作由调度控制中心实施。调度控制中心负责处理线路列车、电力、环控及客运等相关系统的运行调度以及突发事件。调度控制中心下设行车调度、电力调度、环控调度和客运调度。

(1)行车调度。行车调度工作是城市轨道交通运输调度工作的核心,由调度控制中心实施。调度控制中心作为城市轨道交通的指挥中枢,担负着组织行车、确保运输安全、提高运输服务质量等重要职责。以安全运送乘客、满足设备维护需要为工作目标,遵照列车运行图为乘客提供现安全、准点、舒适、快捷的运营服务。行车调度主要由行车调度员来完成。

行车调度工作以"安全生产、高度集中、统一指挥、逐级负责"为工作原则,行车调度工作的基本任务度基本工作如下:

①组织指挥、监督各部门、各工种严格按照列车运行图工作,发布调度命令。

②监控列车到达、出发及途中运行情况,当列车运行秩序不正常时,及时采取措施,尽快恢复正常运行秩序。随时掌握客流情况,及时调整列车运行方案。

③及时、准确地处理行车异常情况,防止行车事故的发生。当发生行车事故时,按规定程序及时向上级主管部门汇报,并采取措施防止事故扩大,积极参与组织救援工作。

(2)电力调度。电力调度的工作是对变电所、接触网设备的运行状态进行实时监控和数据采集。例如,控制操作监控范围内的断路器、电动隔离开关以及采集、处理、记录有关信息,进行报表统计等。电力调度通过实时监控供电设备的运行,掌握和处理供电设备的各种故障,实现对系统安全、可靠地供电。

（3）环控调度。环控调度负责监控全线各站典型区域的温度、湿度、二氧化碳浓度等环境参数，并对各区间的危险水位实施监控，及时发出报警信号；监控全线各车站的通风、空调和给排水设备，以及屏蔽门、自动电扶梯的运行，并根据具体情况下制定的环控要求，向车站下达调整区间隧道通风设备的运行模式的调度命令。

（4）客运调度。客运调度的任务是科学地组织客流，经济合理地适用车辆及运输设备。挖掘运输潜力，提高运输效率和经济效益，组织与运输有关的各部门密切配合、协同动作，确保按照列车运行图执行，努力完成运输生产任务，为城市经济建设和人民生活服务。

17.1.2 列车运行组织

列车运行组织是中低速磁浮交通运营管理的中心工作。城市轨道交通通常被称为一个大的联动机，因为它是集行车、车辆、机电、通信、信号、工务等各工种、技术一体化运转的系统，系统中的任一环节出现问题，都可能对整个系统的正常运转带来严重的后果，而整个系统的正常运转则集中体现在列车的运行组织工作中，它是保证将乘客由出发站安全、准时、快捷地运送至目的地站的关键。

（1）列车交路计划。

列车交路计划是根据运营组织的要求及运营条件的变化，按运行图或由调度指挥列车按规定的区间运行、折返的列车运行计划。列车交路计划的确定应从经济合理的角度出发，既要保证满足乘客需求又要考虑如何充分利用运能，以提高企业经济效益。列车交路计划的编制是城市轨道交通行车组织的关键点之一。

（2）正常情况下的列车运行组织。

中低速磁浮交通具有行车密度高、间隔小、对安全运营要求高的特点，根据信号设备所能提供的运行条件，一般分为调度集中控制、调度监督下的自动运行控制和半自动运行控制三种方式，按照运行图规定的行车计划开行列车，进行列车运行组织。

①调度集中控制时的列车运行组织。调度集中控制的行车组织方式，在调度所行车调度员的统一指挥下，利用行车设备对列车的到、发、折返等作业进行人工控制及调整。调度集中控制下行车组织的指挥人为行车调度员，车站不参与行车组织的工作，调度集中控制应具有电气集中连锁设备，实现远程控制功能，并从设备方面提供列车运行安全保障；通过控制屏或显示器可监护全线列车运行状态、信号显示、道岔位置及区间、线路占用的情况、所显示的列车位置真实有效且与现场一致；利用电气集中连锁设备转换道岔、排列进路、开放信号，指挥和调整列车运行；自动或人工绘制列车实际运行图。

②调度监督下的自动运行控制。自动运行控制是城市轨道交通列车运行组织的发展趋势及主流行车控制方式。许多早期建成轨道交通的城市，由于当时各方面技术条件的限制，采用半自动和人工方式进行行车组织。随着时代的发展，已经逐步采用自动运行控制替代。自动运行控制利用计算机技术对列车运行实行自动指挥和自动运行监护，并由列车运行保

护系统负责行车安全。调度监督下的自动运行控制可实现的功能有：计算机系统可输入及储存多套列车运行图，可按设定的列车运行图自动实行行车指挥功能；对正线运行列车实行自动跟踪，显示进路、道岔位置、区间及线路占用情况；可自动或人工对列车运行进行调整，可使用人工对进路排列、信号开放、道岔转换进行控制；提供中央及车站两级运行控制模式，可根据需要进行控制权转换；列车运行自动保护系统对列车运行设定防护区段，控制前后列车运行的安全间距；列车可使用自动驾驶功能，也可采用人工驾驶，列车占用区间的凭证是列车收到的有效速度码；通过计算机系统自动绘制列车实际运行图，并进行有关运营数据统计。

③调度监督下的半自动控制。这种列车运行组织方式是在中央调度所统一指挥和监督下，由车站行车值班员操作车站电气集中或临时信号设备控制列车运行。在一些早期建成的城市轨道交通至今仍采用这种列车运行组织方式，在一些新线上，由于信号系统尚未安装调试完毕，在过渡期运营时也会采取这种方式进行行车组织。调度监督下的半自动控制可实现的功能有：车站信号控制系统具有连锁功能，对进路排列、道岔转换、信号开放实行人工操作；中央可实时反映进路占用、信号及道岔等工作状态，对线路上的列车运行进行监护；中央可储存信号开放时刻、道岔动作、列车运行等各类运行资料，并根据需要可调用；车站根据中央指令对列车运行进行调整；计算机自动绘制或人工绘制列车实际运行图。

(3)非正常情况下的列车运行组织。

非正常情况下的列车运行组织是相对上述正常情况下的列车运行组织而言的，也就是在基本列车运行控制方式由于信号故障、道岔故障等原因而不能继续采用原行车控制方式的情况下的列车运行组织。电话闭塞法是在非正常情况下列车运行组织所采取的基本方法。

电话闭塞法可以定义为：车站之间利用电话办理区间闭塞，利用路票作为列车占用区间的凭证，组织列车按一定区间间隔的要求进行行车。电话闭塞法行车由于依靠人工控制，安全保障程度较差，行车组织的效率低，所以只能作为一种临时代用闭塞法。在非正常情况下改用电话闭塞法行车，应由行车调度员发布调度命令，车站行车值班员严格按照规定的作业办法办理行车业务，行车调度员对列车运行状态进行监控。使用电话闭塞法行车，占用区间的凭证是路票，电话记录号码是承认闭塞的依据，列车的发车凭证是车站行车人员的手信号。路票标明了列车运行的方向、列车车次、路票的编号、日期及电话记录号码，电话记录号码各站均有一组，号码一经发出，无论生效与否，不得连续重复使用。电话闭塞法行车，为了确保列车运行的安全，规定了列车的运行间隔为双区间，也就是接车站承认闭塞的前提条件是前次列车已由前方站整列出发、后续接车进路准备妥当。当闭塞已经办好，但因故不能接发列车时，可采用闭塞取消，由提出一方发出电话记录号码作为闭塞取消的依据。

(4)车站行车组织工作。

车站行车组织是指在调度控制中心统一指挥下，合理运用车站的各项技术设备，完成车站行车控制、施工管理等一系列作业的总称。

车站按照是否具有站控功能分为集中站和非集中站。集中站也称联锁集中站,它是指具有"站控"功能的车站。集中站车站值班员根据调度命令,可监控集中站管辖线路上的列车运行、办理电话闭塞行车以及执行扣车、实施催发车等列车运行调整措施。集中站通常为设有道岔的车站。反之,非集中站是指不具备车站控制功能的车站,通常没有设置道岔。

17.2 运营管理

17.2.1 运营组织工作

中低速磁浮交通运营组织是运营企业为了有效完成乘客运输任务,通过计划、组织、指挥与控制等过程,运用人力、设备和运能等资源所进行的一系列活动。运营组织工作能够充分发挥轨道交通的高效性,既能够恰到好处地解决城市交通矛盾,又能够发挥轨道交通的高速、大容量运送的功能特点。通过高效率、低成本的运营组织工作给旅客带来高质量的服务。

运营组织的主要工作内容如下所述:

(1)编制列车运行计划。主要依靠列车运行图来实现,包括列车运行日常计划的编制和节假日、特殊情况下列车运行计划的调整等。

(2)列车运行调度工作。由调度控制中心实施,是地铁系统运行的核心,它实行各部门、各工作高度集中的统一指挥,保证列车运行安全、准点,及时调整与实现各种情况下的乘客运输任务。

(3)车站行车组织工作。在中心控制权转移到车站控制时,实现车站所管辖范围内的列车进路的办理及信号开放等行车作业。

(4)客运组织工作。完成客运计划的编制及实施,客流调查工作、票务工作的计划和实行,特殊情况下的客运组织预案的制定实施等。

(5)票务管理工作。包括制定制票价、售检票作业等票务系统管理。

(6)车辆基地行车组织工作。实现车辆基地内的列车进出库作业、转线作业等。

(7)运行安全工作。包括行车安全问题、客运安全问题及自然灾害问题的系统安全机制的建设和管理。

运营组织的目标是提高运输生产效率,取得最佳服务水平与企业经济效益。在运营组织上,中低速磁浮交通具有以下特点:

(1)相对于其他公共交通而言是安全、舒适、污染少、噪声小、运量较大的交通系统;

(2)采用双线运行,即上下行分线运行的方式;

(3)全日客流分布在时间上有较为明显的高峰和低谷之分;

（4）列车运行间隔时间短，发车密度高；

（5）设备维护保养需在运营时间外进行；

（6）运行集中，牵涉部门比较多；

（7）设置有检修通道供日常检修及应急逃生；

（8）供电系统采用独立回流轨，避免了杂散电流；

（9）车辆运行利用电磁悬浮原理，噪声小。

17.2.2 运营管理工作

中低速磁浮交通运营管理的目的是规范和引导交通运营的各项工作，使交通运营得以安全、高效、科学地运作。中低速磁浮交通运营管理内容包括车站行车管理、车站设备管理、票务管理、站务管理四部分。

（1）车站行车管理。

车站行车管理是城市轨道交通运营管理体系的核心内容，具有重要的地位和作用。通过列车运行组织，将客运服务和城市轨道交通设备联系在一起，完成城市轨道交通系统运营组织和管理的全过程。城市轨道交通车站以安全、高效地输送乘客为宗旨，车站应该根据行车计划、施工计划及客运组织计划等生产任务的要求建章立制，合理设置岗位及组织排班，并有序安排各岗位员工履行职责、协调运作。车站行车管理的主要工作包括站务员接发车与乘客乘降、车站交通服务等。

①站务员接发车与乘客乘降。站务员的站台作业主要是接发车与组织乘客乘降，工作重点是保证列车接发的安全与效率。站务员上站台岗前，领取工作钥匙、对讲机、手提广播等备品，与前一班站台岗人员交接，认真巡视一遍站台，检查客运、行车设备以及设施状态。

站务员在站台接发列车与乘客乘降时按以下三个步骤作业：

a. 列车进站前，站台岗人员应站于车站客流集中的站台一端靠近紧急停车按钮附近位置接车，手持手提广播，密切注视站台乘客动态，组织乘客排队候车，防止乘客拥挤、超越黄色安全线、倚靠屏蔽门（安全门）等动作。站台岗人员应引导乘客先下后上，注意安全，发生影响进站列车行车安全的突发事件时，应立即按压紧急停车按钮。

b. 列车关门时，站台岗人员应站于站台扶梯口附近，阻止乘客在关门时往车上冲，维护站台秩序、监督司机关门，门关好后确保门关闭正常，注意有无人员、物品超越安全线（无屏蔽门车站），以及屏蔽门（安全门）与车门间的空隙有无夹人、夹物等情况。

c. 列车动车时，站台岗人员应站于靠近停车按钮附近，遇突发紧急情况时立即按下紧急停车按钮，用对讲机呼叫司机停车，到现场给予妥善处理。

②车站交通服务。一般来说，轨道交通车站的服务按内容不同可以分为票务服务、导乘服务、行车服务、问询服务、特殊服务、应急服务、服务承诺与监督等类别。

a. 票务服务。凡是涉及车票、票务政策等票务内容的服务一般都可以叫作票务服务。

一般情况下,售票处(机)或其附近应有醒目明确的车票种类、票价、售票方式、车票有效期等信息,以方便乘客购票;自动售票机、充值机上或附近应有醒目、明确、详尽的操作说明;人工售票、充值或售卡过程中,站务员应唱收唱付,做到准确、及时、规范;对符合免费乘车规定,持有效乘车证件的乘客,应验证后准乘;自动检(验)票机或其附近应有相应的标志或图示,以方便乘客检(验)票。必要时,应及时采取人工检(验)票方式进行补充服务。在特殊情况下,应及时采取有效措施为乘客提供必要的票务处理。

b.导乘服务。导乘服务主要是指通过轨道交通车站的导向标志、各种导乘广播、各种信息的发布等为乘客提供的导向服务。如在车站出入口外周边500 m范围内的道路上设置导向牌,以引导乘客到车站乘车。通常每隔100 m设置一个指向车站的导向牌,并在导向牌上注明离车站的距离与方向,图17-1为车站导向牌。

图 17-1　车站导向牌

列车运营计划变更或列车运行不正常对乘客造成影响时,应及时通知乘客,必要时,应采取有效措施疏导乘客。如因系统或设备故障造成列车晚点时,要在列车上、车站内及出入口通过广播及告示告知乘客晚点的原因、进展及相关车票处理办法等信息,以便于乘客掌握列车运营及故障等情况,并据此做出继续等待或退票出站等决定。

c.行车服务。城市轨道交通的运营时间应根据当地居民的出行规律及其变化来确定和调整,调整前应及时公示。如遇节假日及大型社会活动,应适当延长服务时间,并根据客流特点调整行车间隔。一般情况下,周一到周五上下班的高峰期行车间隔应最小,周六、周日则应保证乘客外出休闲购物高峰时段的行车间隔最小,城市轨道交通应根据列车运行图有序地组织列车运行,并应根据客流变化合理调整,调整后应通过公告牌、广播等及时向乘客公布。列车行驶时应做到平稳,到站时适时开关车门。列车运行发生故障时,应视情况采取救援、清客、继续运行到目的地等处理措施。

d.问询服务。为了增进乘客对城市轨道交通的了解,加强乘客与轨道交通企业之间的沟通,城市轨道交通经营单位应在互联网上开通官方网站,公布相关的行车信息、票务政策,开设乘客信箱；应设有乘客服务中心，开通咨询、投诉热线，安排专人接听电话，解答乘客问题，解决乘客投诉事件；在车站票务处、站厅等安排人员提供现场问询服务。

（2）车站设备管理。

一个完整的中低速磁浮交通系统的设备运营管理包括车站服务设施系统、信号系统、通信系统、收费系统、供电系统、主控系统、环控系统、综合应急后备盘、屏蔽门系统、通风及排烟系统、消防系统、给排水及消防系统、自动扶梯及电梯运载系统等设施、设备的操作运用和养护维修管理。

（3）票务管理。

票务管理主要包括票制、票价的确定和自动售检票系统及其运用、管理，车组织售检票工作，负责设备的养护维修和运用管理，并根据客流情况对售检票系统的设置进行调整。运营公司票务管理部门对全线的运量、运营指标进行统计并进行财务、经济的核算、评价。

城市轨道交通收费系统城市轨道交通常规的收费系统有以下三种方式。

①人工售检票方式。该方式的主要优点是设备投资成本低，缺点是需雇用大量的检票人员，支付较多的人工费用。

②自动售检票系统（AFC）。AFC 是基于计算机技术、网络技术、现代通信技术、自动控制技术、非接触 IC 卡技术、大型数据库技术、机电一体化技术、模式识别技术、传感技术、精密机械技术等多项高新技术于一体的系统，实现了自动售票。

③联网结算。联网结算系统由结算管理中心、远程网络系统、运营公司系统组成。它以非接触智能卡（CSC）为车票载体，实现乘客持一张 CSC 即可乘坐各种交通工具和进行小额消费，以及全面实现车辆停车、过路桥自动收费的全过程的电子化、自动化、网络化的综合管理。

城市轨道交通系统的票价制式主要有单一票价制、计程票价制、区段票价制和区域票价制 4 种。

①单一票价制是指不论运营里程的长短，都实行一种价格。这种票价制式的优点是票制单一易于管理和操作，服务人员相对较少；但缺点同样显而易见长短途客流在费用支出上明显不合理，票价制定时既不可过高也不能过低，经济效益体现得不充分。

②计程票价制是指按照乘车距离或乘车站数发售不同票价车票这种票价制式的优点是乘客的车费负担比较合理，有利于吸引更多的客流；缺点是车票种类多、售检票作业利比较繁杂。

③区段票价制是指起步价加上分段区间的票制。这种票制人为地把地铁运营线路中间的车站分为一个个区间，按照乘坐区间的数量进行收费。

（4）站务管理。

城市轨道交通的站务管理是指密切注意车站乘客动态，发现危及行车和乘车安全的情况，及时与有关人员联系，并进行处理，站台工作人员还需与乘务人员密切配合。站务管理是全线行车指挥和车站行车组织的必要支持和补充,共同确保列车运行安全和乘务安全。

城市轨道交通车站通常设置有站长、值班站长、值班员和站务员等岗位。车站日常的生产组织实施层级负责制,车站的日常生产活动主要由车站值班站长负责,值班站长受站长委托,全面负责当班期间的行车施工、客运管理、乘客服务、事故事件处理、人员管理等工作,在值班站长的指挥下,各岗位工作人员按照岗位职责和工作流程开展工作。除车站的站务工作人员外,城市轨道交通车站通常还有维修、商铺、公安等外单位(部门)驻站人员。车站日常运作以车站运输组织为核心,维修人员、商铺人员、公安人员等应以服务于车站运输组织为前提开展工作。

17.2.3 行车组织工作

(1)车站的行车组织工作。

车站按照是否具有站控功能分为集中站和非集中站。集中站也称联锁集中站,它是指具有"站控"功能的车站。集中站车站值班员根据调度命令,可监控集中站管辖线路上的列车运行、办理电话闭塞行车以及执行扣车、实施催发车等列车运行调整措施。集中站通常为设有道岔的车站。反之,非集中站是指不具备车站控制功能的车站,通常没有设置道岔。

车站行车组织是指在调度控制中心统一指挥下,合理运用车站的各项技术设备,完成车站行车控制、施工管理等一系列作业的总称。

(2)车辆段行车组织工作。

车辆段的作业由运转值班员总体负责,包括车辆运用作业以及为完成车辆调移而进行的调车作业。运转值班员是行车组织的领导者,信号值班员负责列车进路和调车进路的办理。

车辆段内部调车作业由电气集中联锁设备保障其进路安排,由车辆基地信号室指挥调车作业。司机操控列车完成调车作业。行车组织工作由出库作业、入库作业、整备作业及调车作业组成。

(3)乘务管理。

中低速磁浮交通乘务员一般是指电力列车驾驶员,电力列车驾驶员的主要工作是电力列车的驾驶及应急故障处理。电力列车驾驶员是行车组织的关键工种之一。列车运行时,列车驾驶员承担着保证列车运行安全和乘客人身安全的重要责任,所以,列车驾驶员必须掌握规范作业标准。

①乘务组织。在乘务管理方面,合理选择乘务方式、优化配备驾驶员,对提高乘务管理和企业经济效益具有显著意义。中低速磁浮交通的乘务方式分为轮乘值和包乘制两种。驾驶员配备数量与列车上值乘驾驶员数、折返站替换休息驾驶员总数、轮班循环天数及驾驶员备用系数有关。

②驾驶员作业。驾驶员在行车时,必须确认各类行车信号,严格按照信号指示驾驶列

车;同时必须坐姿正确,目视正前方,遇到危及行车安全的状况时应及时采取有效应对措施,尽量避免人员及财产损失。

17.2.4　客运组织工作

中低速磁浮交通主要是通过合理的客运组织来完成其大容量的客运任务。

1. 中低速磁浮交通客运组织管理内容

车站客运组织的主要内容包括:车站售检票位置的设置、车站导向的设置、车站自动扶梯的设置、隔离栏杆等设施的设置以及车站广播的导向、售检票数量的配置、工作人员的配备、应急措施等。具体内容如下:

(1)车站大客流的组织。

大客流指的是车站在某一时段集中到达的,客流量超过车站正常客运设施或者客运组织措施能够承担的流量时的客流。

大流量的组织方法有:增加列车运能;做好进站客流的组织工作以及出站客流组织工作;采取临时疏导措施。

(2)中低速磁浮交通应急系统。

①中低速磁浮交通系统运行安全的规章制度:中低速磁浮交通运营企业应根据系统特征、所在城市的地理气候环境等要素特征,制定详尽的运行安全规章制度,使系统各部门、各单位人人有章可循。

②中低速磁浮交通的应急预警机制:中低速磁浮交通运营企业应加强演习、演练,在突发事件面前有防御、有措施,建立统一、规范、有序、高效的应急指挥体系。

③中低速磁浮交通系统的防灾管理指挥系统。

a. 设立系统防灾中心。

b. 在车站、车辆基地、线路上,建设与安装良好的防灾安全设施,如烟感器、温感器、自动喷水灭火系统或水幕系统、消防栓、事故通风系统和排烟通风系统、事故照明、事故电话、乘客进出闸机的紧急开启装置,防护、救援设备以及安全标志等;建设与安装监视报警系统,如在自动扶梯、楼梯、通道等处的电视监控器等。

2. 客运服务管理

(1)中低速磁浮交通客运服务流程。

将乘客从其出发站输送到目的站,轨道交通运营企业要针对乘客进站、买票、候车、换乘、出站等每一环节提供优良的人性化服务,为广大乘客提供安全、便利、舒适、快捷的出行服务。具体为:①引导乘客进站;②问询服务;③售检票服务;④组织乘降;⑤出站验票。

(2)客运服务质量管理。

中低速磁浮交通服务质量主要通过方便性、迅捷性、准时性、舒适性以及经济型等指标来评价,如图 17-2 所示。

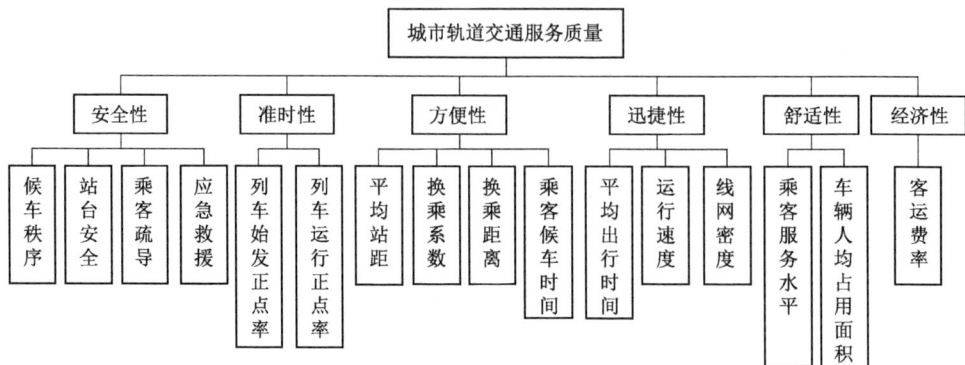

图 17-2　客运服务质量评价层次图

对客运服务质量的控制包括以下内容:

①对客运服务制定目标,例如调研乘客需求、制定完善客运服务质量标准等。

②对客运服务进行现场管理。

a. 安全管理:对轨道交通行业来说,安全是最根本的。离开这个前提谈服务质量就毫无意义。因此,必须把安全管理纳入服务质量管理的范畴中。

b. 操作管理:车站的服务主要是通过服务人员在现场的操作来体现。服务人员的操作水平直接反映了服务质量,所以操作管理显得格外重要。

c. 设备管理:强调服务质量的同时,若相对忽视了处于静态的设施状况,这样的服务质量,肯定不会是高水平的服务质量。设备管理的好坏与服务质量的高低密切相关。

d. 卫生管理:为乘客提供一个清洁舒适的乘车环境是十分重要的。卫生管理的好坏直接影响到企业的形象。

③对客运服务进行跟踪,这是对车站客运服务质量管理的有效保障。

参考文献

[1]　林瑜筠,魏艳,赵炜. 城市轨道交通信号基础设备[M]. 北京:中国铁道出版社,2012.

[2]　中铁电气化局集团有限公司. 城市轨道交通设备系统综述[M]. 北京:中国铁道出版社,2012.

[3]　丁松伟,杨兴山,韩连祥,等. 城市轨道交通供电系统设计原理与应用[M]. 成都:西南交通大学出版社,2008.

[4]　吴祥明. 磁浮列车[M]. 上海:上海科学技术出版社,2003.

[5]　王澜,姚建伟,陈源,等. 城市轨道交通联调联试技术与工程应用[M]. 北京:中国铁道出版社,2013.

[6]　王峰,姚建伟,张骏,等. 高速铁路联调联试管理与技术[M]. 北京:中国铁道出版社,2013.

[7]　华建兵,王圣辅,张昭辉,等. 中低速磁浮工程区间土建施工成套技术:以长沙磁浮工程为例[M]. 北京:中国建筑出版社,2017.

[8]　盛蓉蓉. 中低速磁浮交通牵引供电系统接地保护研究[J]. 铁道工程学报,2016,33(10):97-101.

[9]　吴树强. 中低速磁浮供电系统的技术特点研究[J]. 铁道工程学报,2015,32(8):87-90.

[10]　何红成,许义景. 中低速磁悬浮列车车载电气牵引系统[J]. 机车电传动,2010(6):35-38,42.

[11]　徐银光,蔡文锋. 中低速磁浮交通工程建设核心技术研究[J]. 铁道工程学报,2015,32(7):82-87.

[12]　胡基士. EMS型磁浮列车悬浮力分析[J]. 西南交通大学学报,2001(1):44-47.

[13]　靳忠福. 上海轨道交通6号线港城路车辆段低压配电系统设计[J]. 现代城市轨道交通,2010(2):26.

[14]　李云刚,闫宇壮,程虎. 混合EMS型磁浮列车的悬浮磁铁设计与分析[J]. 国防科技大学学报,2006,28(5):94-98.